일본인론(上)

—메이지(明治)에서 오늘까지—

NIHONJIN RON(일본인론 上, 下)
by Hiroshi Minami

Copyright © 1994 by Hiroshi Minami

Originally published in Japanese
by Iwanami Shoten, Publishers, Tokyo, in 1994.

한림신서 일본학총서 40

일본인론(上)

—메이지(明治)에서 오늘까지—

미나미 히로시 지음

이관기 옮김

小花

한림신서 일본학총서 40

일본인론(上)

초판발행 ▪ 1999년 1월 20일
2판발행 ▪ 2003년 2월 20일

⋯⋯⋯⋯⋯⋯⋯⋯⋯⋯⋯⋯⋯⋯⋯⋯⋯⋯⋯

지 은 이 ▪ 미나미 히로시
옮 긴 이 ▪ 이관기

발 행 인 ▪ 고화숙
발 행 처 ▪ 도서출판 소화
등   록 ▪ 제13-412호
주   소 ▪ 서울시 영등포구 영등포동 94-97
전   화 ▪ 2677-5890(대표)
팩   스 ▪ 2636-6393
홈페이지 ▪ www.sowha.com

⋯⋯⋯⋯⋯⋯⋯⋯⋯⋯⋯⋯⋯⋯⋯⋯⋯⋯⋯

ISBN 89-8410-220-2
ISBN 89-8410-105-2 (세트)

값 6,500원

차례

머리말

일본인만큼 스스로 국민성을 논하기 좋아하는 국민은 달리 없다. 일본인에 관한 저서·논문·기사는 이미 헤아릴 수 없을 만큼 발표되었고 지금도 우리들은 이를 흔히 볼 수 있다. 이 책에서는 메이지 유신 이후 오늘까지의 일본인론의 흐름을 객관적으로 더듬어볼 생각이다. 결과적으로 일본인이 가지는 자의식의 근대사라고 할 수 있을 것이다. 일본인론은 당연히 일본 문화론·일본론과 중복되지만 여기에서는 주로 국민성에 초점을 맞춘 것을 다루었다. 외국인이 쓴 일본인론은 일본에서 번역되어 큰 영향을 준 것으로 한정했다.

저자는 수십 년에 걸쳐 일본인의 생활·문화·심리에 관해 여러 각도로 고찰하고 '일본인학'을 구축해 보려고 마음먹어 왔다. 개인적인 체험을 말하자면 저자는 전전(戰前)부터 전후(戰後)에 걸쳐 미국에서 연구 생활을 계속하였다. 그 동안 아무래도 일본인으로서 자신과 미국인 사이에는 개인심리와 사회심리 면에서 크게 다른 점이 있다는 것을 통감했다. 그런 경험이 있었기 때문에 1947년에 귀국했을 때 저자는 꽤 객관적으로 일본인의 국민성을 생각할 수가 있었다. 동시에 전후의 일본인이 장래 어떻게 '의식혁명'을 실현할 수 있을까에 가장 큰 관심을 가졌다. 우선 일본인의 심리에 강한 영향을 끼친 당시의 히트 영화나 유행가·연극 등에 반영되는 객관심리 조사를 일본여자대학 · 히토쓰바시대학 학생들과 같이 실행했다. 또한 1949년에 저자가 회장이 되어 설립한 '전통예술회'에서 가부키(歌舞伎) · 노(能) · 교겐(狂言) · 분라쿠(文樂) 분야의 젊은 예술가들과 일본의 전통적 예술에 관해서 연구하기 시작했다.

이러한 성과를 바탕으로 일본인의 심리에 관한 고찰을 진행하고 1953년에 『일본인의 심리』를 발표했다. 그 이후 일본인의 생활 · 문화 · 심리 · 행동에 관한 연구를 계속하고, 30년 뒤에는 일본인의 심리와 행동을 자아의 분석을 통해 밝혀 보자는 『일본적 자아』(1983)를 내었다.

이 책은 이러한 연구의 과정에서 접하게 된 천 수백 편에 달하는 국민성에 관한 논저 가운데서 대표적인 것이라 생각되는 것을 골라 소개를 한, 말하자면 일본인론의 집대성이라고도 할 수 있다.

이 아래부터는 일본인론의 흐름을 쫓아가는 데 주안을 두고, 논저를 남김없이 다루는 것은 가급적 피하기로 했다. 따라서 그 당시 화제가 된 저서라고 하더라도 일본인론으로서 독자적인 견해를 갖지 않는 것은 다루지 않았다. 인용은 신자체(新字體) · 신카나(新假名)로 통일하고 방점 · 루비 등은 적당히 바꾼 경우가 있고, 책제목에서 부제를 생략한 경우도 있다. 현재 우리 나라의 국제화가 진행되고 세계의 눈이 일본인에게 쏠리고 있다. 일본인의 국민성이 국제적으로 관심의 대상이 되고 있다고 해도 과언이 아닐 것이다. 스스로 국민성을 다시 생각해 볼 때 과거의 다양한 일본인론을 되돌아보는 것도 필요할 것이다. 이 책이 여러 분야의 여러분들에게 읽히기를 바라 마지않는다.

이 책이 완성될 때까지에는 노가미 마사코(野上まさ子) 씨 등 많은 분들의 협력을 얻었다. 그 열의와 노력에 다시금 감사의 말씀을 드린다. 또한 방대한 자료의 수집·정리 및 저술에서, 처음부터 끝까지 성의껏 공저자(共著者)라고도 해야 할 역할에 수고를 아끼지 않으셨던 이와나미서점의 오가와 도시오(小川壽夫) 씨에게 진심으로 감사를 드리는 바이다.

1994년 6월

미나미 히로시

서설—국민성이란 무엇인가

이 책은 메이지 이래 오늘까지 활발하게 논의되어 온 일본인론, 즉 일본인의 국민성에 관한 논저를 해설하려는 것이며 그러기 위해서는 우선 국민성이란 무엇인가에 관해 명백히 해 둘 필요가 있다. 여기에서 말하는 국민성이란 일본어를 공통어로 사용하고 일본이라는 국가에 속하는 국민의 대부분에 공통되는 의식(意識)이나 행동 경향에 보이는 특징을 가리킨다.

그러나 일본인론을 일본인의 국민성론으로 규정할 경우, 다음과 같은 의문이 생긴다. 일본인에 공통되는 특징이라고 하더라도 계급 · 계층 · 성별 · 연령 · 지역 등에 따라 다르고, 그런 것들을 고려하지 않고 국민성 일반을 논할 수가 있겠는가 하는 것이 문제가 된다. 그러나 계급 · 계층 · 기타의 구별을 넘어 일본인 대부분에 공통되는 국민성을 들어 말하는 것이 불가능하지는 않다. 사회심리학 · 문화인류학 등의 분야에서, 어떤 국민이나 그 민족 구성원에게 가장 많이 나타나는 '최빈적'(最頻的) 퍼스낼리티가 존재한다는 사실은 이미 밝혀진 바 있다.

일본인에게 가장 자주 나타나는 퍼스낼리티 가운데서도 가장 중요하다고 생각되는 특징은 다음 두 가지 점이다.

첫째, 일본인의 대다수가 대인관계에 민감하고 자기 주장보다도 상대방 본위의 태도를 취하기 쉽다는 것이다. "모난 돌이 정 맞는다"라는 속담과 같이 자기 주장을 굽히지 않는 사람, 자기의 신념을 관철하는 사람을 "일본인으로서는 진귀하다"느니 하는 것은 그 하나의 예이다.

둘째, 일본인끼리 대인관계의 민감성을 나타낼 뿐 아니라, 외국인과의 관계에서도 "외국인에 비해 일본인은…"이라는 비교 의식이 강하다. 그것은 개인의 자의식 과잉에 대해서 국민의 '자국 의식 과잉'이라고도 할 수가 있을 것이다. 외국인이 자기 나라의 국민성에 관해서 논하는 예는 극히 적은 데 비해 일본인이 스스로 쓴 일본인론이 무성한 것 자체가 국민성을 반영한다고 말할 수 있을 것이다.

메이지 유신 이후 청일 · 러일전쟁, 제1차 세계대전, 일본파시즘의 성립, 다시 제2차 세계대전과 패전이라는 대변동이 있을 때마다 그 영향을 받아 다양한 일본인론이 나타났다. 그러한 일본인론들을 논자의 관점과 방법면에서 대별하면 다음과 같다.

(1) 자연 · 풍토로 본 일본인론

역사 이전 일본 열도의 자연과 풍토가 국민성의 형성에 얼마나 밀접하게 영향을 미치고 있는가를 고찰하는 일본인론이다.

이 풍토론적 일본인론을 처음으로 제기한 것은 시가 시게타카 (志賀重昻)의 『일본풍경론』(1894), 우치무라 간조(內村鑑三)의 『지리학고』(地理學考, 1894) 등이다. 이에 대해 쇼와 초기에 발표된 와쓰지 데쓰로(和辻哲郞)의『풍토』(1935)는 보다 넓은 시야에서 아시아 · 유럽 여러 나라의 풍토와 비교를 시도한 점이 특이했다. 그러나 그의 풍토론은 그 뒤 역사적으로도 지리적으로도 잘못되었다는 비판을 받았다. 전후에는 새로운 지리학과 생태학적 방법론에 의한 보다 치밀한 풍토론이 나타났지만 역시 사회적 역사적인 조건의 분석이 불충분하다.

(2) 역사적인 관점에 따른 일본인론

국민성의 역사적 연구에서는, 그 중핵이 되는 본질적인 부분이, 역사의 어느 단계에서 형성되고 고정되어, 사회심리적인 전통으로서 오늘까지 계승되어 왔는가에 관해서, 다양한 논의가 전개되고 있다. 국민성의 기원과 형성의 시기를 역사의 어느 단계까지 소급하느냐에 관한 여러 학설을 아래와 같이 나누어 보기로 한다.

원시 시대로의 소급

우선 원시 시대로 소급하여 조몬(繩文) 시대 · 야요이(彌生) 시대에 국민성의 기원과 형성의 시기를 구하는 원시기원설이 있다. 이것은 고고학이나 인류학적 유추에 지나지 않지만, 논자에 따라서는 원시 시대인의 정신 구조를 유물 · 유구(遺構)의 조형적 · 상징적인 미(美) 가운데서 구하고, 원시인의 심리가 그 후의 국민성의 심리 구조의 심층이 되어 오늘에 이른다는 가설을 내세우고 있다. 이에 대한 비판도 나오고 있으며 다음에 기술하는 신화로의 소급과 나란히 국민성의 심층심리라는 문제와 연결된다.

신화로의 소급

『고지키』(古事記), 『니혼쇼키』(日本書記)의 신화 가운데에서 국민성의 유래를 찾고자 하는 일본인론이며 여기에는 두 가지 접근 방법이 있다.

첫째로는, 마루야마 마사오(丸山眞男)로 대표되는 전통적인 역사 의식의 '고층'(古層)이라는 개념이다. 기(記)·기(紀)에서 볼 수 있는 용어와 '실질적인 발상'에 나타나는 '잇따라 형성되는 기세(氣勢)'를 국민성의 기저(基底)가 되는 전통적인 역사 의식으로 생각하는 것이다. 또한 오늘날에도 자주 언급되는 '미소기'(죄 등으로 몸이 더러울 때 냇물에 몸을 깨끗이 씻고 마음을 바르고 맑게 가지는 행사) 관념은 죄를 '오물'로 여기고 이 '오물'을 씻어 흘려 보내는 것을 의미한다.

둘째로, 융 심리학의 이론을 빌려 기(記)·기(紀)로 소급하는 일본인론이 있다. 예컨대 가와이 하야오(河合隼雄)의 『중공구조일본(中空構造日本)의 심층』(1982)이 있다. 그 경우 등장하는 제신(諸神)은 융이 말하는 '원형'(元型)에 따라 생각되고 있다. 그러나 원형은 초역사적인 '보편적 무의식'의 표현이기 때문에, 그것은 일본인의 특수한 국민성과는 결부되지 않는다는 모순이 생긴다. 또한 기(記)·기(紀)는 고대 왕권의 정통성을 주장하기 위해 쓰인 것이며, 그 신화에서 현대인의 국민성의 기원을 구하려는 것은 비약이다. 또한 비교신화학의 입장에서 보면 일본 신화가 중국 신화의 영향을 받았다는 설도 있어서, 신화적인 국민성론의 논거에는 문제가 있다고 할 수 있다.

고대로의 소급

국민성의 형성을 고대 사회에서 찾으려는 고대로의 소급에 관해서는 다음과 같은 견해가 있다. 일본의 고대 왕권은 중국에 조공을 드리고 있어 분명히 중국에 대해서는 열위(劣位)의 관계에 있었다. 그리하여 중국으로부터 정신 문화·물질 문화 중에 가장 높은 수준에 속하는 부분을 수입함으로써 자기 나라의 문화를 높이려고 노력했다. 당(唐) 시대에는 견당사(遣唐使)를 보내고 불교의 교류도 이루어졌다. 일본의 문화도 서서히 형성되어 갔지만 그 실적은 천황·귀족 중심의 문화에 한정되어 있었다. 『만요슈』(万葉集)도 한자를 사용한 만요카나(萬葉假名)로 기록되었다.

그러나 『고긴와카슈』(古今和歌集)(905) 이래 만요카나를 간략화한 가타카나(片假名)나 히라가나(平假名)가 보급되기 시작하여 종래의 지배층에 한정되었던 문화가 조금씩 국민의 것이 되어갔다. 또한 이 무렵 중국의 당화(唐畵)에 대해서 일본 특유의 야마토에(大和繪)가 생겨난 것도 주목할 만하다. 이 야마토에가 상징하는 자연미는 일본인의 미의식을 반영한 것으로 국민성의 맹아(萌芽)로 파악할 수도 있을 것이다.

중세로의 소급

중세는 중국의 영향에서 한층 더 벗어나 보려는 일본의 독특한 문화를 낳았다. 그 가운데에서 국민성의 반영을 찾아내려는 입장을 취하는 것이 중세로의 소급에 의한 일본인론이다.

고대를 출발점으로 하는 일본인의 미의식은 중세에 들어와서 보다 넓고 다양한 장르로 표현되었다. 예컨대 니조 요시모토(二條良基)의 렌카(連歌), 제아미(世阿彌)의 노가쿠(能樂), 셋슈(雪舟)의 수묵화 등에서 볼 수 있는 미의식은 국민성의 일면으로서 정착되어 갔다고 말할 수 있다. 또한 고대 불교가 귀족 불교인 데 비해 중세에는 가마쿠라(鎌倉) 불교로 대표되는 민중적인 종교가 나타났다. 이와 동시에 몰락해 가는 고대 귀족 사이에서 퍼져 갔던 무상관(無常觀)은 중세 불교에도 이어져 내려갔다. 이 종교적 무상관과 그것으로부터 영향을 받았다는 미의식의 특징적인 무상관과 나아가 운명주의 등은, 일본인에게 독특한 '체념'의 생활 감정을 갖게 했고, 그것은 오늘날 아직까지도 유행가나 엔카(演歌) 등에 반영되고 있다. 그런 의미로 중세에 소급하면 거기에 국민성의 형성 과정이 상당히 명확하게 나타난다.

근세로의 소급

국민성의 형성을 중세 말로부터 근세에서 구하려는 것이 근세로의 소급이다.

근세 최초의 지배자 노부나가(信長)는 새로운 일본 문화를 구축하기 위해 큰 혁신을 꾀했다. 예컨대, 센노 리큐(千利休)의 다도(茶道), 가노 에이토쿠(狩野永德)의 에가(繪畵)를 높이 평가하고, 예능의 세계에서는 행약무(幸若舞)를 보급시켰다. 특히 리큐의 차실에서 보이는 비상칭성(非相稱性)은 일본인의 미의식의 전형적 표현이며, 그 집대성이라고 할 수 있는 가쓰라리큐(桂離宮)의 조영(造營)은 에도(江戶) 시대 초기의 것이다. 근세에는 우키요에(浮世繪), 고린(光琳)·소타쓰(宗達)의 회화, 지카마쓰(近松)·사이카쿠(西鶴)의 문학, 가부키 등의 예능이 이른바 겐로쿠(元祿) 문화를 구축하고, 현대인의 미의식에 커다란 영향을 미치고 있다.

여기에서 주목되는 것은, 에도 초기부터 미의식의 이면성 혹은 이중 구조가 명백해졌다는 것이다. 이미 중세 문화를 대표하는 노가쿠(能樂)·에가(繪畵)·렌카(連歌) 등에는 '와비'(검소한 취향, 한적)라든가 '사비'(오래 되어서 아취가 있는 것, 한적, 쓸쓸함)라고 불리는 간소·담백한 미에 대한 감수성이 보인다. 그것에 대해서 근세에는 도쇼구(東照宮)의 건축, 가부키 등의 예능으로 대표되는 호화찬란한 미의 세계가 생겨났다.

학문이나 사상 면에서는 중국의 영향으로부터 이탈해 갈 뿐 아니라, 에도 중기 무렵부터는 반중국(反中國)적인 경향이 나타났다. 유학자 오규 소라이(荻生徂徠)는 일본적인 유학으로서의 고학(古學)을 제창했지만 그 시기 가장 뛰어난 일본인론을 설파한 사람은 국학자 모토오리 노리나가(本居宣長)였다. 노리나가는 중국의 '가라고코로'(漢心 : 중국식을 제일 좋다고 생각하는 마음)를 철저히 비판하여 그것을 현세적인 권력이나 전쟁으로 오염된 중국인의 마음이라고 하였다. 이에 대해서 '야마토고코로'(大和心 : 일본 정신)는 태고로부터 존재하는, 자연에 순종하는 '기요키고코로'(淸心)이며 이것이 일본인에 고유한 심리라고 생각했다. 그리고 그는 인간 본래의 인정은 '메메시키'(계집애 같은, 연약한, 결단력이 없는)한 것으로서 무사(武士)도 이 '메메시키'를 마음의 내면에 잠재시키고 있다고 했다. 미의식에 관해서도 노리나가는 '사물에 대한 연민'을 느끼는 섬세한 감성을 그 근저에 두었다.

이렇게 본다면 노리나가의 일본인론은 신화와 고대로 소급한 전형이며, 오늘의 일본인론에서 보이는 에도국학(江戸國學)으로의 소급은, 결국 신화와 고대로의 소급에 다름 아니라고 할 수 있다.

다른 관점에서 본다면, 노리나가의 설은 명확한 일본인 우수설의 선구이기도 하다. 이에 대해서 서양인과 일본인의 비교라는, 보다 넓은 시야에 서서 서양인 우수설을 주장한 사람은 일본 최초의 서양화가(洋畵家)이며 양학자(洋學者)이기도 했던 시바 고칸(司馬江漢)이다. 그는 『춘파앵필기』(春波櫻筆記, 1812)에서 "우리 일본의 개벽 심히 가깝도다. 고로 인지(人智)도 얕다. 사려는 더욱 깊지 못하다… 인공(기술을 가리킴) 유럽에 못 미침"이라고 단정했다. 현재도 왕성한 일본인의 서양 숭배를 근세로 소급해서 에도 시대 후기에 그 발생을 구하는 것도 불가능하지는 않다.

근세로 소급되는 또 하나의 예는 에도 시대 말기에 나타난 '이키'(세련되고 매력이 있음)에 관해 쓴 미의식론이다. 구키 슈조(九鬼周造)는 『'이키'의 구조』(1930)에서 '이키'를 일본 민족 고유의 미의식이라고 생각했으나 실제로는 근세로의 소급에 따른 일본인론이다.

근대로의 소급

메이지 유신이라는 대변혁의 결과, 국민성이 근본적으로 바뀌고 전후의 오늘까지 유지되고 있다는 것이, 근대로 소급하는 일본 인론이다. 근대 일본의 국민성에 있어서 가장 중대한 변화를 가져온 것은, 절대주의적인 천황제의 확립이 낳은 천황 숭배의 경향이다. 메이지 정부는 새로운 근대 국가를 창출하기 위해서 무엇보다 중요한 과제로, 입헌군주제에 기초를 둔 '아라히토가미'(現人神)인 천황에 대한 복종심을 국민에게 강제했다. 그 때문에 문화와 교육와 모든 면에서 엄격한 통제를 가했고, 교과서나 교육칙어(教育勅語) 등을 통해 존황(尊皇)·충의(忠義)·봉공(奉公)·효행(孝行)·복종의 정신을 국민성의 일부분으로 위에서 만들어 내었다.

천황제의 확립과 병행해서 근대 국가가 되기 위해서 정부는 '문명개화'와 '부국강병'이라는 두 가지 큰 정책을 강력히 추진했다. 그 결과 구미 선진국을 따라잡으려는 서양 숭배의 근대화 지향과, 천황 숭배에서 볼 수 있는 봉건적인 신분제 의식이 결합되어, 근대주의와 봉건주의의 이중 의식이 국민성 내부에 성립했다. 서양 숭배는 한편 중국으로 대표되는 동양 여러 나라에 대해서 우월감을 갖는다는 이중 의식을 낳게 된다.

패전으로 국민성 가운데 가장 큰 변화를 불러올 것으로 생각된 것은 천황 숭배와 천황제 옹호 의식이다. 그러나 미국의 정책으로 천황의 전쟁 책임문제도 불문에 부치고, 동시에 천황은 '아라히토가미'가 아니라 하나의 인간이라는 '인간 선언'이 행해지고 신으로서 천황신앙은 없어졌다. 그럼에도 불구하고 천황을 숭배하는 국민성에는 큰 변화가 일어나지 않고, 그것이 천황제 옹호라는 사회심리적인 기반이 되었다. 더구나 패전 직후 쇼와 천황의 각지 여행이나 매스컴에 의한 '민주화 천황'의 대선전은, 미국 점령군의 정책에 따른 상징 천황제를 지지하는 국민 의식을 다시금 강화했다. 일본인의 국민성이 근본적으로 변할 수 없는 것은, 그 천황제에 의해서 사상·언론의 자유가 박탈되고 올바른 의미에서의 민주주의의 실현이 불가능하게 되었기 때문이다. 반(反)천황제 의식은, 소수파의 한 사람인 다카노 이와사부로(高野岩三郎)의 공화국 헌법의 제안 등에 나타났으나 그것들은 오히려 예외에 속했다. 일부 사람들은 미국과 비교하여, 과학기술의 수준이나 물량의 차이, 지배층의 자신 과잉 등을 솔직히 지적하였지만, 침략전쟁에 대한 국민의 반성 의식은 심화되지 않았다.

(3) 일본인에 특수한 심리의 분석

일본인 사회에서만 볼 수 있는 특수한 심리를 들춰내어, 그것을 중심으로 국민성을 분석하는 일본인론도 발표되었다. 예컨대 대인관계에 있어서 '아마에'(응석, 도이 다케오〈土居健郎〉)가 그 대표적인 것이다. 그 밖에, 특수한 가족 의식의 표현으로 보이는 가족 중심, 고대로부터 관대하게 취급되어 온 동성애(특히 남색), 일본인에게만 볼 수 있는 대인공포증의 일종인 시선공포증(視線恐怖症), 또한 보다 일반적으로는 '자아불확실감' 등을 들 수 있다. 그러나 '아마에'와 같이 그것이 반드시 일본에만 고유한 것이 아니라는 사실이 밝혀지게 된다면, 특수한 심리의 분석은 신중히 사회적·역사적인 조건을 고려해야 하고, 그렇지 않다면 이른바 '심리학주의'에 빠져 버릴 위험성이 있다. 프로이트나 융의 이론을 직접 간접으로 국민성의 연구에 적용하려는 시도 등은 하나의 예가 될 것이다.

(4) 의견 조사에 바탕을 둔 일본인론

이것은 어떤 특정 항목에 관해 불특정 다수의 회답자로부터 면접 혹은 앙케이트로 의견을 듣고 그 결과를 통계적으로 분석하는 국민성론이다.

오늘날, 조사 결과의 통계적 처리는 대단히 진보했고 국민성의 변용을 장기간에 걸쳐 수량적으로 파악할 수 있게 되었다. 예컨대 통계수리연구소나 NHK 세론조사부가 실시한 국민성의 조사 연구 등이 대표적인 것이다.

그러나 개별면접이든 집단적인 성원 전체에 관한 조사이든 간에 조사표의 질문 내용, 조사자와 피조사자의 성격이나 대인관계, 조사의 시점, 장면 등에 따라 회답결과가 한쪽으로 편향되는 것은 피할 수가 없다. 이와 같은 부정적인 면이 있긴 하지만 많은 조사는 메이지 이래 오늘까지 변하지 않는 국민성의 특징으로서 예컨대 '의리인정'(기리닌조 : 義理人情) 등을 일치해서 들고 있다.

(5) 대중 문화의 내용 분석에 의한 일본인론

오늘날, 텔레비전으로 대표되는 대중 문화는 그 수용자인 다수 국민의 욕구나 기호에 대응하는 내용을 갖고 있다. 예컨대, 크게 히트한 영화·유행가·엔카 등은 모든 계층에 속하는 엄청나게 많은 국민에게 받아들여지고 있다. 그것이 어떤 의미에서 국민성의 표현인 것은 의심할 여지가 없다. 영화에서는 「도라상(寅さん) 시리즈」, 텔레비전 드라마에서는 「오싱」 등도 국민 생활감정에 호소하는 요소가 있고, 그 내용을 분석해 보면 국민성의 적어도 어느 부분이 반영되고 있다는 것을 알 수가 있다. 또한 텔레비전 방영에 의해서 대중문화 가운데에 짜여 들어가 있는 야구·스모·사커 등 스포츠, 그 밖에 퀴즈 프로·코미디 프로 등에도 어딘가에 국민성과 부합하는 부분이 있고 이것이 분석의 대상이 된다.

위에 든 여러 가지 국민성 연구의 방법상 어느 경우라도 국민성이라는 현상을 정확하게 파악하기 위해서는, 그 형성 과정의 역사적인 분석, 특히 사회심리의 변천을 다루는 사회심리사를 배경으로 하는 탐구가 요청된다.

메이지기(明治期)

Ⅰ. 메이지 유신과 일본인의 자아 의식

　메이지 유신은 일본인이 일찍이 경험하지 못한 사회 혁명이었다. 특히 선진 여러 외국으로부터의 압력 때문에 일본은 오랜 쇄국 상태에서 일거에 빠져 나와 선진적인 서양 제국의 문명과 문화를 접하게 되었다. 그 결과 처음으로 서양인과는 다른 일본인이라는 자기 존재에 눈을 뜬 것이다.

　문명개화의 슬로건과 함께 메이지 정부는 종래의 봉건적인 사농공상의 신분 제도를 폐지하고, 일단 '사민평등'(四民平等)을 명분으로 하는 사회 제도를 기초로 출발했다. 이에 따라서 신분의 속박을 받지 않는 얼마간 자유로운 개인으로서의 새로운 일본인이라는 자각도 싹텄다.

　그러한 상황에서 일본인이란 무엇인가라고 묻는 일본인론이 발표되기 시작했다. 이들 논문은 '메이로쿠샤'(明六社)를 창립한 당시의 대표적인 지식인들에 의한 것이다.[1) 메이로쿠샤의 창립 멤버는 니시무라 시게키(西村茂樹), 쓰다 마미치(津田眞道), 니시 아마네(西周), 나카무라 마사나오(中村正直), 가토 히로유키(加藤弘之),

---

1) 明六社 결성(1874. 3), 『明六雜誌』 창간(1874. 4)

미쓰쿠리 슈헤이(箕作秋坪), 후쿠자와 유키치(福澤諭吉), 스기 고지(杉亨二), 미쓰쿠리 린쇼(箕作麟祥), 모리 아리노리(森有禮) 등 열 사람이었다.

위에 든 당시의 지적 엘리트들에 의한 일본인론에서는 두 줄기 큰 흐름을 볼 수가 있다. 하나는, 메이지 유신이 일본인의 봉건적인 의식까지를 근본적으로 바꾸지는 못했다는 일본인 불변설이다. 또 하나는, 메이지 유신과 그것에 잇따른 문명개화에 의해 일본인의 국민성이 근본적으로 변했다는 일본인 변화설이다. 아래에 후쿠자와 유키치로 대표되는 일본인 불변설과 니시 아마네가 강조한 일본인 변화설에 관해서 알아보도록 하자.

1. 일본인 불변설

일본인 불변설의 주창자인 후쿠자와 유키치는 봉건 제도가 신분이 낮은 자에게는 얼마나 불평등한 것이었던가, 부친의 생애를 돌아보면서 "봉건 제도에 속박되어 아무 일도 안 되고 허망하게 불평을 삼키면서 세상을 떴다"고 탄식하고 "봉건적인 문벌 제도를 분통해 함과 동시에 죽은 부친의 일을 생각하며 혼자 울 때가 있습니다. 나에게 문벌 제도는 어버이의 적이올시다"(『후쿠자와자전』〈福澤自傳〉)[2] 라고 한다. 또 무사의 우치시니(討死 : 전사)나 할복에 대해 말하면서, 이는 마치 하인인 곤스케(權助)가 주인의 심부름을 가다

---

2) 福澤諭吉, 『福翁自傳』(時事新報社, 1899. 6, 復元版 角川書店, 1953. 7)

가 돈 한 냥을 잃어버리고 면목이 없다고 목매 죽는 것과 하나도 다르지 않다고 논했지만, 그 대목은 「구스노키코 곤스케론」(楠公權助論)[3]이라 불리고 당시 큰 비난을 받았다.

임금이 모든 것을 새롭게 했다고 하는 어일신(御一新)이란 "막부옥(幕府屋)의 간판을 내리고 천조옥(天朝屋)이라는 주렴을 걸어 놓은 데" 불과하며, 정부의 방침이 변했다 하더라도 "인민은 그렇지 않다. 이 백성은 구막부(舊幕)의 전제(專制)에 억눌린 무기력한 와석(瓦石 : 기와와 돌 : 가치 없고 소용없는 것)이며 예로부터 지금까지 나침반도 방향도 없었다. 가령 이 7년간에 골질(骨質)은 일신했지만 그 기질(氣質)이 여전한 것은 의심의 여지가 없다"라고 단정하고, 메이지 유신이 "천하의 인심을 변화시키는 공을 이뤄 냈다고는 생각하지 않는다"라고 논했다(「내지여행 니시 선생(內地旅行西先生)의 설을 반박함」).[4]

여기에서 후쿠자와가 인민의 '기질'이라고 부른 것이 국민성을 말하는 것이며, 또한 같은 해에 발표된 『문명론 개략』(文明論之槪略)[5]에서 쓴 '인민의 기풍', '인심'도 다 같이 국민성을 가리키는 말이다.

후쿠자와는 그 글에서 그 점에 대해 한층 상세하게 다음과 같이 전개하고 있다. "문명이 있는 곳을 구하려고 하면 우선 그 나라를

---

3) 福澤諭吉, 「楠公權助論」(『學問のすゝめ』第7編 「國民の 職分を 論ず」 1874. 3, 뒤에 岩波書店, 1934. 12)

4) 福澤諭吉, 「內地旅行西先生ノ說ヲ駁ス」(『明六雜誌』26호, 1875. 1)

5) 福澤諭吉, 『文明論之槪略』(著者臧版 1875. 4, 뒤에 岩波書店, 1931. 5)

지배하는 기풍이 있는 곳을 살펴야 한다. 또한 그 기풍은 즉 일국의 인민에게 있는 지덕(知德)의 현상"이며, "전국 인민의 기풍을 알고 그 지덕의 모습을 탐구하기 위해서는, 그 움직임이 모인 덩어리로서 세간 일반의 실제 발자취에 나타나는 것을 보고 이를 살펴야 한다. 혹은 이 지덕은 사람의 지덕이 아니요 나라의 지덕이라고 이름할 수 있다. 대저 나라의 지덕이란 온 나라 일반에 나누어 부여된 지덕의 전량(全量)을 가리키고" 있다. 여기에서 후쿠자와는 '나라의 지덕'이 전체적인 수준에서 서양 선진 여러 나라에 비해 낮다는 것은 인정하고 있으나, 일본의 국민성에서 중요한 것은, 지적 수준의 문제가 아니라 봉건적인 인간 관계에 수반하는 권력에 대한 복종심이다. "일본에서 권력의 편중됨은 남김없이 그 인간 교제 가운데 퍼져 나가 이르지 않은 곳이 없다." 이 권력에 의한 지배와 복종의 인간 관계야말로 일본인의 서양인에 대한 열등감의 원천이다.

권력을 제 마음대로 부리는 것은 결코 정부뿐만 아니라 전국 인민의 기풍이라고 하지 않을 수 없다. 이 기풍은 서양 여러 나라와 일본을 구별하는 현저한 경계인 것이다. "치자는 상(上)이요 주(主)이며 또한 안(內)이라, 피치자는 하(下)이며 객(客)이며 또한 바깥(外)이니라. 상하, 주객, 내외의 별(別)을 판연하게 보아야 할 것이라. 대저 이 둘은 일본인의 인간 교제에서 가장 뚜렷한 경계를 이루고 흡사 우리 문명의 두 원소 같은 것이라고 말할 수 있는 것이니라"라고 말하고, 국내에서는 유신 이후에도 의연히 봉건 시대의 권력복종 경향이 강하게 남아 있다는 것을 지적했다.

후쿠자와는 그가 말하는 '인민의 기풍'이 국가권력에 대해서 비굴할 뿐 아니라 서양인의 우월에 대해서도 마찬가지라는 것을 비판하고 있다. 예컨대 문제(門弟)로서 뒷날 게이오 기슈쿠(慶應義塾)의 숙장(塾長)이 된 오바타 도쿠지로(小幡篤次郎)의 문장(『민간잡지』제8편)에서 서양인이 인력거꾼 등을 때린다든가 발로 찬다든가 하는 짓을 해도 "겁 많고 약하고 비굴한 인민은 이에 대응할 기력이 없고 외국 사람을 어떻게 할 수도 없다고 노여움을 삼키고 법에 호소하지 않는 자도 또한 적지 않다"고 기술한 말을 인용해서 일본인의 서양인에 대한 열등감을 경계하고 있다. 바꾸어 말하면 바로 후쿠자와야말로 당시의 일본인으로서 서양인·서양 문화를 가장 잘 이해하고 있었기 때문에, 국민 한 사람 한 사람이 '독립자존'의 마음이 없으면 일본국의 독립도 달성할 수 없다고 단언할 수가 있었던 것이다. 당시로서는 서양 여러 나라에 대해서 드물게 볼 수 있는 객관적 태도를 취한 선구적인 일본인론이다.

후쿠자와의 번벌(藩閥) 제도 비판이 쓰인 것과 꼭 같은 시기에 기슈(紀州)의 번사(藩士)로 뒷날 메이지 시대의 외교관이 된 무쓰 무네미쓰(陸奧宗光)[6]는 『일본인』에서 "이제는 삿초(薩長 : 사쓰마와 조슈) 사람이 아니면 거의 인간이 아닌 것과 같다. 어찌 탄식할 일이 아니겠는가"라고 메이지 시대가 되어도 번벌정치는 "공사(公私)가 뒤섞이고 그 당여(黨與)에 사(私)하고" 있다고 비판했다. 나아가 일본인은 전체가 모두 다 같이 나라의 안전을 도모해야 함에도 번

---

6) 陸奥宗光, 「日本人」(1874. 1, 뒤에 『伯爵陸奥宗光遺稿』, 岩波書店, 1929. 1)

벌에 지배되는 대로 내맡기고 "이 나라의 안위존망지추에 당하여 결연히 분기할 뜻을 일으키는 자 없음은 실로 일본 전국의 인민 겁약위미(怯弱萎靡)하여 지조 없고 기력 없도다"라고 일본인 불변설에 가까운 입장을 표명했다.

후쿠자와 무쓰에 이어 다음해 1875(메이지 8)년에는 나카무라 마사나오(中村正直)[7]도 일본인 불변설을 「인민의 성질을 개조하는 설」에서 발표했다. 그는 유신 전에 막부로부터 영국 유학생을 단속하는 관리로 런던에 부임하여 귀국 후 스마일즈 『서국입지편(西國立志編)』(S. Smiles, Self-help, 1859)를 1870(메이지 3)년부터 이듬해에 걸쳐서 출판했다. 1872년에는 J . S . 밀의 『자유론』(自由之理)(J. S. Mill, On liverty, 1895)을 번역했다. 그는 일찍부터 기독교도가 되어 서양 특히 기독교적 도덕을 높이 평가한 사람이었다.

앞의 논문에서 "정체(政體)의 일신이라고 말할 수 있을 뿐이요 인민이 일신된 것은 아니다"라고 말하고 '정체'는 물을 넣는 용기와 같은 것으로 인민은 거기에 부어 넣는 물에 비유된다. 예컨대 물은 둥근 용기에 부으면 둥글게 되고 네모 난 용기에 부으면 네모꼴이 된다. 정체라는 용기는 바뀌어도 거기에 들어가는 인민이라는 물 그 자체는 변하지 않는다. 확실히 메이지 이후 그릇이라는 의미에서 정체는 옛날보다 나아졌다. 그러나 "인민은 역시 본래의 인민이요 노예근성을 가진 인민이라 아래에 교만하고 위에 아첨하는 인민이며 무학문맹의 인민이며 주색을 즐기는 인민이며 독서를

---

7) 中村正直, 「人民ノ性質ヲ改造スル說」(『明六雜誌』30호, 1875. 3)

좋아하지 않는 인민이며 천리(天理)를 모르고 직분을 돌아보지 않는 인민이며 지식천박, 국량협소한 인민이며 노고를 싫어하고 어려움을 견디지 못하는 인민이로다'라고 통렬한 비판을 던지고 있다.

일본인 불변설은 후쿠자와나 나카무라 이후 자유민권운동 사상에도 나타나고 있다. 예컨대 가장 급진적인 논객의 한 사람인 우에키 에모리(植木枝盛)[8]는 『민권자유론』에서 "옛날보다 일본의 평민들은 언제나 활기가 없고, 다만 자기 한 몸이나 일가의 일에만 몰두하여 다시 세상일 나라 일은 염두에 없고, 모두 통틀어 공적인 일에는 심히 소홀한" 것을 탄식했다. 그는 '고사(故事)는 인민의 일' 로서 "나라가 안전하면 백성도 또한 안락하게, 나라가 위태로우면 백성은 생명을 보존하기 어려워"라고 함으로써 주권재민의 사상을 확실히 나타내고 있다.

위에 든 일본인 불변설의 논자들도 제각기 국민성 개조 방법에 관해 논하고, 예컨대 후쿠자와는 교육, 무쓰와 우에키는 정치, 나카무라는 예술과 종교에 의한 목표달성을 생각했다.

2. 일본인 변화설

후쿠자와로 대표되는 일본인 불변설에 대해서, 메이지 유신에 의해서 일본인의 국민성이 대전환한 것을 가장 강하게 주장한 사

---

8) 植木枝盛, 『民權自由論』(발행인 船木彌助, 1878. 4, 뒤에 『明治思想全集 I』, 筑摩書房, 1976. 3)

람은 니시 아마네(西周)다. 그는 메이지 유신 이전에 네덜란드에 유학(1862~65)한 당시 제일류 철학자·사회과학자이다. 니시는 일본인 변화설의 입장을 논문「내지여행」[9]에서 분명하게 주장했다. 그는 "호화개교(好和開交)가 주의(主意)라면 내지여행도 허용되지 않으면 안 된다는 것은 명백한 일이다." 왜냐하면 "어일신후(御一新後) 7년이라는 성상을 지나서 인간의 몸도 뼈까지 변했"으므로 서양인의 내지여행을 인정해야 한다고 주장했다. 물론 니시는 내지여행의 폐해에 대해서도 쓰고 있다.

"첫째 외국인이 들어오면 무역을 할 것이다. 둘째 들어와서는 안 될 곳에 들어올 것이다. 셋째 보호해서 보내는 것이 귀찮다. 넷째 의사소통(通弁)이 안 되어 곤란하다. 다섯째 개를 몰고 다니면 곤란하다. 여섯째 동행이 생겼을 때 곤란하다. 일곱번째 혹시 난폭한 자가 있을지 모른다…"

위와 같은 해로움에 대해서도 니시는 정부의 방침이 '호화개교'로 일관하면 해결이 가능하다고 주장했으나 여행의 범위는 무제한이 아니라 '금년은 도카이도(東海道)만' '내년은 산요(山陽)'와 같이 조금씩 범위를 넓혀 갈 것을 제안하고 있다.

다만 니시도 후쿠자와와 같은 일본인 불변설의 일부분을 인정하고「서양 글자(洋字)로써 국어를 쓰는 논(論)」[10] 가운데서 일본인이 모방에 뛰어난 것은 불변의 국민성이요 "국민의 성질을 묻는다면 답습(踏襲)에 능하고 모방에 교묘하나 자신들의 방식을 개발해 내

---

9) 西周,「內地旅行」(『明六雜誌』23호, 1874. 12)
10) 西周,「洋字ヲ以テ國語ヲ書スルノ論」(『明六雜誌』1호, 1874. 4)

는 데에 무능하다"고 하면서 그 결과 "아직 일찍이 한 사람도 능히 신기술을 내놓는 사람을 보지 못했다"고 개탄하고 있다.

마찬가지로 니시는 역시 일본의 국민성 혹은 오늘날의 말로 한다면 인간 관계의 일본적 특징으로서의 '정실'(情實), 즉 명분이나 친분이 빈번하게 이용되고 이것이 외국인들이 보면 비합리적이며 이해하기 어려운 일이라는 것을 「정실설」(情實說)[11]에서 다음과 같이 논하고 있다. 인간 관계에서 좋아하는 것도 미워하는 것도 정실에 의한다. 모든 사물은 모두 정실 여하에 달려 있다. 외국인이 본다면 전혀 조리가 닿지 않는 것으로 보이지만, 일단 그것을 꼼꼼히 따져 보면 신경과 핏줄에도 그 나름대로의 전달체계가 있듯이 '기맥연락'(氣脈連絡)의 길과 줄기에 하나 하나 조리가 있다는 것을 알 수가 있다. 이를 이름하여 '말로는 표현할 수 없는 정실'이라고 하고 "정실의 글자 뜻을 멀리서 보면 박정(薄情)의 반대(反體)이다. 그러나 이를 자세히 논하면, 공의(公義)의 반대다"라고 논했다.

다시 니시는 앞서 예를 든 후쿠자와의 「내지여행 니시선생의 설을 반박함」이 발표된 지 두 달 후, 일본인론의 계보로는 처음으로 포괄적인 국민성론에 해당하는 「국민기풍론」(national character)[12]을 발표하고 일본인 불변설로 기울어진 의견을 기술하고 있다. "우리 일본국에 이르러서는 진무(神武) 창업 이래 황통이 면면히 이어져, 이에 2535년 동안 군상(君上)을 받들어 머리에 이고 스스로를

---

11) 西周,「情實說」(『明六雜誌』 18호, 1874. 10)

12) 西周,「國民氣風論」(『明六雜誌』 32호, 1875. 3)

노예시하는 것은 이를 중국과 비교해 보아도 너무 심하다." 여기에서는 대담하게 일본인의 천황 숭배라는 국민성에 관해서 비판적인 태도를 취하고 고대에서 메이지 유신 이후까지도 중국과 비교해서 문명 수준이 낮다는 것을 분명히 말하고 있다. 그뿐만 아니라 니시는 위와 같은 국민성이 형성된 원인에 대해서 기술하고 있다. '국민의 기백'이 비굴한 것은 '역사상 정치의 연혁'에서 유래하고 '압제에 안주하여 스스로를 노예시하는'것을 정치적·도덕적인 '기풍'이라 부르고, 다시 오늘날 말하는 '풍토'에 해당하는 '지질상의 기풍'(geographical)을 덧붙이고 있다.

　그 내용에 관해서는 명백히 하지 않았지만 "우리 나라 인민의 성질은 충량이직"(忠諒易直)하다고 하면서 일본인이 유신 후에도 변하지 않는 국민성을 보존하고 있다고 주장했다. '충량'은 잔혹의 반대이며 '이직'은 '완곡(頑曲)'의 반대이다. 이런 점에서 니시의 주장은 후쿠자와의 일본인 불변설에 가깝다. 이렇게 본다면 니시가 「내지여행」에서 논거로 한 일본인 변화설과는 크게 다르다는 것을 알 수 있다. 이 1년 동안에 일본인론이 달라진 것은, 첫째 서양인의 도래가 빈번해지고 그들과 비교해서 일본인이 열등하다는 인식에 바탕을 두고 일본인 열등설이 생겨났기 때문이다. "이 나라의 국풍과 백성의 기운(此國風民氣)은 전제 정부 아래에서는 극히 최상으로 유례없이 극히 뛰어난(極最上上無類飛切) 기풍이었지만 외국과의 교제가 시작되어 국내에서 속박의 그물이 완화되고 지력(智力)으로써 위력(威力)을 이기는 뜬 세상이 되어서는 이 기풍, 즉 후쿠자와 선생의 이른바 무기무력의 인민이라 하물며 민선의원 등을 일으키고자 하는 날에 이르러서 제일 걸림돌이 되는 것은 이 기풍이다." 위와 같은 인용에서도 명백하듯이 니시는 후쿠자와의 이름까지 들면서 결국 일본인 불변설에 동조한 것이 된다.

니시는 「병가덕행」(兵家德行)[13]에서 노리나가(宣長)의 노래 "시키시마(敷島 : 일본의 옛이름)의 야마토고코로(大和心)가 무엇이냐고 묻는다면 아침 햇살에 향기 피어나는 산(山)벚꽃이라고 말하겠노라"를 인용하면서 그것이 "본방인(이 나라 사람)이라는 습성의 표시(印記)"라고 말하고 벚꽃이 '충량이직'(忠良易直)의 국민성을 상징한다면서 "충성스레(忠), 양순(良)하게, 쉽게(易), 곧고 바르게(直)야말로 우리 일본 동포의 성습이다"라고 해설하였다. 또한 니시가 벚꽃을 일본인의 '성습'(性習)이라고 상징한 것은 뒤에 다루게 될 시가 시게타카(志賀重昻)가 『일본 풍경론』(1894)에서 국민성을 식물에 비유한 발상에 앞서는 것이다. 다만 일반적으로는 일본인 우수설로 기울고 있는 니시로서는, 그 뛰어난 국민성이 일본의 장래에 바람직한 군인의 성격이라고 생각했다. "그러나 이와 같음을 우리 나라 고유의 성습으로 보는 이상, 육군 무관에게는 그대로 곧 이 습성을 조장해 일반 군인의 숭상하는 풍습으로 삼는 것이 더욱 편이하며, 또한 무인에게는 적당한 성습일 것이다."

니시의 일본인론은, 앞서 말한 바와 같이 모방성이나 정실 등 단점을 들면서 일본인이 야마토고코로를 가지는 우수한 국민임을 강조하는 점에서는, 일본인 우수설의 선구라고 할 만한 것이다. 이

---

13) 西周, 「兵家德行」(『內外兵事新聞』, 1878. 2. 19~5. 21)

에 대해서 다음에 드는 일본인 열등설은, 후쿠자와 등으로 대표되는 일본인 불변설과 연결된다.

3. 일본인 열등설

메이지 정부의 기본 정책은 '문명개화'와 '부국강병'의 두 가지였지만, 그 발상은 어느것이나 처음으로 접촉한 서양 선진제국의 문명을 받아들여 경제적 · 군사적인 근대 국가를 급속히 실현하려는 데 있었다. 그와 같은 상황 아래에서 방일하는 서양인은 주로 외교관 · 선교사 · 학자 · 기술자 등 높은 수준의 엘리트들뿐이었다. 그 결과 모든 면에서 뛰어난 서양인에 비해서 일본인은 현실적으로 열등하고 또한 심리적으로도 열등감을 가지지 않을 수 없었다. 따라서 일본인 가운데 지적인 계층에 속하는 사람들이 서양인에 대해서 일본인의 수준이 낮다고 보는 일본인 열등설을 취하게 된다. 다음에 그 대표적인 몇 가지 예를 들어 보기로 한다.

일본인이 서양인에 비해서 지적 수준이 낮고 이를 향상시키기 위해서는 우선 한자를 주로 하는 일본의 교육 제도를 합리화할 필요가 있다고 생각한 최초의 인물은 모리 아리노리(森有禮)다. 모리는 1865(慶應元)년 영국 유학생으로 선발된 이래 주로 미국에서 공부하고 외교관으로서 체재중, 1872년 한자에 의한 교육을 그만두고 영어를 국어로 하자는[14] 과단성 있는 일본어 폐지론을 제안하고

---

14) 森有禮, 「英語國語化論」(1872)

미국의 언어학자 윌리엄 휘트니의 의견을 들었다. 휘트니는 이에 대해서 로마자를 채용하는 데에는 찬성했지만 일본어를 폐지하고 영어를 일본의 국어로 하는 것에는 반대했다. 그럼에도 불구하고 모리는 이듬해에는『일본의 교육』을 미국에서 출판하고 그 서문에서 다시 일본어를 폐지하고 영어를 국어로 할 것을 제안했다.

모리는 이와 같이 교육 문제에 관해서 혁신적인 합리주의자였지만 정치사상도 극히 급진적이었던 것 같다. 예를 들면 모리는 가족들이 있는 가운데에서 "실은 천황 같은 것은 필요없는 게야"라고 혼잣말을 한 일까지 있었다고 한다(우에누마 하치로(上沼八郎),「모리 아리노리의 교육 사상과 그 배경」; 고니시 시로(小西四郎)·도야마 시게키(遠山茂樹) 편,『메이지 국가의 권력과 사상』; 吉川弘文館 1979를 인용한 기무라 지카오(木村力雄),『이문화(異文化) 편력자 모리 아리노리』, 福村출판 1986. 12). 결국 모리의 일본어 폐지론은 지나친 것이라 하여 찬성자가 없었다.

그러나 로마자로 일본어를 표기하는 것은 니시 아마네가 앞서 말한「서양 글자(洋字)로써 국어를 쓰는 논」에서 일본인이 모방에는 교묘하지만 창조성이 없다는 반성 위에 서서 '서양 글자'를 사용해야 한다고 주장했다. 예컨대 한자를 사용하지 않으면 인쇄가 편리해지고 또 서양 기계 등은 '역자'(譯字)를 쓰지 않고 '원자'(原字)를 사용하면 '구주(歐洲)의 만사가 모두 우리의 것이 되는' 이익이 있다는 등등의 이유를 들었다. 이것은 현재에도 지지자가 있는 로마자에 의한 일본어 개량론의 선구이다. 니시가 당시로서는 대단히 혁신적인 주창을 제창한 것도 앞서 말한 일본인 변화설의 발상이 그 바탕에 깔려 있다고 생각된다. 즉, 메이지 이후 일본인은 새로운 국민으로 다시 태어나고 서양의 장점을 적극적으로 채택함으로써 한층 더 변화와 발전이 촉진된다고 생각했기 때문이다. 그러나 당시로서는 역시 일본인의 지적 열등설이 전제가 되어 있었다.

니시 아마네의 '개문자론'(改文字論)을 지지한 니시무라 시게키(西村茂樹)도 「개화의 도(度)에 따라서 개문자를 발해야 하는 논」[15]에서 일본인 열등설에 입각 "인민이 우매하여 학문이 무엇인지를 알지 못하고"라고 하면서 "일본과 중국(和漢)의 문자를 폐하고 서양 글자를 사용하는" 것이 필요하다고 논했다. 그는 메이지 초기의 양학자이며 뒷날 유교에 기초를 둔 도덕론으로 교육 운동에 나섰다. 다시 1887(메이지 20)년에 발표한 『일본도덕론』[16]에서 다음과 같이 일본인의 열등감과 이에서 유래하는 서양 숭배 경향도 엄하게 비판했다.

"원래 우리 나라 사람(邦人)은 그 타고난 자질이(天姿) 민첩하고 영리한 자 비록 많다고 하더라도 또한 사려가 천박하고 원대한 지식이 결핍되고 부화뇌동하는 경향이 있고 자립하려는 의지가 약하다. 근래 서양(西國) 학술의 정묘함과 그 국력의 강성 부요(富饒)함을 보고 만연히 이에 심취하여, 자기의 발밑을 밟아 굳힐 줄을 모르고 하나도 서양, 둘도 서양 하면서 그 선악을 변별하는 식견도 없도다." 니시무라에 한하지 않고 일본인이 지적으로 열등하고 서

---

15) 西村茂樹, 「開化ノ度ニ因テ改文字ヲ發スヘキノ論」(『明六雜誌』 1호, 1874. 4)

16) 西村茂樹, 『日本道德論』(私家版 1887, 뒤에 岩波書店, 1935.1)

양의 뛰어난 문화를 선망하고 있다는 것은 자주 지적되고 있다.

예컨대, 니시 아마네와 함께 네덜란드에서 공부하고 메이로쿠샤(明六社)에도 참가한 법학자 쓰다 마미치(津田眞道)도「상상론」(想像論)[17]에서 일본인의 국민성이 원래 서양풍을 즐기는 것을 지적하고 "우리 일본의 인종은 황인종(黃種)이지만 황색을 숭상하지 않고 오히려 피부가 흰 것을 즐기는 것이 대체로 천성이라, 고로 본래 양풍을 즐기는 천성이 있다. 우리 나라 쇄국정치를 버리고 문호를 개방한 지 겨우 이십여 년, 우리 나라 인민은 피복기구(被服器具)에서 문물 제도에 이르기까지 모든 것에서 양풍을 흠모한다"고 확실히 백인 숭배 경향을 기술하고 있다.

또 쓰다는 그「내지여행론」[18]에서 "우리 인민에게 결핍된 것은 지식이요 결한 것은 개화이다"라고 일본인의 지적인 열등을 인정하면서 서양인을 높이 평가하고 다음과 같은 내지여행 찬성론을 펴고 있다. 선진국을 따라잡기 위해서는 "우리 인민으로 하여금 많이 외국 여행을 하게 하고 연마를 거듭 하고 교제를 넓히게 하는" 것이 최상책이다. 그러나 그것은 바랄 수 없는 일이기 때문에 "외국인의 우리 내지여행"을 허용한다면 "인민의 지식개화는 외국인과의 교류로 나날이 나아질 것이다"라고 주장했다. 그의 설은 니시의 설과 가깝고, 일본인이 서양 선진국의 국민을 따라잡기 위해서는 어떻게 하든 서양인의 내지여행을 기회로 지적인 교류에 마음을 쏟을 필요가 있다고 설파하였다. 이 점에 관해서 쓰다는「인재

17) 津田眞道,「想像論」(『明六雜誌』13호, 1874. 6)
18) 津田眞道,「內地旅行論」(『明六雜誌』24호, 1874. 12)

론」[19])에서 역시 일본인이 선진국의 국민에 비해 열등하다고 말하고 "우리 일본의 현 시점에서의 인재는 우리 나라가 쇄국했을 때 양성해 낸 인재로서, 즉 일본류의 인재뿐이요 아직 이것을 세계의 인재라고 칭할 수는 없다"라고 하고 그러한 인재를 배출하기 위해서는 "자유, 자주, 독립, 구속받지 않는 불기(不羈)의 기상을 함양하고 인민의 규모를 넓고 크게" 할 필요가 있다고 강조했다. 일본인은 서양인에 비해서 지적인 면에서 열등하다고 되어 있었으나, 그것은 교육에 의해서 개선될 수 있으므로 교육 제도의 근대화로 실현이 된다. 따라서 어떠한 방법으로라도 국민성의 지적인 측면은 서양 제국을 따라잡으려는 노력을 거듭하면 되는 것이다. 이에 대해 국민의 육체적인 열등에 관해서는 당연히 거기에 인종 개조론이라는 의견도 나오는 것이다.

메이지 초기에 일본을 찾아온 서양인은 지적 수준이 높을 뿐만 아니라 평균적인 일본인보다 육체적인 면에서도 훨씬 뛰어났었다. 즉, 백인 엘리트의 지능과 체력에 일본인은 압도되었던 것이다. 메이지 초년의 인종 개조론은 단편적으로 서양인과의 혼인을 권장하는 의견 등에서 나타났다.

그 가장 체계적인 제안은 후쿠자와 유키치의 문제(門弟)로 실업가인 다카하시 요시오(高橋義雄)가 1884(메이지 17)년에 발표한 『일본인종 개량론』이다.[20] 그 내용은 후쿠자와가 서문에서 쓰고 있

---

19) 津田眞道,「人材論」(『明六雜誌』30호, 1875. 3)
20) 高橋義雄,『日本人種改良論』(出版人 石川半次郎, 1884. 9)

듯이 "인종 개량을 목적으로 하고, 체육을 권장하고, 또 의식주를 고치고, 다시 나아가 혈통 유전의 미를 살리는 것이 중요하다는 것을 논한 것"이며 전체는 다음과 같이 구성되어 있다.

제1장은 '인종을 개량하는 일'이라는 제목을 달고 일본 국민성의 단점으로서 "너무 청담(淸淡)하여 굳센 면(頑硬)이 부족하고 부박하고 엉성(浮疎)함이 지나쳐서 치밀함과 내실(密實)이 부족한 것 같다"고 하면서 끈질기고 강한 면이 결핍되어 있음을 지적했다. 나아가 많은 일본인론에서 인용되는 모토오리 노리나가(本居宣長)의 일본인의 미질(美質)을 칭찬한 노래에 대해서도, 그것이 오히려 일본인의 단점이며 결국 근기(根氣)가 결핍된 점을 반성하고 '체력 기력'을 기르기 위해서 '심신의 단련과 양성(心身練養)'이 필요하다고 했다. 제2장 '유전 및 습양(習養)하는 일'에서는 당시 겨우 알려지기 시작한 유전에 관한 외국의 연구 등을 소개하고 있지만 그보다도 생후의 '습양'에 중점을 두고 '경우(境遇)의 변이(變異)'와 '심신관용(心身慣用)의 증감'도 중요하다고 했다. 여기에서 말하는 경우(境遇)란 자연의 환경을 가리키고 관용이란 일상생활에서 자주 사용하는 근육 등이 잘 발달하는 것을 의미한다. 이 유전의 습양은 서로가 영향을 끼친다는 것을 설명했다.

제3장 '체육에 관해서'에서는 당시 아직 성행하지는 않았던 육체의 훈련이 권장되고, 나아가 "사람의 심신은 극히 밀접한 관계가 있는 고로 지육덕육(智育德育)도 체육의 조력에 의뢰해야만 비로소 그 좋은 효과를 얻을 수가 있다"고 하면서 국민의 정신 생활에도 체육이 필요하다는 점을 강조했다. 제4장 '생계의 품위에 대해

서'에서는 '의식 거주의 정도'의 의미에서, 생활 수준이 높아지면 "심신이 이에 응해서 다 같이 우등의 지위로 나아간다"고 하면서 음식물의 영양, 피복과 거주를 서양식으로 개량할 필요가 있음을 강조했다. 최후의 제5장 '잡혼에 대하여'에서는 일본인의 인종 그 자체를 서양인과의 '잡혼'으로 개량할 것을 제창한다. 여기에서 다카하시는 분명하게 일본 인종이 '열등'하다는 것을 전제로 하고 다음과 같이 말한다. 열등 인종이 우등 인종과 잡혼하면 열등 인종에게 좋은 결과를 가져온다는 입장에서, 서양인은 신장·체중·두뇌 어느것이나 일본인보다 뛰어나므로 "일국의 공(公)을 위하고 일신의 사(私)를 위해 능력유전을 목적으로 시원시원하게 좋은 연분을 구해 시원시원하게 잡혼하는"것이 일본 인종으로서는 필요하다고 논한다. 나아가 다카하시는 서양인과 결혼하더라도 그것 때문에 애국심이 없어지는 것은 아니라고 주장하고 그 예로서 "서양인과 결혼해서 서양화(西洋化)하는 것이 그르다고 한다면, 소고기를 먹고 신체를 우화(牛化)하는 것도 나무라야 하지 않을까"라고 말하고 잡혼설을 강하게 주장했다.

그의 인종 개조론은 종래의 일본인 열등설이 주로 지적 수준의 측면에 치우쳐 있던 데 대해 육체적인 열등도 잡혼에 의해 개량해 나가자는 극히 구체적이고 실제적인 점에서 유례가 없는 발상이었다. 그리고 다카하시는 메이지 초부터의 기본적 국책의 하나인 '부국강병'의 사고방식, 특히 정부가 장려한 '강병'을 육성하는 경향에는 관심을 기울이지 않았는데 이것을 보면 평화주의적인 사상이 마음 밑바닥에 잠재하고 있었는지도 모른다. 뒷날 다카하시가 실업계에서 이름을 떨치고, 또 만년에 다도를 비롯 전통적인 풍류의 길에 들어갔던 것도 메이지 이래의 국가주의에 물들지 않았기 때문일 것이다.

또한 다음 장에서 보듯이 일본인 열등설이 쇠퇴하고 일본인 우수설이 대두하게 되면 인종 개조론은 그림자를 감추고 만다.

II. 구화주의(歐化主義) 대 일본주의

앞 장(章)에서 본 일본인 열등설과 결합된 서양화(洋化)주의는 학자나 교육자들의 개인적인 견해였다. 이에 대해서 정부의 외교 정책의 일환으로서 위로부터의 서양화 혹은 구화(歐化)가 진행되어 갔다. 그것은 선진 서양 제국과의 불평등한 관계를 폐한다는 명목의 '조약개정'의 근거로서 강하게 제기되었다. 이노우에 가오루(井上馨) 외무경은, 일본인이 열등·미개한 국민이라는 서양인의 편견을 고치기 위해, 우선 사교 생활에서 서양인과 대등하게 교제할 수 있도록 1883(메이지 16)년 로쿠메이칸(鹿鳴館)을 개설하고 서양인을 초청하여 성대한 무도회를 열었다. 이노우에는 퇴임 후 1887(메이지 20)년에 제출한 의견서[21]에서 역시 일본인 열등설의 입장에 서서 '우수한 지식과 기력을 가진' 서양인에 대해서 "우리 제국(帝國) 및 인민을 변화시켜 마치 유럽 나라와 같이, 마치 유럽 인민과 같이"되게 하기를 제안했다(「조약개정체결이유서」).

이노우에의 조약개정론에 대해서는 자유민권운동가들이 반대

---

21) 井上馨, 「條約改正締結理由書」(1887. 7, 뒤에 『世外井上公傳第三卷』, 內外書籍, 1934. 3)

의견을 냈다. 예컨대 그 해 10월 이노우에 외상이 사임한 직후, 우에키 에모리(植木枝盛) 등은 「삼대사건건백서」(三大事件建白書)에서 '언론집회의 자유', '지조(地租)의 경감'과 나란히 '외교실책의 만회'를 주장했다. 이 건백서 이외에 전국에서 건백서가 소시(壯士 : 자유민권운동 등에 종사한 사람)들에 의해 도쿄로 들어오고 그것을 탄압하기 위해 12월에 '보안조례'가 시행되고 활동가들은 천황의 황궁(皇居) 밖 30리의 지방으로 퇴거당했다. 자유민권운동은 이 단계에서 좌절되었다.

자유민권운동에 이어 조약개정에 반대하는 의견은 언론인이 중심이 된 '세이쿄샤' (政教社)의 잡지 『일본인』[22]에 발표되었다. 세이쿄샤는 1888(메이지 21)년 당시 대표적인 평론가였던 시가 시게타카(志賀重昻)·미야케 세쓰레이(三宅雪嶺)·스기우라 주고(杉浦重剛) 등을 중심으로 만들어진 그룹이다. 세이쿄샤의 입장에서 보면 가메이칸으로 상징되는 지배층의 구화정책은 정부가 외자를 도입해 대자본의 이익을 도모하려는 정책이며 "대체로 외국과의 거래에 직접 이해를 가지는 자"라고 신랄하게 비판했다. 그들은 위로부터의 구화주의에는 반대하면서 서양의 과학기술을 싸잡아 배척하지는 않고 그것도 받아들였다. 그러나 지나친 서양 숭배를 비판하고 일본인의 주체적인 자각을 높일 것을 목표로 하는 국수주의를 제창했다.

청일전쟁(1894~95)을 전후해서 국수주의로부터 시야를 넓혀

---

22) 『日本人』 創刊(政教社, 1888. 4)

구화현상에 대한 비판·저항에서 한 걸음 나아가 제창된 것이 '일본주의'다. 이노우에 데쓰지로(井上哲次郎)·다카야마 조규(高山樗牛) 등을 중심으로 한 '대일본협회'가 청일전쟁 후 1897(메이지 30)년에 창설되어 『일본주의』[23]라는 기관지를 발행했다. 또 다카야마는 잡지 『다이요』(太陽)에 논문 「일본주의를 찬(贊)함」을 발표하여 일본의 국민적 자각을 호소했다.

1. 국수주의에서 일본주의로

1888(메이지 21)년 4월 지리학자 겸 평론가 시가 시게타카(志賀重昂)를 주필로 해서 창간된 잡지 『일본인』은 아래에 말하는 것과 같은 국수주의를 제창했다. 세이쿄샤의 취지는 『일본인』 제1호의 권두에 주필인 시가가 쓴 「일본인의 상도(上途)를 전별함」[24]에 잘 나타나 있다. "이제야 눈앞에 절박한 최중 최대의 문제는 대저 일본 인민의 의장(意匠 : 연구심, 생각)과 일본 국토에 존재하는 만반의 위외물(圍外物 : 밖을 에워싼 것)에 순응하고 꼭 알맞은 종교, 도덕, 교육, 미술, 정치, 생산의 제도를 선택하고 이로써 일본 인민이 현재와 미래의 향배(嚮背)를 재단(裁斷)함에 있도다." 시가는 자기들의 입장은 '보수주의'도 '혁명가'도 아닌 '개혁가'이며 '전복자'가 아니라 '수선자'가 되고자 한다고 했다. 그 목적은 국가의 기초로서 약한 곳곳을 수선하는 일이다.

---

23) 『日本主義』 創刊(大日本協會, 1897. 5)

24) 志賀重昂, 「日本人の上途を餞す」(『日本人』 1호, 1888. 4)

그것을 구체적으로 종교의 문제로서 파악한 것이 불교철학자 이 노우에 엔료(井上圓了)의 「일본종교론서언」[25]이다. 그는 "대저 일본인이 왜 일본인인가 그 까닭을 분석해 보건대 … 그 영향 가장 중차대한 것은 오로지 불교이다… 불교를 유지 확장함은, 즉 일본인을 일본인답게 하고 일본인으로 하여금 독립 대항하게 하는 요법(要法)이다"라고 했다.

이노우에 엔료만큼 극단적인 것은 아니지만 일본인이 서양 숭배로 치닫는 현상을 비판한 것은, 다쓰미 고지로(辰巳小次郎)의 「일본인의 외인존봉(外人尊奉)」[26]이다. 그는 "지금 많은 일본인들은 자기를 낳아 준 나라를 잊어버린 채 외국만을 알고 나를 객으로 하고 그를 주로 하는 경향이 있다. 옛 사람이 한 일을 잘 보고 자기의 과실을 고치는 일이 심히 바람직하다"라고 여기에서도 일본인의 자각의 필요를 강조하고 있다.

제2호에서 시가 시게타카는 「'일본인'이 안고 있는(懷抱) 본뜻(旨義)을 고백함」[27]이라고 제목을 단 뒤 '국수(國粹 : Nationality)라는 말로 국민성에 관해 논하고 있다. 그것은 "야마토(大和) 민족 사이에서 천고만고부터 유전해 오고 화순(化醇)하여 와서 끝내는 당대에 이르기까지 보존"된 것으로 그 '발육 성장'을 촉진하고 야마토 민족의 진화 개량을 목적으로 한다. 나아가 시가는 '국수보존'이 야마

---

25) 井上圓了, 「日本宗教論緒言」,(『日本人』 1호)

26) 辰巳小次郎, 「日本人の外人尊奉」,(『日本人』 1호)

27) 志賀重昂, 「'日本人'が懷抱する處の旨義を告白す」,(『日本人』 2호, 1888. 4)

토 민족으로서 가장 중요한 국민적 과제라고 결론지었다. 다만 시가가 말하는 '국수'는 뒷날 우익 단체가 즐겨 쓰게 되는 국가주의적인 의미와는 전혀 다르다는 것에 주의하지 않으면 안 된다.

일본인의 자기 반성으로서, 시가의 국수론이 다루지 않았던, 서양 문화의 적극적 흡수에 대해 문부성 서기관 니시무라 다다시(西村貞)는 「'일본인'에게 묻는다」[28]에서 다음과 같이 제안하고 있다. "유럽에서 만든 밀크(우유)를 가지고 일본인을 키워 나가는 것이 좋은 방법이다… 밀크는 한 마디로 말하자면 이학(理學), 즉 Science를 가리키는 것이다."

또한 가가 히데카즈(加賀秀一)는 「일본인심개론서언」[29](日本人心槪論緒言)에서 시가로 대표되는 국민성론이 자칫하면 일본인에 고유한 성질을 일체로서 논하게 되는 데 대해서 계층·집단·개인 각각의 고유한 성질이 있다고 하면서 한 나라의 인심을 개론하기 위해서는 개개의 특별한 성질에 구애되지 말고 각인(各人)에 공통된 성질을 논하고 중등 사회의 사람들을 기준으로 할 것을 주장했다. 이것은 니시 아마네 이후 국민성에 관한 첫 제언이다.

저널리스트로서 열렬한 국권론자 구니토모 시게아키(國友重章)는 「일본 정치사회의 일신 현상」[30]에서 다음과 같이 논했다. 어제오늘 눈에 두드러지는 것은 외인존봉파의 근황이지만 여기에는 두 개의 파가 있다. '이론적 외인존봉파'는 '국민의 성격'을 잃게 하

---

28) 西村貞, 「'日本人'=質ス」(『日本人』 2호)

29) 加賀秀一, 「日本人心槪論緒言」(『日本人』 2호)

30) 國友重章, 「日本政治社會の一新現象」(『日本人』 3호, 1888. 5)

고 일본을 완전히 서양 여러 나라(泰西)와 같은 것으로 만들어 버리고, 국민의 단결심·애국심을 박약하게 하여 일본 인종을 '쇠멸' 시키는 결과를 낳는다. 이에 비해서 '정략적 외인존봉파' 는 일본이 열강 속에 친구로 참여하기 위해 종교를 기독교로, 국어를 영어로 바꾸고 재래의 모든 것을 빠짐없이 다 구주풍(歐州風)으로 만들려고 한다. 그러나 조약개정 문제가 일어나는 것을 기회로 국민적인 점진주의가 위 두 파를 결합시켜 가다 보면 결국은 한 덩어리가 되는 날이 올 것이라고 한다. 불교사상가 시마지 모쿠라이(島地默雷)는 「일본인의 해부」[31]에서 다음과 같이 기술한다. 정신은 형체의 군주이므로 정신은 구미, 형체는 일본이라고 하는 자는 구미인이라고 할 수는 있어도 일본인은 아니다. 일본인이 어떠한 인종이라고 하더라도 개국 이래 서로 이어 온 독특한 '정신 형체' 가 일본인인 것이다.

위와 같이 『일본인』의 집필자들은 편협한 국가주의자들이 아니라 서양 문화의 주체적인 섭취를 지향하는 진보적인 일면을 가지고 있었다. 그 대표적인 의견은 시가의 논설 「일본이 나아갈 국시(國是)는 국수보존을 내용으로 만들지 않으면 안 된다」[32]에 나타나고 있다. 시가에 따르면 '국수보존' 주의는 서양의 '개화' 를 받아들여도 그것을 일본적으로 '동화' 하는 것이다. 여기에 일본이 나아갈 국시를 두어야 한다고 한다.

---

31) 島地默雷, 「日本人の解剖」(『日本人』 3호)
32) 志賀重昂, 「日本前途の國是は'國粹保存旨義' に撰定せざるべからず」 (『日本人』 3호)

이리하여 서양 문화의 이입과 관련해 일본인론은 한층 더 이론적으로 다뤄지게 되었다. 그 대표적인 것으로 철학자 가토 히로유키(加藤弘之)의 연설 「일본인의 성질」[33]이 있다. 가토에 의하면 일본인은 '영리한 성질'로는 유럽 인종에게 결코 뒤지지 않지만 창조보다는 모방에 뛰어나다. 유럽 국가들은 남의 장점을 취하는 데 백 년 2백 년 걸리지만 일본의 개화는 2~30년 동안에 눈부신 진보를 이루었다. 지나치게 서두르는 것은 자연스러운 도리에 반한다. 일본인의 성질은 반동력도 강하다. 극단적으로 지나치게 서양류로 달려나가는 것도 나쁘지만 학문도 종교도 역시 옛날대로가 좋다는 것도 곤란하다. 요컨대 가토는 서양의 개화를 조금씩 취하는 '점진론'을 주장했다.

가토와 동시에 일본인의 자기 반성을 설파한 것은 이학자(理學者) 미야자키 미치마사(宮崎道正)의 「일본 서생(書生)의 나아갈 길」[34]이다. 일본인은 아직 봉건 시대의 습관을 벗어나지 못하고 학문도 부질없이 고상함만 추구하고 농·공·상의 실업을 비천하다고 생각하는 사람이 많지만 서양 문명의 기초는 이학의 발달에 의해 만들어졌음을 강조했다.

나아가 시야를 넓혀 일본인의 국민성을 구미인과 우열의 비교로 논한 것은 후소 간도(浮藻頑童)의 「수감수기지일」(隨感隨記之一)[35]이다. 그는 거기에서 양자의 상이점을 다음과 같이 정리하고

---

33) 加藤弘之, 「日本人の性質」(『日本人』 4호, 1888. 5)
34) 宮崎道正, 「日本書生の前途」(『日本人』 4호)
35) 浮藻頑童, 「隨感隨記之一」(『日本人』 6호, 1888. 6)

있다.

　'구미인이 우리 나라 사람(我邦人)보다 뛰어난 여러 가지 점'

　독립의 정심(精心)이 풍부한 것, 결속력이 강한 것, 인내력이 강
한 것, 자산을 정리함에 민첩한 것, 신용을 중히 여기는 것, 원정을
감내하는 것, 체육을 귀히 여기고 따라서 신체가 장건한 것, 학리
(學理)에 정통하고 또 이를 실제에 잘 응용하는 것, 부녀자가 자신
을 잘 지키는 것, 힘써 외설(猥褻)의 행위 언어를 피하는 것.

　'구미인이 우리 나라 사람보다 뒤지는 여러 가지 점'

　부인을 가엾게 생각하는 나머지 필경은 이를 과도하게 존경하
는 것, 부인이 그 본분을 잊어버리고 교만한 것, 적재(積財)의 염
(念)이 깊어 왕왕 인륜을 그르치는 것, 정사계(政事界)에 깊이 들어
가서 자신의 분수와 한계를 잊어버리는 것, 그 실용을 묻지 않고
함부로 신규(新規)를 다투는 것.

　이 일본인과 구미인의 비교를 다시 일반화해서 일본인의 '구주
주의'(歐洲旨義)와 '일본주의'(日本旨義)라는 두 가지 주의로 나타
낸 것이 시가 시게타카(志賀重昻)의 「일본 전도(日本前途)의 2대 당
파」[36]이다. 시가에 따르면 구주주의는 모방적이며 일본주의는 고
유하다. 구주주의의 운동은 꽃과 같고 일본주의의 운동은 열매와
같다. 구주주의의 기저는 부정(不定)하고 일본주의는 안전하고 공

---

36) 志賀重昻, 「日本前途の二大黨派」(『日本人』 6호)

고하다. 이하 구주주의는 절박, 기변, 소설적, 파괴적, 혁명적이며 일본주의는 침착, 정실(正實), 수학적, 수선적(修繕的), 개혁적이다. 그렇기 때문에 구주주의의 사람들은 사대 의뢰의 비굴심에 사로잡혀 일본을 '독립자립국'으로 할 수가 없다. 이에 대해서 '세력보존주의'(勢力保存旨義)의 일본주의로 국력을 양성하면 큰 이익을 가져올 것이라고 주장했다.

일본주의와 구화(歐化)주의를 대비해서 이와 같이 분명하게 주장한·것은 이 논문이 아마도 처음이요 그 뒤 일본주의는 세이쿄샤(政教社)의 기본적 입장이 된다. 그러나 일본주의가 국민을 위한 정치적인 원칙이 되려면 그 담당자를 국민의 어느 부분에서 구할 것인가 하는 구체적인 문제가 대두된다.

이에 관해서 호쇼 가쿠닌(豊渚學人)은 「중등 종족에 바란다」[37]에서 '중등 종족', 즉 중류계급의 힘에 의해야 한다고 주장했다. 그들은 상류에 아첨하지 않고 빈민의 편이 되지 않고 보수와 진보의 중도를 취한다. 파괴를 바라지 않지만 구태(舊態)에 만족하지도 않는다. 외국 문명을 동화시켜 일본 사회의 본래의 특질을 지킬 것으로 기대된다. 여기에서도 시가가 말하는 일본주의에 가까운 중용적인 개혁이 권장되고 있다.

그 뒤 다카야마 조큐(高山樗牛)는 「일본주의를 찬양(讚揚)함」[38]에서 '일본주의'를 정의해서 국민적 특성에 기초를 둔 자주독립의

---

37) 豊渚學人, 「中等種族ニ望ム」(『日本人』9호, 1888. 8)
38) 高山樗牛, 「日本主義を贊す」(『太陽』3권, 13호, 1897. 6)

정신으로 건국 당초의 포부를 발휘하고자 하는 도덕적 원리라고 했다. 일본주의는 일체의 종교를 배격한다. 종교는 국민의 성정(性情)에 반대되고 건국의 정신에 반하며 국가의 발달을 저해하기 때문이다. 국민의 사상은 현세적인 것으로서 초세적(超世的)인 것은 아니며 일본 고유의 신도(神道)는 순전히 현세교인 것이다. 일본인은 공명쾌활하며 유위진취(有爲進取)의 인민이다. 일본주의는 광명을 주로 하여 현세(生生)를 중히 여기고 국민의 안심입명(安心立命)하는 장(場)을 나타내 보이는 것이다. 일본주의는 종교도 철학도 아니요 국민적 실행도덕의 원리라고 논했다.

2. 일본인론의 성립

위에 든 국수주의에서는 일본인의 국민성에 관해서 단편적인 의견만이 기술되어 있고 말하자면 인상주의적인 표현에 그치고 있었다. 이에 대해서 국제법학·역사학·사회학·심리학 등 넓은 지식을 갖고 있던 아리가 나가오(有賀長雄)는 『국가철론』(國家哲論)[39]에서 일본인의 국민성에 관해서 서양인과 대비하면서 상세하게 논하고 있다.

일본인이 서양인보다 뛰어난 것은 '풍류문아(風流文雅)의 기상'이 넘친다는 것이다. 누구라도 시나 노래를 짓고 다른 사람과 같은 취미를 가지므로 감정이나 행위가 한결같다. 그렇기 때문에

---

39) 有賀長雄, 『國家哲論』(牧野書房, 1888. 8)

'individuality', 즉 개성이 없는 것이 단점이며 그리고 일본인의 유행을 따르는 경향도 강하다는 것을 지적했다. 또한 사회를 상중하의 계층으로 나누고 귀족·관원의 상등층은 '구격'(舊格)을 지키므로 개성이 빈약하고 가난한 하등 사회도 '구습'에 따르고 있으므로 중등 사회에만 개성이 발달할 희망이 있다.

아리가가 일본인의 개성 결여를 비판한 것은 평가할 만하지만 예컨대 여성에 관해서 "뼈와 가죽과 '고개 숙여 인사하는 것'" 이외에는 아무것도 없다고 하는 등 편견도 포함되어 있다. 그러나 그의 일본인론에는 종래 볼 수 없었던 국민성에 관한 역사적 고찰이 있고, 개성의 결여는 도쿠가와(德川) 정부가 3백 년간 천하태평을 주의로 내걸고 '법도와 구격(舊格)과 유교'로써 개인의 행위를 관제했기 때문이라고 기술하여 종합적인 일본인론을 전개했다.

아리가는 『국가철론』 가운데에서 일본인의 성격에 관해 논했지만 이에 대해서 서양 사상에도 정통한 철학자 미야케 세쓰레이(三宅雪嶺)는 『진선미일본인』(眞善美日本人),[40] 『위악추일본인』(僞惡醜日本人)의 두 저서에서 처음으로 일본인의 본질을 본격적으로 논했다. 두 책은 『일본인』이 정부를 공격하는 논문을 실어 1891(메이지 24)년 6월 발행 정지·폐간되기 직전에 세이쿄사(政敎社)에서 간행되었다.

『진선미일본인』에서는 "일본인이 크게 그 특별한 능력을 신장하여 백인의 결함을 보충하고 진(眞) 극(極)하고, 선(善) 극(極)하고,

---

40) 三宅雪嶺, 『眞善美日本人』(政敎社, 1891. 3)

미(美) 극(極)한 원만 행복의 세계로 나아가야 할 일대 임무를 부담'하기 위해서는 우선 자기 인식으로부터 출발해야 한다고 한다. 일본은 '공예학술, 문물 제도'를 구미로부터 많이 배웠기 때문에 '외인 숭배'가 그로부터 비롯되었지만 미야케는 이에 반발하여 일본인의 능력에 자신을 가질 것을 권했다. 예로서 『겐지모노가타리』(源氏物語)를 들어 외국의 여류작가로서 무리사키 시키부(紫式部)와 어깨를 나란히 할 자가 과연 몇 사람이나 있느냐고 묻고 있다. 그와 같은 능력을 가진 일본인의 임무는 '진(眞)을 극(極)하는 직분'으로서 사적의 연구, 동양 문화의 연구, 아시아 대륙에 학술 탐정대 파견, 생물학 · 지질학 · 인류학의 연구 등이다. 제2의 임무는 선과 정의를 신장하는 것이다. 이를 위해서는 '부국강병'에 의해서 여러 강국에 대해, 그 국력을 배경으로 정의를 세계에 넓히는 일에 최선을 다하는 응분의 힘을 내어야 한다고 주장했다. 제3의 임무는 일본적인 미를 세계에 소개하는 일이다. '기후온화, 풍물청순'한 일본의 아름다움을 찬양하고, 일본인의 자연미에 대한 감수성이 오랜 역사를 통해 배양되었다고 했다. 예컨대 아무리 가난한 집이라도 "벽에는 천에 그린 그림을 펼쳐 붙이고, 꽃병에 사계절 때맞춘 생화를 꽂아 놓는" 등 일상생활이 미화되고 일본 예술은 높은 수준을 나타내고 있다. 일본 예술의 특색은 '가볍고 살랑살랑 경묘하게 부는 바람'이며 일본의 뛰어난 예술이 각국의 예술과 겨루기 위해서는 될 수 있는 대로 자기 나라의 특색을 내는 것이 득책이라고 말한다. 일본의 독자적 전통 예술이 외국에서 높이 평가된다는 그의 견해는 국민성 · 민족성의 뛰어난 면이, 동시에 국제적으로도 통한다는 것을 주장한 선구적인 것이었다.

그러나 미야케는 일본인의 전체상을 나타내기 위해서 진선미의 대극(對極)에 있는 위(僞)·악(惡)·추(醜)의 부정적인 면을 보는 것도 잊지 않고 이어서 『위악추일본인』[41]을 저술했다. 우선 '위'의 장에서는 일본인의 지적 수준을 문제 삼아 '이의구명(理義究明)의 능력'에서는 백인에게 뒤지지 않으나 슬프게도 십분 발전되어 있지 않다고 했다. 예컨대 학자의 세계도 관료제로서 학문이나 이론이 사회에서 소용이 없다. 또한 외국의 고용 교사 가운데는 그저 그런 인물도 많고, 서양 숭배가 학문의 세계에까지도 미치고 있는 현실을 미야케는 탄식하고 있다. 다음으로 '악'의 장에서는 주로 메이지 이후 정부와 결탁해서 사리사익(私利私益)을 탐하는 실업가들을 공격하여 "신상(紳商)은 사회의 악분자(惡分子)이다"라고 단정했다. 그들은 공익의 이름을 빌려 사리를 경영하고 관업(官業)을 청부받는 '간사한 장사치'(奸商) '노름판 장사치'(博奕商)이다. 나아가 '추'의 장에서는 주로 미술에 관해 논하고 당시의 많은 미술가들이 '비루천열'(鄙陋賤劣)하여 "한 번 보면 사람으로 하여금 불유쾌한 마음이 생기게 하고, 두 번 세 번 보면 사람에게 구토를 느끼게 한다"고 극언했다. 또 서양 숭배와 모방의 단점을 들어 로쿠메이칸(鹿鳴館)으로 대표되는 구화(歐化) 정책을 격렬하게 비판했다. 최후로 "모방의 극함이여, 다만 나라를 열등한 구미로 만들고, 이로써 구미 국민 중의 천열한 종족을 증가시킴에 지나지 않도

---

41) 三宅雪嶺, 『僞惡醜日本人』(政敎社, 1891. 5)

다'라고 결론지었다. 미야케의 '일본주의'는 일본 찬미는 아니요 객관적인 자기 비판이며, 모방보다는 일본인의 특질을 발달시키는 일이 필요하다고 한 것이다. 미야케의 일본인의 자기 반성은 동시기에 간행된 도히 마사타카(土肥正孝)의 『일본풍속개량론』[42]에서 보다 구체적으로 논해졌다. 도히는 스스로 창립한 '대일본풍속개량회'의 주지에 따라 '습관의 총칭'으로 이뤄지는 풍속 가운데 바람직하지 못한 점을 다음과 같이 열거하고 있다. '인간 계급의 폐(弊)'(예컨대 관존민비나 남존여비)를 비롯하여 '알력경쟁'(軋轢競爭), '종교미신', '서양 심취', '언어부정'(言語不正), '의뢰심', '자포자기', '시일공비'(時日空費), '사치허식', '허례도식'(虛禮徒式), '기루공허'(妓樓公許) 등의 폐를 지적하고 풍속개량의 필요성을 역설하였다.

그러나 미야케나 도히와 같은 자기 반성을 수반하는 일본인론에 역행하는 보수적·복고적인 일본인론이 1893(메이지 26)년에 간행되었다. 저널리스트·정치가 덴간시(天眼子), 즉 스즈키 지카라(鈴木力)의 『국민의 진정신(眞精神)』[43]이 그것이다. 그에 따르면 구(舊) 일본의 국민은 복종주의에 만족하고 비굴하긴 하지만, 국민으로서 '충효절의'의 정신을 지켜 왔다. 그러나 유신개국으로 서양풍이 전국을 휩쓸어 정신은 반서양 반일본의 기괴한 상태가 되어 버렸다. 스즈키는 당시의 자기 중심적 경향을 비판하고 거기에 대해서 무사의 도의를 강조한다. 농상(農商)의 무리는 법률적으로

---

42) 土肥正孝, 『日本風俗改良論』(風俗改良雜誌社, 1891. 4)

43) 天眼子, 『國民の眞精神』(博文堂, 1893. 9)

권리가 주어져도 다만 임금의 명령대로 이를 지키기만 하면 되는 줄로 알고 있다면서, 메이지 초의 일본인 불변설에 가까운 입장을 취하고 있다. '국혼국풍'(國魂國風)은 한 나라가 성립된 당초부터 자연히 갖추어지는 성모(性貌)로서 변개(変改)할 수 없는 것이라고 했다. 또한 일본인이 자기 나라의 관념을 잃고 헛되이 이국의 풍습을 추구한다고 비판하고 서양 숭배의 비굴심을 제거하는 것이 오늘의 급선무라고 주장했다. 이 의견은 세이쿄샤의 일본주의에 가까운 것 같지만 그 시야는 미야케나 시가보다도 좁고, 뒷날 왕성하게 되는 야마토다마시론(大和魂論)을 일찌감치 내놓았다. 이 책이 쓰인 것은 청일전쟁(1894년 8월 발발) 한 해 전이며 군국주의가 왕성해지던 시기였다.

이와 같은 상황 속에서 시가 시게타카의 일본인론과 일본 문화론이 태어난다. 그 첫째는 일본의 정신적 전통을 지킨다는 '국수 보존주의'다. 둘째는 시가가 청일 개전 직후 『일본 풍경론』[44]에서 주장한 일본 문화론이다. 이 책의 '일본에는 기후, 해류가 다변다양하기도 하다'라는 장에서, 일본에 있는 송백과 식물이 일본 국민의 기상을 양성하는 데 소용된다고 주장하고, 벚꽃으로 일본인의 성정을 대표하게 하는 견해에 대해서 일본은 '송국'(松國)이라고 했다. 노리나가(宣長) 이래 국민성을 상징해 온 사쿠라(벚꽃)는 아름답기는 하지만 비바람에 금방 지는 데 대해 송백의 강인함으로

---

44) 志賀重昂, 『日本風景論』(政敎社, 1894. 10, 뒤에 岩波書店, 1937. 1)

국민성을 대비(對比)했다. 시가는 "이 강산의 순미(洵美)함, 생식(生植)의 다종(多種)함 이것이야말로 일본인의 심미심(審美心)을 과거, 현재, 미래에 함양하는 주된 힘이다"라고 말하고 일본 미래의 인문을 계발하기 위해서는 일본의 풍경을 보호해야 한다고 역설하였다. 그는 농학교 출신의 지리학자적인 관점에서 일본의 지리적 환경이 일본인의 심리에 미치는 영향을 상세하게 기술했지만 거기에 빠트린 것은 역사적, 사회적인 요인이 국민성에 미치는 영향의 고찰이었다.

시가의 『일본 풍경론』이 나타난 직후 일본의 대표적 기독교 신자인 우치무라 간조(內村鑑三)는 「시가 시게타카 씨의 『일본 풍경론』」[45]에서 시가의 지리학에 편향된 일본인론을 신랄하게 비판하고 있다. 머리말에서 시가를 '러스킨'이라 부르고 『일본 풍경론』을 '근세의 명저작'이라고 일단 높이 평가하면서 '국수 보존론'을 제창하는 시가를 '순수한 일본인'이라고 한 뒤, '세계의 모든 아름다운 것'이 일본 국내에 있다는 과장을 비판했다. 또한 현재 일본과 전쟁중인 중국 본토에 대한 시가의 적개심이 격렬하다는 것을 지적했다. 전쟁에 즈음하여 평화주의의 입장을 취한 우치무라의 면목을 여기에서 볼 수가 있다. 그에 의하면 일본의 아름다움은 원예적·공원적인 것으로서 위대한 미가 결여되어 있고, 사람을 도취시키지만 사람을 자기 이상(自己以上)으로 높이는 미라고는 할 수 없다. 이상과 같은 반론은 '비평가의 의무'에서 비롯된 발언이라

---

45) 內村鑑三, 「志賀重昂氏著『日本風景論』」(『六合雜誌』 168호, 1894. 10)

고 하면서 애국심이 높아진 오늘 이와 같은 비국가적인 발언을 하는 비평가의 임무도 또한 어려운 것이라고 진정을 술회하고 있다.

우치무라는 시가의 『일본 풍경론』에 앞서 『지리학고(考)』(뒤에 『지인론(地人論)』)[46]를 썼다. 그 가운데에서 뒷날 인문지리학·사회지리학에 가까운 관점에서 독자적인 풍경론·풍토론·일본인론을 전개했다. 그는 지리학에 의해 건전한 세계 관념을 양성해야 한다면서 "우리들은 일본인일 뿐만 아니라 또한 세계인(Weltmann)이어야 한다"라는 세계적인 시야에 서서 "애국이란 자기 나라 제 자랑이 아니다" "우주를 위해서 나라를 사랑함을 말한다"라고 말하고 평화주의·국제주의를 표명했다. 나아가 지형은 반드시 국민 역사를 좌우하지는 않으며, 자유의지를 가진 인류는 자연의 노예가 아니며, 한 나라의 역사는 그 땅과 사람과의 상호 작용(Interaction)의 결과라고 규정했다. 그는 일본인이 '동양주의'로 길러지고 다시 '서양주의'도 소화할 수 있는 것은 '천성적 동화력'을 가진 국민성 때문이라고 자부하고 있다. 당시의 우치무라에게는 일본에도 구미적인 헌법이 있고, 자유는 충군애국과 공존한다는 일본인에 대한 신뢰감이 있었다.

우치무라가 지적한 일본인에 관한 지리학적인 해석은 특히 현재까지 가끔 화제가 되는 '섬나라 근성' 설과 연결된다. 그것은 일면적이긴 하지만 일본인론의 한 길잡이로서 무시할 수 없다. 아래

---

46) 內村鑑三, 『地理學考』(警醒社書店, 1894. 5, 뒤에 『地人論』으로 개제 1897. 2)

에 메이지 30년대에 발표된 '섬나라 근성'을 둘러싼 논문 몇 개를 들추어 보자.

우선 최초에 나타난 것이 무서명(無署名) 논문 「이른바 섬나라 근성에 대하여」[47]이다. 일본은 섬나라로서 일본인이 섬나라 근성을 가지는 것은 자연스러운 것이다. 섬나라이므로 동서남북 뜻대로 항해할 수 있고 지구를 하나로 보고 나라와 나라 사이의 장벽을 모른다. '섬나라 근성'(島國的 根性)과 '쇄국 사상'(鎖港的 思想)을 동일시하여 폐쇄적인 국민성이라고 비난하는 어림짐작은 틀린 것이다.

위의 논문에 이어 한층 '섬나라 근성'의 적극적인 면을 주장한 것이, 같은 무서명 논문 「섬나라 근성과 해국(海國) 사상」[48]이다. 이 논문에서는 진정한 해국이기 위해서는 반드시 섬나라임을 필요로 한다고 하고, 진정한 섬나라 근성은 해양국 사상이 솟아나는 원천이며, 섬나라 근성이 있기 때문에 일본인은 실로 해국남아(海國男兒)에 적합하다고 한다. 메이지 이후 해운이 급속히 진행되고 서구의 해군제를 채용하고 난 뒤 짧은 세월 동안에 선진국에 뒤지지 않는 해군이 만들어진 것도 해국으로서의 소양이 있었기 때문이다. 항해·해양스포츠 등 쾌락을 얻는 점에서 대륙의 국민보다도 일본인은 세계를 내 집으로 삼아 즐겁게 왕래할 수가 있다고 주장했다.

또한 무서명(無署名) 논문 「일본인의 성질」[49]에서는 사회의 변동

47) 「所謂島國根性に就き」(『日本人』 3차 141호, 1901. 6)
48) 「島國根性と海國思想」(『日本人』 3차 159호, 1902. 3)
49) 「日本人の性質」(『日本人』 3차 191호, 1903. 7)

기를 대표하는 영웅, 예컨대 성격이 전혀 다른 히데요시(秀吉)와 이에야스(家康), 그 어느쪽을 당대 일본인의 성질로 할 것인가를 묻는 등, 요컨대, 한마디로 일본인을 평가하는 데는 경솔하다고 했다. 그 하나의 예로서 일본인의 성질을 '섬나라 근성'으로 표현하는 것은 사람을 업신여기고 스스로를 모욕하는 자라고 단정했다.

위에 든 다양한 견해를 받아들여 그 뒤 외국, 특히 서양 제국과 일본의 지리적·역사적·문화적 조건에 관한 정보가 들어옴에 따라 일본인과 서양인의 비교가 논의된다.

3. 일본인 우수설

청일전쟁과 그 10년 후의 러일전쟁(1904~5)의 승리는, 일본 국민에게 전승국의 긍지와 국민성이 우수하다는 것을 자각하는 마음가짐을 갖게 했다. 그것은 아래에서 보듯이 여러 가지 각도에서의 일본인 우수설에 반영되고 있다.

청일전쟁에 앞서 스즈키 겐타로(鈴木券太郎)는 「인종체질론 및 일본 풍토」[50]에서 이렇게 말하고 있다. 야마토(大和) 민족의 체질은 외국의 풍토에 익숙하기 쉬우므로 외정(外征)에 견딜 수가 있다. 한편, 일본의 풍토는 뛰어나고 백인의 체질에도 맞기 때문에

---

50) 鈴木券太郎, 「人種體質論及日本風土」(『日本人』 1차 73호, 1891. 6),
「敢て日本人の特性並に天職と云ふ所のものを稽査一番せん」(『亞細亞』 14호, 1891. 9)

일본은 그들의 낙원이 된다. 따라서 밖으로 기울어져 안을 비우는 것은 위험한 것이라고 경고하고 있다. 이 논문에 잇달아 스즈키는 좀더 자세하게 일본인 우수설을 부르짖고 있다. 논문 「감히 일본인의 특성과 아울러 천직이라고 할 수 있는 것을 한 번 고찰하고 살펴보고자 함(稽査一番)」에서는 일본인의 특성을 드러내는 것은 일본인 된 자의 임무라고 하는 전제에서 출발한다. 일본 민족의 포부는 넓고 크며 국체와 인정의 특수성은 "역사적 입군 제도(立君制度)의 극선극미(極善極美)와 지문적 윤리체계와 물질문명(地文的倫物形勢)의 순선순미(純善純美)"에서 유래한다. 일본인에게는 장점 · 능력이 있고 특성은 다른 민족(民種)보다 빼어났지만 다시금 그것들을 발휘하는 일을 조금이라도 게을리해서는 안 된다. 일본인은 '인종계의 우수한 자'로 자임하여 세상의 성육(成育)을 도와야 할 책임이 있다고 했다.

그 뒤 청일강화조약이 조인된 1895(메이지 28)년에 헌법 초안 기초자 중 한 사람이었던 정치가 가네코 겐타로(金子堅太郎)는 「일본인종의 특성」[51]이란 제목으로 다음과 같이 연설하였다. 메이지 이후 일본이 구미인의 입장에서 볼 때 '놀랄 만한 개화'를 이룬 것은 '일본을 칭찬한 쪽'이지만, 한편 '비웃는 쪽'에서는 일본의 개화는 서양 풍속을 흉내내었을 뿐이며 마음은 순수한 일본인이다라고 말한다. 이에 대해 가네코는 일본인은 모방만 하는 것은 아니라고 강조하고 처음에는 모조(模造)이긴 하지만 다음에는 국민이나 국체

---

51) 金子堅太郎, 「日本人種の特性」(『太陽』 1권 9~10호, 1895. 9~10)

에 적합하도록 수정·응용한 결과 특별한 개화를 만들어 낸 것이라고 했다.

청일전쟁의 승리는 다시 극단적인 일본인 우수설을 배출시켰다. 그것은 일본인의 우수성을 부정하는 서양 숭배에 대한 격렬한 논란으로도 나타났다.

그 일례로 법조인 사쿠라이 구마타로(櫻井熊太郎)의 「하이칼라 망국론」[52]이 있다. 하이칼라 무리들은 '오랜 관습'(舊慣)을 부정하고 의·식·예절로부터 사회 조직·유전적 품성까지 고쳐 구미풍으로 하지 않으면 결코 문명의 수준에 도달하지 못한다고 주장한다. 그러나 구주의 부강 문명이 오늘이 있는 것은 그 국민의 자존심에 기인한 바 크고, 구주의 문물공예를 취한다 하더라도 일본인의 자존심의 기초 위에 옮겨 놓아야만 한다. 하이칼라 무리들은 구주 문명의 정신을 오해하고 일본인으로서의 자존심과 애국심을 잃어버리는 데 이르러서는 일본 국민의 자격은 없다고 비판했다. 나아가 그들의 해독은 페스트와 같은 것으로서 감염되면 일본 국민이 아니라고까지 극언했다.

정치가 와타나베 구니타케(渡邊國武)는 「일본 국민의 능력」[53]에서 이같이 말한다. 일본인은 '불가사의'의 능력을 가지고 '중국·조선'으로부터 제도문물이나 유교와 불교를 가져오면서 이것들을 일본화했다. 구주 제국의 이기(利器) 문물을 모두 수입 채용한 영

---

52) 櫻井熊太郎, 「ハイカラ-亡國論」(『日本人』 3차 148호, 1901. 10)

53) 渡邊國武, 「日本國民の能力」(『太陽』 10권 1호, 1904. 1)

리준민(怜悧俊敏)한, 관민일치하여 왕성하게 경륜을 일으키는 고상예리(高尙銳利)한, 세계에서 제일 용감강강(勇敢强剛)한 해육군을 편제하려는 영위준발(英偉俊拔)의 국민이다.

또한 고야마 마사타케(小山正武)는 「일본 국민의 특성—그 건전한 발달의 필요」[54]에서 국민의 특성을 형성하는 주된 요소는 그 나라의 '건조(建造)의 역사적 사정'과 '지리적 관계'라고 한다. 특히 일본의 역사적 사정은 세계에서 예를 볼 수가 없다. 국민과 원수(元首)가 아들과 아버지의 관계와 같이 친밀하고 서로가 경애의 정이 극히 깊다. 평시에는 공검자애(恭儉慈愛) · 근면 · 복종을 행하고 긴급시에는 거국일치하여 단결하고 헌신희생을 행하여 전장(戰場)에 임한다. 동시에 약소한 자를 불쌍히 여기고 빈곤을 구하며 적조차도 사랑하는 것이 일본인의 특성이다. 고야마의 경우에는 '적을 사랑한다'고 하는 국제적, 평화적인 국민성의 일면을 인정하고 있지만 법학자 사사가와 기요시(笹川潔)의 「일본 문명론」[55]에서는 일본인의 호전적인 성격까지도 장점의 하나로 삼고 있다.

우선 일본 민족은 인종으로서 심히 총명민달(聰明敏達)하고 외국에 끌려 나가지 않더라도 세계에 진출할 수 있다. 일본인이 전쟁을 좋아하는 것은 경쟁을 좋아하기 때문이며 경쟁을 좋아하는 것은 진보를 사랑하기 때문이다. 따라서 일본인은 선천적으로 진보적 민족이라고 할 수 있다. 나아가 일본인은 원래 쾌활하고 시원시

---

54) 小山正武, 「日本國民の特性—其健全的發達の必要」(『日本人』 3차 424호, 1905. 12)

55) 笹川潔, 「日本文明論」(『太陽』 11권 12호, 1905. 9)

원하고 낙천적이었지만 불교 때문에 염불삼매의 인민이 되어 버렸다. 그러나 외국 문명에 풍속습관을 파괴당하지 않고 어딘가에 건전한 사상, 주아적(主我的)인 관념이 남아 순수한 일본 문명이 전해졌다고 말한다.

서구 유학의 체험을 살려 문화적 관점에서 종래에 없던 상세한 국민성론을 전개한 것이 하가 야이치(芳賀矢一)의『국민성 10론』[56]이다. 하가는 당시의 대표적 국어학·국문학의 전문가로 러일전쟁의 승리(1905), 영일동맹(동년), 다시 '황인배척'(黃人排斥 : 배일운동) 등에서 일본인의 국제적인 지위가 문제되기 시작한 때 미야케 세쓰레이(三宅雪嶺) 이래의 종합적인 일본인론을 발표했다.

그는 국민성의 특성으로 다음의 10항목을 들었다.

(1) 충군애국

(2) 조상을 숭상하고 가명(家名)을 중히 여긴다.

(3) 현세적, 실제적

(4) 초목을 사랑하고 자연을 즐긴다.

(5) 낙천적, 시원스런 마음

(6) 담박, 티없이 깨끗함

(7) 섬세하고 고우며, 꼼꼼하고 정교함

(8) 청정결백(淸淨潔白)

(9) 예의범절(禮節作法)

(10) 온화하고 관대함(溫和寬恕)

---

56) 芳賀矢一,『國民性十論』(富山房, 1907. 12)

우선 '충군애국'에서는, 일본 국민의 황실에 대한 생각은 고금 동서에 전혀 유례가 없다고 하면서 메이지 이후 강화된 황실에 대한 충의와 애국심을 강조한다. 무가(武家)에서 양성된 무사도를 이제는 천조(天朝)를 향해 바친다. '조상을 숭상하고 가명을 중히 여긴다'는 것은 원래부터 일본은 신기(神祇 : 하늘과 땅의 신)정치·종교정치의 나라로 마을의 씨신(氏神), 가(家)의 선조, 가명을 중시하는 전통에 의한다. '현세적, 실제적'이라는 특질은 종래에는 별로 내세우지 않았지만 하가에 따르면 불교도 '현세의 이익'을 중시하는 경향이 있고, 실제적 도덕을 중히 여기는 유교가 국민성에 잘 맞는다.

또한 메이지 유신에서 존왕양이(尊王攘夷)가 개항설로 일찍이 바뀐 것도 실익 때문이며 '장점을 취하고 단점을 보완함'은 일본인의 장점이라고 했다. '초목을 사랑하고 자연을 즐긴다'는 것은 기후가 온화하고 풍경이 아름다우므로 당연한 것이다. '낙천적이고 시원스런 마음'을 가졌으므로 신화나 문학도 단순하다. 또한 '담박하고 티없이 깨끗'하고 신랄함·끈질김·음험함이 없다. 의식주 모든 것이 산뜻하고 시원스러워 활기·약간 산뜻함·화통함 등도 이로부터 발달한 즐거움이다. '섬세하고 고우며, 꼼꼼하고 정교함'의 특질로서는 대단히 좁은 다실, 하이쿠(俳句)·단카(短歌)·렌카(連歌)·스미에(墨繪)의 일필서(一筆書) 등 작은 일에 재주가 있고 그것을 좋아하는 미의식의 전통이 있다. '청정결백'의 특질은 윗 대(代)에서는 신체와 정신의 더러움이 거의 하나로 여겨지고 신체를 청정하게 하면 정신도 스스로 깨끗해진다는 생각에 잘 나타나고 있다. 따라서 도덕상의 죄악도 미소기(죄 등으로 몸이 더러울 때 냇물에 몸을 깨끗이 씻고 마음을 바르고 맑게 가지는 행사)를 하면 사라진다고 생각했다. '예의범절' 가운데 경어는 경칭을 위해서뿐만 아니라, 공손하고 품위 있게 말하기 위해서도 발달되었다. 하가는 "우리 국체와 큰 관계가 있는 예절을 잊어서는 안 된다"고 하면서 국가주의와 연결시키고 있다. '온화하고 관대함'에 관해서는 당시의 '황인화설'(黃人禍說)과 관련하여 일본인은 고래로 침략적이지 않고 다른 인종에게 관용하다고 말하고 또한 신화·동화 등에도 참혹한 이야기는 아주 적다고 한다. 에도(江戶) 시대에 탄압이나 형벌은 엄했지만 전체적으로 관용적이었다고 할 수 있다. '결어'에서 하가는 국민성이 변해 왔다는 사실을 무시하지는 않았다. 예컨대 지금은 가미타나(神棚 : 집안에 신을 모셔 놓는 작은 감실)를 받들어 모시지 않는 집도 있고 남편이 처에 대해서 '상'(氏)을 붙여 부르는 곳도 있다. 개인주의, 세계주의, 사회주의가 차츰 국민 사이에 널리 퍼져 감에 따라 '무사 기질은 상인 기질로 변화'했다. 하가는 "오호라 이 과도의 시대여 부처님이 나오실까 귀신이 나올까" 하며 탄식하고 있다. 그리고 과거를 잘 알고 새로이 다가오는 것의 장점을 잘 알아야 할 필요성을 강조했다.

『국민성 10론』은 당시 큰 반향을 불러일으켰다. 고고학자 하마다 세이료(濱田淸陵)는 「일본 미술의 특성에 대하여」[57]에서 하가가 든 특성 가운데 일본 미술에 관계된 것이 있다는 것은 인정했지만

---

57) 濱田靑陵, 「日本美術の特性に就て」(『太陽』16권 11호, 1910. 8)

동시에 국민성 일반에 대해서 그 역사성을 주장했다. 국민성은 천부의 성정이라기보다는 아마도 풍토기후 · 식품의복 · 국민적 생활의 상태에 따라 차차 만들어지는 것이다. 하루 아침에 바뀌는 것은 아니지만 앞으로의 국민적 생활의 변화에 따라 다소의 변천은 면할 수 없다고 하면서 그대로 유지하는 것은 도저히 불가능하다고 말하고 있다.

하가의 국민성론 직후에 문학자 · 평론가 오마치 게이게쓰(大町桂月)는 「일본 국민의 기질」[58]에서 일본인의 국민성으로서 그도 또한 꼭 같이 10항목을 들고 있다. 오마치는 우선 경신(敬神 : 조상숭배) · 충군 · 애국이 "우리 국체(我 國體)의 정수(精華)"라고 말한다. 그리고 (1) 모험의 기상이 풍부하다 (2) 죽음을 가벼이 여긴다 (3) 부끄러움을 안다 (4) 의(義)에 용감하다 (5) 임금에게 충성스럽다 (6) 효제(孝悌) (7) 결벽 (8) 의지가 강하다 (9) 사물의 슬픔(哀)을 안다 (10) 아치(雅致)가 풍부하다 등을 일본 국민의 특성으로 여겼다. 또한 무사도의 본체도 여기에 포함된다고 하고 "우리 국민이 중국과 싸워 이기고 러시아를 이기는 것을 볼 때 이것이 무사도의 소치라고는 서양인도 창도(唱道)하기에 이르렀지만 무사도의 가장 깊은 구석에는 황실이 있다는 것을 몰라서는 안 된다"라고 확실하게 국가주의의 입장을 표명했다.

당시의 일본인론은 국민성을 무사도로부터 설명하는 경향이 강

---

58) 大町桂月, 「日本國民の氣質」(1908, 뒤에 『桂月全集第八卷』 桂月全集刊行會, 1922. 12)

했다. 예컨대 오쿠마 시게노부(大隈重信)는 「우리 국민성과 의사(義士)」[59]에서 일본 국민은 충효, 절의, 용기, 염결을 존중하는 특성이 있고 시주시치시(四十七士 : 아카호기시〈赤穗義士〉, 겐로쿠 시대 주군의 원수를 갚은 47명의 사무라이)의 행동은 국민성이 탁월하다는 증거라고 했다. 나아가 무사도는 양명학(陽明學)에 기초를 두고 이론보다도 실행을 주로 하고 있다. 또한 시바이(芝居 : 연극)나 기다유(義太夫 : 겐로쿠 시대 다케모토 기다유가 시작한 조루리〈淨琉璃〉의 일파) 등은 일본 국민성의 대표이며 발현이므로 그 내용에서 국민성의 한 면목을 미루어 살필 수가 있다고 주장했다.

황실 중심의 국가주의 입장을 강조한 의견에는 종교학자 가토 겐치(加藤玄智)의 「우리(我) 건국 사상의 본의(本義)」[60]가 있다. 그는 '충효일본'(忠孝一本)의 '천황교'(天皇敎)를 국민적인 종교로 할 것을 주장했다. 더욱이 그는 세계 인류의 일환으로서의 불교도 기독교도 필요하게 되었다고 했다. 한편으로 청일 · 러일전쟁의 승리를 야마토다마시 · 무사도라고 하는 정신력에 의한다고 생각한 점에서는 역시 일본인의 정신적인 우수성을 제창한 것이 된다.

메이지 말기에는 사회학자 엔도 류키치(遠藤隆吉)의 『일본아』(日本我)[61]라는 특이한 제목의 일본인론이 나왔다. 엔도는 '일본아'란 일본인이 일본이라고 말할 때에 가지는 의식이라고 하고 '일본 의식'이라고도 불렀다. 이것은 거의 그 무렵부터 쓰이기 시작한 '일

---

59) 大隈重信, 「我が國民性と義士」(『日本及日本人』 524호, 1910. 1)

60) 加藤玄智, 『我建國思想の本義』(目黑書店, 1912. 3)

61) 遠藤隆吉, 『日本我』(巢園學舍出版部, 1912. 5)

본 정신'에 상당하는 표현이다. 그가 말하는 일본아라는 주장은 일본인 우수설 그 자체이다. 일본아의 내용에는 「만세일계의 황통」(萬世一系の皇統)을 받들고 외국에게 치욕을 당하는 일 없이 용기 풍만하고 담박질박(淡泊質朴)하고 조상 숭배를 중심으로 하는 충효 사상이 발달하고 경치의 아름다움·오곡의 풍요·도검(刀劍)·벚꽃(櫻花) 등 외국에 비류(比類)가 없는 것이 있는 것, 지리적 조건 등 모든 것이 포함된다.

또한 일본아의 의식이 성립하는 데 필요한 조건을 다음과 같이 들고 있다. (1) 조상의 우수성을 믿고 그것으로써 자신의 품위를 높이려고 한다. (2) 토지 기타의 '유형적 조건'에서는 다른 나라에서 볼 수 없는 점을 자기 나라의 특징으로 느낀다. (3) 일본인은 '동류의 일치'라는 특징을 공유하고 이것을 외국에 대해 유달리 내보이려고 한다.

엔도는 일본인이 일본은 세계에서 탁월한 나라라고 하는 '일종의 중심적 신앙'을 가지고 있고 그 때문에 "외국과 경쟁하여 신주(神州)의 정기를 발양하고자 하는 기개도 우러나온다"라고 설파하면서 결론으로 삼고 있다.

같은 시기에 주목할 만한 일본인론으로 가토 도쓰도(加藤咄堂)의 『세태인정론』(世態人情論)[62]이 있다. 그는 「세태의 심리」라는 말로 오늘날의 사회심리학에 상당하는 고찰을 했지만, 그 일본인론의 발상은 하가와 마찬가지로 황실 중심의 일본인 우수설의 입장

---

62) 加藤咄堂, 『世態人情論』(東亞堂書房, 1912. 7)

에 서 있다. 인사백반(人事百般)의 많은 부분은 역사와 지리와의 상호관계에 의해 일어난다. 일본은 하나의 외로운 섬이기 때문에 오랫동안 외국과의 교섭이 없고 자주자존의 정신을 가지고 자연의 아름다움에 대해 고향을 사랑하는 마음이 강하다. '만세일계의 황실을 받들고' 한 번도 외국에 정복당한 일이 없는 역사적 자부심이 있고, 유교에서 도덕심, 불교에서 자애의 가르침을 받아 '존황과 애국', '충과 효'가 일치한 국민성을 가지고 있다. 외래 문화의 장점을 취하고 그리스의 철학, 로마의 법률, 유대의 종교도 모두 "시키시마(敷島 : 일본의 별칭)의 야마토니시키(大和錦 : 일본에서 짠 비단)에 짜 넣는다"고 하였다.

가토와 거의 동시에 하가 야이치는 앞서 말한 『국민성 10론』에 이어 1912(메이지 45)년 7월에 『일본인』[63]을 발표하고 한층 철저한 우수설을 제창했다. 그 내용은 다음과 같은 9장으로 되어 있다. 제1장 스메라미코도, 제2장 가(家), 제3장 무용(武勇), 제4장 수업(修業), 제5장 간이 생활, 제6장 동정, 제7장 구제, 제8장 공익, 제9장 국가, 결어.

목차에서 알 수 있듯이 우선 '스메라미코도'로서의 천황을 '아키쓰미카미'(現神)로 삼는 일본의 국체를 국민성의 정치적인 토대로 생각한다. 제2장 가(家)에서는 일본을 '가족 국가'로 생각하고 그 단위 집단인 가장에 대한 효의 마음과 천황에 대한 충의 마음이 거의 같은 것이라고 한다. 또한 조상 숭배나 가명(家名)의 존중에

---

63) 芳賀矢一, 『日本人』(文會堂, 1912. 7)

관해 설명하고 있다. '무용'의 장에서는 고래로부터의 무용적 정신이 청일·러일전쟁에서 승리한 원인이라고 했다. '수업'에서는 대장장이가 칼을 만드는 것을 예로 들어 '일심불란함을 기본으로 여기고 모든 수업에서 그 경지에 도달하는 것이 이상적'이라고 설명한다. 그것은 모든 예술에 '도'(道)라는 말이 쓰이는 것을 보아도 알 수가 있다. '간이 생활'에서는 간단한 의식주가 고래로부터의 미덕이며 무가(武家)에서 중히 여겨 온 선종(禪宗)을 예로 들어 부귀를 초월한 질박·소박함이 존중되어 왔다고 말한다. '동정'에서는 희생 정신이 일본인의 아름다운 특질로서 의협이라고도 불리고 주신구라(忠臣藏 : 아카호 47사의 적토〈敵討〉)를 주제로 하는 조루리(〈淨琉璃〉: 가부키, 교겐〈狂言〉의 총칭)는 그 상징이라고 한다.

'구제'의 장에서는 고래로부터 자비심이 강했지만 물질문명의 진보 때문에 희박해진 것은 아닌가 걱정하였다. '공익'에 관해서는 공덕심의 결여 등 부정적인 측면이 주로 지적되고 있다. '국가'의 장에서는 황실에 대한 충성심이 고대로부터 변하지 않고 군(君)과 국(國)은 하나라고 하였다. '결어'에서는 교육칙어(敎育勅語)를 인용하고 다시 2년 전 1910(메이지 43)년의 '한일합병'과 관련하여 노골적으로 '신부(新附 : 새로 결합된 조선을 의미)의 국민'에게 '국체의 미'를 알리고 '동화'시켜야 한다고 역설하였다.

위의 저서에서 하가는 『국민성 10론』보다 한층 더 황실 지향적이 되고, 후술하겠지만 다이쇼(大正) 시대 초기에는 『전쟁과 국민성』(1816), 『일본 정신』(1917) 등을 발표하고 국가주의의 방향으로 더욱더 기울어졌다.

시대로 말하자면 대전 초기가 되지만 하가의 『일본인』보다 훨씬 더 봉건적인 국민성을 강조한 것이 사사가와 린푸(笹川臨風)의 논문 「국민성의 발휘」[64]이다. 사사가와에 따르면 "우리 국민은 복수적 국민"이며 "복수는 진실로 공명정대한 것이며 이름을 밝히고 당당하게 한다"고 말하고 소가(曾我) 형제를 대표적인 예로 들고 기타 와키세이마로(和氣淸麻呂), 남조(南朝)의 충신 의사, 아카호(赤穗) 의사, 막말(幕末)의 근왕지사(勤王志士), 노기(乃木) 대장 등도 국민성이 가장 발휘된 '국사(國史)의 정화(精華)'라고 찬미했다.

이상과 같이 메이지 말에 나타난 일본인론은 풍토·체질·능력·문예의 모든 면에서 일본인 자신의 과대평가가 두드러지게 나타나고 일본인의 대국 의식이 거기에 반영되었다.

4. 국민성 반성론

앞에서 논한 일본인의 자신 과잉에 대해서 세계의 대국에 가까워져 가는 국가의 국민으로서 객관적인 반성도 다시금 왕성해지기 시작했다. 그것은 외국인에 대한 단순한 열등감의 표현과는 다르다. 아래에 잡지 『태양』, 『일본인』에 발표된 몇 편의 논문을 중심으로 그 경향을 보기로 하자

종교학자 기시모토 노부타(岸本能武太)는 연설필기 「일본인의 다섯 가지 특질」[65]을 발표하고 다음과 같은 장점을 들고 있다. (1)

---

64) 笹川臨風, 「國民性の發揮」(『日本及日本人』 652호, 1915. 4)
65) 岸本能武太, 「日本人の五特質」(『太陽』 2권 7~8호, 1896. 4)

결벽이 있고 부정(不淨)을 싫어한다. (2) 쾌활하고 미(美)를 좋아한다. (3) 솜씨가 뛰어나고 동화를 잘 한다. (4) 온화하고 예를 중시한다. (5) 청빈하고 의리에 용감하다.

그러나 기시모토가 단점에 관해서도 언급하는 것은 반성의 여유로움이 생겨 나오기 시작했기 때문이다. 그 단점으로서 '성내기 쉬운 성질'(마음의 불안정, 유행의 변덕성, 인내심의 결핍), '현재에 살고 미래를 생각하지 않는다'(사치의 경향, 그날 그날의 현실주의, 저축심이 없다), '신체가 약하다'(마음도 또한 작고 약하다)의 세 가지 점을 들고 있다.

서양사학자 쓰보이 구메조(坪井九馬三)의 「외국인 접대법에 관한 유고(諭告)에 대하여」[66]는 다음에 드는 결점의 반성을 촉구하고 있다. 섬나라 근성·외고집·완고·단순, 요컨대 '아침 햇살에 향기 피우는 산 벚꽃적(的)'이다. 기(氣)가 작고 눈치가 둔하고 등신처럼 정직하기만 한 것은 인간으로서 유치하다. 이와 같은 반성은 메이지 초년의 일본인 열등설과 비슷하지만 반드시 서양 숭배와 직결되어 있지는 않다. 거꾸로 여행중의 외국인에 대해서 냉담에 가깝고 불친절하고, 개의치 않고 비평하는 등의 예를 들어 외국인에 대한 접대 방법에 대해 경고하고 있다.

1898(메이지 31)년 5월에 사상가·평론가 쓰나시마 료센(綱島梁川)은 「국민성과 문학」[67]에서 당시의 국민성론을 비판했다. 그것에

---

66) 坪井九馬三, 「外國人接遇方に關せる諭告に就て」(『太陽』 4권 18호, 1898. 9)

67) 綱島梁川, 「國民性と文學」(『早稻田文學』, 1898. 5)

74 일본인론(上)

의하면 종래 국민성이란 국민에 보편된 특질로 '쾌활낙천', '상무임협'(尚武任俠), '국가의 운명을 걱정한다', '도덕적 정서가 풍부', '충효의용', '가계의 계승을 중히 여긴다' 등의 미풍이 있는 것으로 되어 왔다. 이와 같은 특질에 대해 쓰나시마는 아래와 같은 의문을 던지고 있다. '쾌활낙천', '상무임협', '충효나 가계의 계승'은 '과연 일본 국민의 불역(不易)의 혹은 선천적 특질'이라고 말할 수 있는가, 혹은 '반은 역사적, 진화적 결과'가 아닌가. '쾌활낙천'의 다른 쪽에 '비애염세'의 특질을 간과해도 되는가. '상무임협'도 일본 고유의 특질이라고 하기보다는 봉건 시대에 필연적으로 따르는 것은 아닐까. 쓰나시마는 종래의 국민성론이 역사적인 조건을 거의 무시하고 고래로부터 일정불변한 국민성을 규정한 데에 대해 현대의 국민성을 역사적 · 진화적인 결과라고 했다. 이것은 그 후의 일본인론에 대한 강한 경고였다.

이러한 전제 위에서 서양 여러 나라 국민의 품성과 비교해 가면서 일본의 방향을 논한 것이 『태양』 주간인 정치학자 우키타 가즈타미(浮田和民)의 「국민의 품성」[68]이다. 그에 따르면 국민의 품성은 자연적인 경우, 국제적인 경우, 역사적 유전으로 만들어지고 국민은 개인으로서의 정신과 국민으로서의 정신을 가진다. 국민적 정신의 성장 발달은 개인적 정신의 그것과 그 방법을 같이한다. 유치한 국민은 군집(群集)과 같아서 정신은 소아적이다. 일본은 구미의 품성을 관찰하여 거울이 되는 것을 발견해 내야 한다. 예컨대

---

68) 浮田和民, 「國民の品性」(『日本人』 3차 140호, 1901. 6)

영국인의 장점은 만사에 경험을 중시하고 실행을 앞세우는 곳에 있다. 프랑스인의 특별한 장점은 이상을 곧바로 실현하고 사실과 원리를 조화하는 곳에 있다. 일본은 지리적으로는 동양의 영국이라고 칭해야 하지만 국민심리상으로는 프랑스인의 단점만 닮았고 큰 이상을 고양시키는 국민은 아니라고 했다.

국민성에 대한 반성은 고래의 무사도 등을 뛰어넘는 것이 바람직하다는 주장까지 나온다. 예컨대 오야마 반키치(大山万吉)는 「무사도에서 탈피하는 것이 좋다는 논의」[69]에서 이렇게 말한다. 일찍이 무사도는 우리 나라 최대의 관념이었지만 지금은 무사도적 기질은 붕괴하고 국민으로서의 길고 먼(悠揚) 기풍이 결여되고, 일개인으로서는 남자다운 기질 성품(氣性)을 잃어 가고 있다. 따라서 앞으로는 동서고금을 불문하고 정수(精髓)를 흡수동화하여 사를 버리고 공을 위해 죽는 대정신을 기르지 않으면 안 된다고 했다.

앞에서 말한 우키다 가즈타미는 「위대한 국민의 특성」[70]에서 일본인은 활동진취의 기상과 함께 깊고 두터운 보수적 국민성을 갖고 있지만 자주독립의 정신과 조직적 일치의 능력이 부족한 점이 있고 민간인의 일치협동을 신뢰하기보다 정부의 보호를 기대하는 경향이 있다고 지적하고 있다.

이듬해 이노우에 엔료(井上圓了)는 「일본인의 단점」[71]에서 일본

---

69) 大山万吉, 「武士道の脱化を可とする議」(『日本人』 3차 173호, 1902. 10)

70) 浮田和民, 「偉大な國民の特性」(『太陽』 8권 10호, 1902. 8)

71) 井上圓了, 「日本人の短處」(『太陽』 9권 14호, 1903. 12)

인의 결점을 다음과 같이 얘기하였다. "남의 성공을 질투한다", "명령에 복종하는 마음이 희박하고 아무튼 어른에게 반항하고 싶어한다", "섬나라에 태어나 섬나라에서 자라 작은 마음보(魂性)를 가지고 있다", "독립심이 결여되어 있다." 이노우에는 위와 같은 결점은 역사적 조건에서 생겨난 것으로 유신 이후 자유주의의 산물이라고 생각했다. 이것은 일찍이 쓰나지마가 생각한 국민성의 역사적 해석에 호응하는 것이다.

이노우에가 든 단점 이외에 일본인의 생활감정의 결점을 집어낸 논자도 있다. 저명한 변호사 하나이 다쿠조(花井卓藏)는 「일본 국민의 공권 사상」[72]에서 이렇게 말한다. 일본 국민은 '권리 사상에 냉담'하고 사적인 권리는 비교적 존중했지만 공권은 도외시해 왔다. 예컨대 벗이나 친척에 대해서도 빌려 간 돈을 재촉은 하지만 최대의 공권인 선거권은 매매된다. 후보자가 인품·학식에서 뒤떨어진다면 선거인도 성실하게 투표하지 않을 것이라고 말하고 있다.

서양인에 뒤떨어지는 점을 보다 솔직하게 상세히 논한 것이 고락도인(苦樂道人) 가타기리 마사오(片桐正雄)의 『일본 국민 품성수양론』[73]이다. 저자에 따르면 일본인은 다수인으로 집합한다든가 공공물에 대한 경우는 공덕심을 잊어버린다. 예컨대 열차를 타고 내릴 때 앞을 다투고 공원의 꽃을 꺾고 도로에 무엇이든 마구 버려 더럽힌다. 또한 연회에서는 아귀와 같이 퍼먹고 마시며 지위가 낮은 자에 대해서는 뽐내고 국회의사당에서조차도 입이 더럽도록 고

---

72) 花井卓藏, 「日本國民の公權思想」(『日本人』3차 193호, 1903. 8)

73) 苦樂道人, 『日本國民 品性修養論』(明治修養會, 1903. 12)

함을 지르며 서로 야단을 쳐댄다. 외국인을 이적시(夷狄視)하는 것은 쇄국 시대의 '우물 안 개구리'지만 "구미인의 지식의 풍부함과 약속을 잘 지키고 돈의 힘이 많고 신체가 장대한 것을 보고" 일본인은 "외인에 멀리 미치지 못하는 바라고 겁을 내어 그들을 귀신보듯 하는 것은 비굴 무기력의 극치이다"라고 말한다.

지바 고토(千葉江東)는 「비관적 국민」,[74]에서 불교를 설교하는 '적멸'이 국민 가운데에 비관적 사상을 침투시켰다고 주장한다. 삶을 의심하고 미워하고 싫어하는 자는 국가를 미워하고 싫어하고 의심한다. 비관은 일종의 종교·신앙이 된다. 그들은 일본인의 결점으로서 '섬나라 근성', '소국', '빈곤', '해외웅비의 용기 부족', '체구의 왜소' 등을 든다. 동포의 결점을 공격하는 것은 일본인뿐으로 그 원인은 아래의 다섯 가지가 있다. (1) 선천적으로 언론을 좋아하고 갈채를 받으려고 남의 결점을 공격한다 (2) 남의 결점을 캐는 것을 즐기는 버릇이 있다 (3) 국민 전체가 이에 따르고 그 큰 영향을 모른다 (4) 어두운 면을 보는 눈은 날카롭지만 밝은 면에 관해서는 판단이 안 되는 장님 국민이다 (5) 나라와 동포에 관해 친절한 마음이 없다. 이것은 종래에는 지적된 일이 없는 일본인의 결점을 들춰 낸 유례 없는 견해이다.

같은 입장에서 이케타니 미우미(池谷觀海)는 「반(半)일본인」,[75]에서 일본인인데도 '본국의 정신이 박약'한 인간을 '반일본인'으로 규정했다. 그들은 서양 사상의 입장에서 자기 나라를 '냉소적으로

---

74) 千葉江東, 「悲觀的國民」(『日本人』3차 203호, 1904. 1)

75) 池谷觀海, 「半日本人」(『日本人』3차 223호, 1904. 11)

비평'한다. 자국의 인정도덕을 잊어버리면 '일본 제국 신민의 정신적 자격'을 잃고 국민을 믿는 미풍이 결여된다. 에도 시대에 크고 작은 많은 번(藩)이 있었고 풍속습관이 달랐던 것도 하나의 요인으로, 유신은 '인심을 하나로 돌려놓은 대변혁'이지만 짧은 세월로는 정돈할 수 없다. 개개인의 마음속에 서양의 학술기예가 왕성하게 수입되고 숭배에 빠져 '반일본인'이 생겨났다고 했다.

러일전쟁에 이긴 후 정치가 시마다 사부로(島田三郎)는 「일본인의 능력」[76]에서 이렇게 논하였다. 무(武)에 우수했던 자는 평화가 오면 문(文)에도 뛰어날 수 있을 터인데 유신 이후 무는 칭찬하지만 문에 대해서는 동일한 현상이 보이지 않는다. 인재를 평화의 기술로 향하게 할 조건이 되었는데도 오랜 습관 때문에 무력에 대한 존경과 평화의 기술에 대한 존경이 균형을 이루지 못하고 있다. 오늘의 전쟁의 승리는 과학의 응용이 대부분으로 무력이라고 하기보다는 오히려 인생의 필요한 능력을 무라는 측면에서 모아서 활용했기 때문이다. 국민의 기풍은 차츰 평화의 기술을 중시하고 평화의 능력을 존경하게 되었다. 드디어 평화의 시대에 들어오면 그 능력을 다른 방면에도 응용하고 평화사업에서도 영웅이 출현하게 된다고 주장하면서 평화주의를 제창했다.

나아가 같은 해 교육학자 사와야나기 마사타로(澤柳政太郎)는 「전쟁과 국민의 정신」[77]에서 전쟁이 야만 · 비참 · 불경제라는 측면을 확실히 인정하고 '교만한 마음' '대국이 되었다는 안심'은 대

---

76) 島田三郎,「日本人の能力」(『日本人』3차 414호, 1905. 7)
77) 澤柳政太郎,「戰爭と國民の精神」(『太陽』11권 11호, 1905. 8)

단히 무서운 일이라고 경계한다. 또다시 '애국심'은 물질적 배금적인 사욕을 떠난 정신이며 '일본혼' 뿐이라면 다만 '인명을 손상시킬 뿐'이라고 비판했다.

사와야나기의 경고는 청일전쟁 후 전승 국민의 자만이나 전쟁벼락부자 등의 바람직하지 않은 풍조를 정면으로 비판하고 경계한 점에서 일본인 반성론으로서 극히 대담한 발언이었다. 특히 그가 당시 문부성 보통학무국장이었던 것을 생각하면 그 직언은 한층 주목할 만하다.

러일전쟁에서는 일본의 군사기술과 '애국심'에 의해 일단 승리를 얻었지만 당시의 사상 상황에 관해서는 미학자 오쓰카 야스지(大塚保治)도 「일본 문명의 장래」[78]에서 다음과 같이 기술하였다. "외부는 그대로 서양을 닮아"도 "내부는 역시 종래의 일본 사상이 지배하고" 있는 "기이한 모습"을 보이고 있다. 그러한 대모순이 근저에 있으므로 일본 사회에서는 어느 방면에서 보아도 충돌·부조화·파탄·결함이 나타나고 있다.

이와 같은 반성과 동시에 러일전쟁 이후 미국 등에서 배일 운동이 일어나고 그 '인종 문제'에 관해서 미국을 비난하기보다도 우선 일본인의 결점을 반성하는 논의가 나왔다. 그 대표적인 세 개의 논의를 들어 보자.

우키다 가즈타미는 『태양』의 「인종 문제」[79]란에서 다음과 같이

---

78) 大塚保治, 「日本文明の將來」(『太陽』 13권 2호, 1907. 12)
79) 浮田和民 · 新渡戶稻造 · 鎌田榮吉, 「人種問題」(『太陽』 14권 9호, 1908. 6)

말했다. '중국이나 조선'에서는 '일본에는 약소자에 대한 국가의 의협심이 부족'하고 또한 '문명적으로 강한 국민다운' 품성이 결여되어 있기 때문에 싫어한다. 그러므로 그 배일 사상을 근절하려면 첫째, 대국민의 품성을 양성하고 약자에게는 동정을 기울이고 강자가 약자를 못살게 구는 것은 크나큰 수치라는 것을 자각하지 않으면 안 된다.

다음으로 니토베 이나조(新渡戶稻造)는 같은 난에서 이같이 말한다. 배일 문제에는 일본인이 외국인을 접하는 태도인 심리적 요인도 있다. 일본인이 외국인과의 교제나 예의에 대해 모른다는 것이 외교에 큰 영향을 주고 있다. 그 해결책으로서 국민이 외국의 사정을 잘 알고 편협한 적개심을 갖지 않고 관대한 정신으로 접해야 한다.

같은 난에서 게이오의숙(慶應義塾) 숙장 가마다 에이키치(鎌田榮吉)도 일본인이 미국에 갔다면 미국에 동화되는 것이 가장 필요한 일인데도 일본인은 어디에 가더라도 일본인 티를 내며 돌아다닌다고 탄식하였다. 그리고 위정자의 맹성을 촉구하는 하나의 문제로서 군비의 확장을 들었다. 그것은 외국의 적의를 초래하게 되어 국민은 큰 부담에 괴로워하고, 언제까지나 안심할 수 없다고 군국주의에 정면으로 반대하는 주장을 하였다.

메이지 말이 되니 단순한 일본인 열등설이 아니라, 세계의 대국을 따라잡아 왔던 일본인이 대국민으로서 취해야 할 태도에 관해서 반성을 촉구하는 소리가 대표적인 학자들에게서 터져 나왔다.

재정학자 간베 마사오(神戸正雄)가 쓴 「일본인의 도덕적 결함」[80]
도 하나의 예이다. 일본인은 '몰아적(沒我的)국민'이지 '주아적(主
我的) 국민'은 아니다. 극단적으로 말하자면 "국가가 있다는 것은
알아도 자기가 있다는 것은 모르고 세계인이 있다는 것도 잊어버
리는" 국민이다. 여기에서 간베는 당시의 국가주의에 대해서 세계
주의 · 인도(人道)주의를 중시하고 일본인이 국제 의식을 높일 것
을 권했다. 일본인이 아무튼 국가에 대한 의무를 느끼는 만큼 인도
를 향한 의무를 느끼지 않는 것은 한탄스러운 일이다. 은의를 일체
선반 위에 올려 놓고 모른 체한다. 인간으로서 취해야 할 길은 훨
씬 이전에 후쿠자와 유키치가 강조한 '독립자조'의 정신을 높이는
일이며, 그것이 세계인의 역할이라고 논했다. 또한 일본인은 '남의
도움을 기다리는' 일이 많고 독립심이 불충분하다. 예컨대 무엇이
든 정부에 의존한다. 정부를 존중하는 것은 좋은 마음가짐이지만
자립자조 정신이 결여되어서는 국가의 발전을 기대할 수가 없다.
지식 등은 외국에 의뢰하고 순전히 서양에서 받아 팔기를 한다. 위
와 같이 간베는 일본인이 서양의 학문이나 지식을 그대로 수입하
여 모방하는 경향이 강한 것을 지적해서 서양 숭배의 경향을 경계
하고 있다.

마찬가지로 경제학자 도다 가이이치(戸田海市)는 「우리 국민의
공공심에 관하여」[81]에서 서양인과 비교해서 이렇게 비판한다. '일

---

80) 神戸正雄, 「日本人の道徳的缺陷」(『太陽』 17권 4호, 1911. 3)
81) 戸田海市, 「我國民の公共心に就て」(『太陽』 17권 5호, 1911. 4)

본인은 공공 사업에 냉담하고 그럭저럭' 하며 본래 기질은 감정의 기복이 심하고 지구력이 부족하며 비상시에는 열심이지만 평시에는 냉담하고 그럭저럭한다. 다시 서양인과 일본인의 '근본적 민족성'의 차이에 관해서 주아적 경향 대 몰아적 경향, 즉 개인을 주로 하고 단체를 객으로 하는 경향과 이에 대해 단체를 근본으로 하고 개인을 지엽 말단으로 하는 경향을 들고 있다. 도다에 의하면 일본인은 타인의 훼예포폄(毁譽褒貶)에 일희일우(一喜一憂)하고, 명예심·명예욕이 심히 강하다. 따라서 몰아적인 표면적 태도는 결국 타인으로부터 좋게 평가받고 싶은 자기 중심주의의 심리에 기초한다고 논했다.

같은 해 홋카이도 장관 가와시마 아쓰시(河島醇)는「우리 국민성과 북해의 척식(拓殖)」[82]에서 '이주(移住) 사상' '식민(殖民) 사상'이 일본인에 맞지 않는 이유로서, 풍토가 생활에 적합하고 비교적 풍요로우므로 다른 나라에서 볼 수 있는 격렬한 생존경쟁은 없고 극히 평화적이라는 것을 들고 있다. 다시 개인의 이주나 식민 정책을 취할 수 없었던 것은 쇄국이 길게 계속되었기 때문으로, 유신 이후에도 해외에 '발전의 땅'을 구하는 '영주적 이민'은 볼 수가 없고 일본에는 '국가적 식민(植民)이 없다'고 해도 좋다고 했다.

메이지 말기의 일본인 반성론으로 또 하나 무시할 수 없는 저서는 우미노 고토쿠(海野幸德)의 『흥국책으로서의 인종 개조』[83]로서

---

82) 河島醇,「我が國民性と北海の拓殖」(『日本及日本人』563호, 1911. 8)
83) 海野幸德, 『興國策としての人種改造』(博文館, 1911. 10)

그 출발점은 가족주의적 '국풍'(國風)론이다. 일본인은 애국 정신이 왕성하고 어디까지나 그 국풍을 유지하고 있으므로 개인으로서가 아니라 집단이 될 경우 특히 국풍이 발휘된다. 그것을 우미노는 청일·러일전쟁의 승리와 결부시켰지만 동시에 '일본 인종'으로부터 이 국체적 정신을 제외하면 외국에 자랑할 것은 아무것도 없다고 극언했다. 또한 그가 당시 사람들이 찬미해 마지않던 무사도가 일본의 국민성에 독특한 것이 아니라 특수한 사정으로 형성되는 하나의 군인 도덕에 지나지 않는다고 주장한 것도 주목할 만하다.

우미노는 일본인론의 계보에 관해서 생각한 선구자 중 한 사람이며 "국민성의 검토 연구는 러일전쟁 후에 이르러 생겨났다. 이것은 바로 국민이 자의식에 도달한 결과이다"라고 했다. 종래의 일본인론이 국민성의 여러 특질을 열거할 뿐으로 그 역사적 사회적인 변동의 측면에서 파악하려고 하지 않은 근본적 결함을 지적하였다. 국민성은 고착되어 유전하는 것이 아니라 떠서 움직이는 것이다. 구미인 가운데는 일본인을 논리적이지는 않고 직각적(直覺的)이며, 특히 '상업 도덕이 열등한 천민'으로 보는 자가 있다. 이런 잔학한 비평은 위와 같은 성질이 유전적으로 고착된 것이라고 믿는 데서 생기는 것이다. 그러나 봉건 시대에는 상인의 신분이 낮았기 때문에 그 도덕이 발달하지 못했던 것은 명백하다. 그것은 일본인의 유전적 성질이 아니라 사회적 성질이다. 현재는 직각적인 데서 논리적으로, 가족적인 데서 개인적으로, 부도덕에서 도덕으로 나아가려 하고 있다고 말했다.

그는 인종 개조론자로서 일본인의 사회환경을 향상시키기 위해서는 '악질자'를 '단종법'에 따라 생식 불가능하게 하도록 할 것을 제창했다(뒷날 우생학이라고 불렸다). 물론 그 밖에 그는 일본 사회의 개조라고 하는 사회 문제의 해결이 필요하다는 것을 역설하였다. 이와 같은 국민성의 개량이라는 관점에서 그 나름으로 당시 가장 과학적인 방법으로 일본인을 국제인으로 만들려고 한 것이다. '나라 자랑'은 단순히 '언어의 유희'일 뿐으로 국가의 안위에 관해서는 냉정하게 고찰하지 않으면 안 된다. 일본의 국민성이 앞으로도 언제나 세계적 경쟁의 무기가 될 수 있다고는 단언할 수가 없다고 결론지었다.

앞서 나온 가마다 에이키치는 『독립자존』[84]에서 현지의 상업회의소에 "일본인은 상업상 심히 정직하지 못하고 신의가 없어 상대를 할 수가 없는 국민이다"와 같은 보고가 속속 날아들고 있는 것은 '불가사의한 현상'이라고 말한다. 무사만을 존중하고 장사꾼을 천시하던 봉건 시대의 잔재 때문에 그들도 이익 추구 이외는 명예도 덕의(德義)도 돌보지 않는다. 그런 기풍이 있어 개국 이래 외국인의 권리나 감정도 생각하지 않게 되었다. 거기에서 배외주의와 관존민비가 결부되어 일본인의 본성에는 없는 부정직을 외국과의 상업상에서 발휘한다. 군사만을 소중히 여기고 실업을 가볍게 여기는 편파된 교육의 결과 무사의 충의, 종복의 주인에 대한 '사사로운 충성'(私忠)을 '국민 전체의 공충(公忠)'이라고 생각하는 것은 큰 잘못이다. 세간을 떠나서 학자연하고 있는 오늘의 학자의 경향

---

84) 鎌田榮吉,『獨立自尊』(實業之日本社, 1912. 9)

에서 비롯된 '학문의 중독'이 '나라의 중독'을 일으키고 있다. 일본인은 사권(私權)의 관념이 희박하고 국가의 명령으로 심신까지도 속박당한다. 그러나 도리를 깨닫는 데는 비상하게 예민한 능력이 있다. 작은 글방에서 서양 문명의 소학교제로 금방 순응했다. 일본의 개명(開明)은 모두 유럽으로부터 배운 것은 아니고 에도(江戶) 시대에 그 기초가 되어 있었던 것이다. 교육에 관해서는 다만 학생에게 많은 것을 주입해서 시험으로 그 기억을 시험해 볼 뿐이므로 규칙을 지키는 국민이 될지는 모르지만 '자발자동의 원기는 점점 더 소멸'된다. 그러므로 교과서를 자유선택하게 하는 것이 제일 좋다. 일본인은 주입식 교육을 받고, 시험·간판·자격 등에 중점을 두므로 점점 시험을 위해 암기에만 주력한다. 소년의 뇌에 어려운 글자를 억지로 집어넣는 작업이 대단히 무겁게 부하된다는 의미로 '문자세'(文字稅)라고 가마다가 부르는 것도 후쿠자와의 정신을 이어가는 합리주의적인 교육자의 일면을 잘 나타내고 있다. 필요한 것은 '문용'(文勇)이며 가능한 한 오래 살아 참을성 깊게 목적을 달성하려는 마음가짐이 필요하다고 설파했다.

같은 시기에 나쓰메 소세키(夏目漱石)는 1911(메이지 44)년 8월 와카야마(和歌山)에서 한 강연 「현대 일본의 개화」[85]에서 "개화는 인간활력을 발현하는 경로이다"라고 규정했다. 소극적으로는 노력을 절약하기 위한 발명이라든가 기계력이요, 적극적으로는 가능한 한 내키는 대로 힘을 낭비해 버리고 싶다는 오락의 발달이다.

---

85) 夏目漱石, 「現代日本の開化」(『朝日講演集』, 1911. 11, 뒤에 『漱石全集 第──卷』, 岩波書店, 1966. 10)

그런데 서양의 개화가 '내발적'인 데 비해서 일본의 개화는 '외발적'이다. 내발적이란 안에서 자연히 발전하는 것이요 외발적이란 밖의 압력으로 부득이 들여놓는 개화를 가리킨다. 서양의 개화는 자연히 진행되어 왔지만 일본의 개화는 메이지 이후 급격히 전개된 것이다. 일본인 전체에 통하는 집합 의식은 4~5년 전에는 러일 전쟁에 관한 의식뿐이었고 이어 영일동맹이 성립되자 그 일 때문에 의식을 강점당했다. 현대의 개화는 "어떤 요리가 나왔는지 눈으로 확인하기도 전에 벌써 그 음식을 내어 가고 새로운 음식이 차려 나오는 것과 같은 일"이다. 그것은 '껍질만 미끄러져 지나가는 개화'이며 체력도 두뇌의 힘도 일본인보다 뛰어난 서양인이 백 년 걸려 달성한 개화를 그 반도 안 되는 기간에 따라잡으려고 하면 신경 쇠약에 걸린다. 그렇기 때문에 일본인은 불쌍하고 가련한 '언어도단의 궁상'에 빠졌다고 소세키는 '지극히 비관적인 결론'에 도달했다.

일본인의 장래에 대해서 비관적인 예측을 내놓은 소세키의 강연은 그 시기의 사회적 상황을 반영하고 있다. 그 해 1월에 대역사건의 피고가 사형에 처해지고 이시카와 다쿠보쿠(石川啄木)가 '시대 폐색의 현상(現狀)'을 한탄하고, 나가이 가후(永井荷風)는 대역사건의 희생자들을 태운 호송차를 목격하고 난 뒤로부터 자기 자신은 문학자로서가 아니라 희곡작가로서 살아가려 한다고 일기에 썼다. 어느것이나 소세키와 전후해서 극히 어둡고 비관적인 일본의 현상과 장래를 날카롭게 투시한 안목의 정확성을 나타낸 것이라고 말할 수 있겠다.

다이쇼기(大正期)

III. 종합적 일본인론의 전개

1911(메이지 44)년 1월의 대역사건은 같은 해 6월의 히라쓰카(平塚) 라이초 등을 중심으로 한 세이토사(靑鞜社)의 출발 등으로 이어지고 1912(메이지 45)년 7월 30일 메이지 천황의 사망으로 시대는 다이쇼(大正)로 들어간다.

다이쇼 초기에는 제1차 세계대전 참전(1914. 8), 전국적인 쌀 소동(1918. 8), 제1차 세계대전의 종결(1918. 11)이 있었고 다시 노동 운동·사회 운동·좌익 운동이 대두했다. 한편으로는 전승국의 하나가 되어 국제적인 지위가 올라가고 다른 한편으로는 반체제 운동으로 국민의 정치 의식도 높아졌다. 다이쇼 데모크라시를 배경으로 보통선거법이 1925(다이쇼 14)년 5월 5일에 공포되었지만 그 직후 5월 12일에 사회주의 운동을 탄압하는 치안유지법이 시행되었다. 그리하여 좌우의 충돌이 격화하는 틈새를 메우듯이 모더니즘이 다이쇼 말부터 싹튼다. 특히 1923(다이쇼 12)년의 관동대지진 이후, 모거(모던걸)·모보(모던보이)가 등장하고 쓰키지(築地) 소극장이 1924(다이쇼 13)년 6월에 창립되어 사교댄스의 유행 등 풍속 면에서 자유주의적인 사상이 반영되어 나타났다.

이와 같은 다이쇼의 세태는 국제적인 진출에 따르는 국제주의의 입장에서 일본인론을 낳았다. 그러나 이 논의에 포함된 서양 문화 예찬론에 강하게 반발하는 민족주의적인 서양 비판론도 생겨났다. 두 가지 논의에 공통적으로 보이는 인상주의적인 일본인론에 대해서 보다 전문적으로 여러 가지 장르로부터 일본인을 종합적으로 파악하려는 시도로서 문학이나 근대 사상의 측면에서 일본인을 논하는 저작도 간행되기 시작한다.

1. 국제주의의 일본인론

메이지에서 다이쇼로 연호가 바뀌었을 뿐 아니라 이시카와 다쿠보쿠가 말하는 '시대 폐색의 상황' 가운데서 국제 사회에 등장한다는 희망과 기대가 다이쇼 시대 일본인의 적어도 일부분에게는 생겨나게 되었다.

말하자면 낙천적인 새로운 일본인의 심리를 대표하기라도 하듯이 나타난 것이 메이지에서 쇼와(昭和)에 걸쳐 저널리스트 · 평론가였던 가야하라 가산(茅原華山)의 지인론(地人論)[86]이다. 그는 우선 국민성론의 잘못됨을 지적해서 일본인의 자화자찬이 '맹목적 자부심'에 의한 것은 아닌가라고 대담하게 비판했다. 고지키(古事記) · 니혼쇼키(日本書記)는 실제의 역사는 아니고 신화의 유형이다. 다이헤이키(太平記)도 거의 겉치장에 불과하며 일본인은 사실보다 상상을 위주로 하는 인류라고 말하고 다시 일본인의 호전적

---

86) 茅原華山, 『地人論』(東亞堂書房, 1913. 2)

인 경향도 비난하였다. 보호무역, 전쟁, 외국 적시로 달리고 편협한 국민주의 입장을 취하므로 외교도 원만한 교제는 하지 않고 형편에 따라서 전쟁에 호소하려고 한다. 정치가나 군인이 판을 치고 돌아다니는 것을 규제할 수 없는 나라에서는 국제 정치도 전쟁과 보호무역이 위주가 되는 것은 당연하다고 했다.

위와 같은 비판은 오늘에도 통용되는 날카로운 지적이며 청일·러일의 승리로 군사 대국이 되었다는 기분으로 쓰인, 메이지 말의 야마토다마시(大和魂), 무사도, 일본 정신 등의 공언(空言)에 꽉 차 있던 일본인론과는 선명한 대조를 나타내고 있다.

다시 가야하라는 일본인의 장래에 대해서 다음과 같이 경고했다. 러시아에 이겼으므로 '큰 소원성취'이며 일본은 1등국이다. "국민성은 만국 가운데서 가장 뛰어나다(冠絶)"고 생각하는 사람도 있다. 그러나 일본인은 스스로를 개조하고 국내 생활뿐 아니라 국제 사회의 생활도 변하지 않으면 안 된다고 했다. 이 결론은 일본인의 국제주의를 확실하게 천명한 점에서 선구적이라고 할 수 있다.

국제주의와의 관련에서 교육학자의 입장에서 국민성에 관해서 외국과의 상세한 비교연구를 시도한 것은 교육학자 노다 요시오(野田義夫)의 『구미열강 국민성의 훈련』[87]이다. 그는 야마토 민족이 급격한 진보를 이룬 것은 우수한 국민성에 따른 것이라고 자랑하고 일본인 우수설을 취하는 듯하지만 반드시 무조건 인정하는

---

87) 野田義夫, 『歐美列强 國民性の訓練』(同文館, 1913. 10)

것은 아니다. 오히려 절대적인 우수설에 대해서 냉정한 비판을 가하고 있다. 노다는 '일본 최우등설의 낙천관'을 비판하고 일본을 세계 무비의 국체를 가지는 문명국이라든가 본래의 일본 사상에 외국 사상까지 들어놓는 능력을 가지는 국민이라는 생각을 '일본 만능주의'라고 불렀다. 어떠한 강국에 대해서도 일본을 세계 최우수국이라고 자랑할 자신이 없으면서 일본 국내에서만 낙천관을 부르짖는 것은 비굴함의 극치이다. 이 비판은 정곡을 찌른 것이지만 저자의 기본적인 입장은 역시 국가주의로서 고래로부터의 국민 정신을 지지하였다. 그는 국수 보수주의, 즉 보수주의이긴 하지만 외래 문명을 국민 정신에 동화시키는 점에서는 진보주의에 반대하는 자는 아니라고 했다. 그러나 노다는 메이지 시대의 교육을 받은 메이지인으로서 국민 정신의 기초를 '야마토다마시'와 '충군애국'에 두었던 것이다.

노다와 같이 보수주의이면서 동시에 진보주의도 인정하는 사상의 이중성은 다이쇼라는 새로운 시대의 지식인들이 취한 태도의 모순과 갈등을 반영하고 있다.

노다는 앞의 저서에 이어지는 『일본 국민성의 연구』[88]에서 일본인의 국민성에 관한 종합적인 심리학적 연구를 발표했다. 이 저서는 종합적 일본인론으로 당시에는 획기적인 것이었으므로 아래에 상세하게 소개한다.

노다가 말하는 국민성이란 국민·민족을 구성하는 각 개인에

---

88) 野田義夫, 『日本國民性の硏究』(敎育新潮硏究會, 1914. 12)

공통되는 특성이요 그것을 '국민 정신', '국민 심의(心意)'라고 부른다. 그 기본 구조는 고금을 통해 전국을 관통하고 있다. 물론 시대에 따라서 발달의 상태는 다르지만 근본적으로 변동하는 일은 없다. 다시 일본인의 '자화자찬'을 경계하고 그 장점과 단점을 상세하게 다루고 있다. 국사는 국민성의 '산 역사'로서 대표적 위인은 연구의 중요한 재료이다. 또 정치·경제·언어·풍속·습관·도덕·종교·학문·문학·미술 등과 같은 여러 문화가 국민성의 특색을 반영하고 있다.

여기에서는 국민성과 문화의 관계가 일찌감치 지적되어 뒤에 말할 쓰다 소키치(津田左右吉)의 방대한 연구의 선구가 되었다. 다시 노다는 시가 시게타카(志賀重昴)의 『일본 풍경론』이나 다음에 다루게 될 와쓰지 데쓰로(和辻哲郎)의 「풍토」에 가까운 입장도 표명하였다. 국민성의 발달에는 일본의 지리·지세·풍경·기후·날씨·식물(食物)·산물 등이 큰 영향을 끼치고 있다고 말한다. 또한 메이지 시대의 일본 인종 개조론과는 다르지만 국민성에 영향을 주는 체질·체격의 연구가 필요하다고 역설하고 있다.

노다는 종래의 국민성 연구에서 예컨대 하가의 『국민성 10론』과 같이 국문학을 중심으로 소재를 모은 책이, 전문적인 편협과 편파를 보이는 것을 지적하고 국민성 연구에는 각양각색의 각도에서 종합적인 접근이 필요하다고 주장했다. 그리하여 자기의 국민성론이 일본인 우수설(일본인 만능주의)이나 서양 숭배설(서양인 만능주의)의 양극단에 편파되지 않을 것을 선언한다. 다음에 열 개의 장점과 이에 따르는 단점을 논하고 있다.

(1) 충성

(2) 결백

(3) 무용(武勇)

(4) 명예심

(5) 현실성

(6) 쾌활담박(淡泊)

(7) 예민

(8) 우미(優美)

(9) 동화(同化)

(10) 은근(慇懃)

우선 첫번째 장점 '충성'에 관해서는 종래의 국가주의적인 일본인 우수설을 그대로 이어받고 있다. 두번째 '결백'이란 염결(廉潔)·염직(廉直)·염치(廉恥)를 의미하고 더러움을 좋아하지 않는 것이다. 수뢰(收賂)를 일으키는 명사(名士)도 있지만 일반적으로 일본 국민은 다른 국민보다 염결하다. 세번째 '무용'에 관해서는 역시 무사도 찬미의 군국주의를 강조하고 일본인을 '세계 최강의 군인', '완전한 병사가 되는 데 적합'한 국민으로서 메이지 이래의 '강병론'을 제창하고 있다. 무사도는 평화 시대에는 '진보주의'가 된다. 다시 무사도는 다른 국민이 흉내낼 수 없는 강한 극기 자제심을 양성한다. 네번째 '명예심'의 특색은 적극적인 명예를 구하기보다도 체면을 중시하고 불명예를 부끄러워하는 경향이 두드러진다. 이름을 아끼고 부끄러움을 아는 마음이 일본인 고유의 국민성으로서 중요한 열쇠라는 것을 강조한 것은, 오늘날에도 논의의 대상이 되고 있는 문제를 일찍이 들춰내고 있었다는 점에서 주목할 만하다.

다섯번째의 '현실성'이란 일본인이 '현세적, 실제적, 실행적'인 것을 말한다. 예컨대 신불(神佛)의 기원에도 '재앙을 없애고 수명을 연장(息災延命), 자손 번창, 가내 안전, 무운 장구, 국토 안전' 등의 현세 이익을 추구한다. 여섯번째의 '쾌활담박'의 경향에 관해서 노다는 일본인은 양기(陽氣)의 국민으로 일생 동안 끊임없이 쾌활하다고 한다. 그러나 "내 자식의 조사(弔詞)를 듣고도 웃어 보이고 남의 장례식에 가더라도 중간에 킥킥 우스갯소리를 한다"고 까지 말하지만 그것은 보통은 생각할 수 없는 예이다. '담박'의 경향에 관해서는 일용품, 기호품, 미술품의 취미도 깨끗하고 선명한 것을 좋아하지만 노다는 그 원인을 기후와 농본국 국민의 농촌적 간이(簡易) 생활에서 찾고 있다. 일곱번째의 '예민'에 대해서는 민첩 · 일찍 일어나기 · 빨리 먹기 · 빨리 걷기 · 빠른 업무 · 빠른 변덕 · 빨리 쓰기 등을 들고 또한 솜씨가 주밀할 뿐 아니라 지력도 영리하고 의지의 과단성은 무용 · 명예심 등에 뒷받침되기 때문이라고 한다. 여덟번째의 '우미'에 관해서는 미적 감각의 강함, 미적 취미의 보급은 옛날부터 유전되어 내려온 우미한 국민성에 바탕을 두고 있다고 했다. 그것은 자연미에 의한 미적 감각의 발달로서 일본 미술의 특색은 자연이 기초가 되고 색채가 선명하다는 것, 기술이 섬교(纖巧)하다는 것 등을 들고 있다. 아홉번째의 '동화'는 단순한 원숭이 시늉이 아니라 외국 문화를 소화하여 일본 문화로 만들어 버리는 것을 말한다. 최후의 '은근'에서는 일본인이 예의범절을 중히 여긴다는 것을 역설한다. 예컨대 경어나 증답(贈答)의 습관이다. 경어의 용법도 세계에 그 유례를 볼 수 없을 정도이며 조그마한 물건을 남에게 선물할 경우에도 포지(包紙), 노시(색종이), 후쿠사(袱紗 : 비단, 작은 명주보자기) 등을 사용한다. 예의범절을 중시하는 것은 체면을 중히 여기고 부끄러움을 고통으로 느끼기 때문이다.

다음으로 노다는 일본인의 단점을 들어 반성과 수양을 권장하고 자화자찬은 아무 소용이 없다고 충고했다. 장점이 한편에 기울어져 정도를 넘어서면 단점이 된다. 첫번째의 '충성'은 편협하게 되면 '열광적 충군애국'의 '배외 사상'이 된다. 노다가 충군애국을 정면으로 비판한 것은 획기적이지만 또한 국민 사이에서 볼 수 있는 배타심을 섬나라 근성과 결부시켜 비판한다. 타국 · 타향 사람들을 배척하는 경향은 '여러 번(藩)이 할거할 때의 폐단이 남아 있는'(各藩割據의 餘弊) 것으로 편협한 애국심 · 애향심이며 섬나라 근성이 나타난 것이다. 다시 충성에 수반하는 단점으로 가족성원의 상호 의존이 불러오는 '독립자영 및 자치의 정신'의 결여, 공공심의 결핍, 정치 사상의 낮음 등을 들고 있다. 두번째로 '결백'에 따르는 단점으로는 부정 · 불결을 혐오한 나머지 타인에 대한 관용성을 잃어버린 편협, 독존의 기분이다. 세번째의 '무용'의 단점으로는 허세, 속이 빈 객기, 약자를 겁주는 것, 잘난 체하는 것, 억지 인내에 빠지기 쉽고 그것이 국가 차원이 되면 서양으로부터 무단주의, 호전국 등으로 불리게 된다. 네번째의 '명예심'으로부터 공명심, 허영심, 남의 헛칭찬에 우쭐대는 등 단점이 생겨나고 남의 웃음거리가 되는 것을 두려워하고 고통으로 여긴다. 또 자부, 자만심이 일어나게 된다. 다섯번째 '현실성'의 단점은 천박한 실용주의, 비근(卑近)한 현금주의, 현재주의 때문에 이상을 추구하여 원대한 계획을 세울 여유가 없다. 여섯번째 '쾌활담박'의 단점은 꽃구경, 연회, 축제소동 등의 향락적 경향에 나타난다. 일곱번째 '예민'에 수반되는 단점은 경솔, 지레짐작, 지레 알아 버림, 쉬 뜨거워졌다가 쉬 식어 버리며, 곧 싫증을 내고 금방 물려 버린다. 여덟번째 '우미'의 단점으로는 일본의 미(美)는 섬교(纖巧)이지만 규모가 협소해지기 쉽다. 아홉번째 '동화'는 모방에 흐르기 십상이고 서양을 숭배하고, 모방하고, 부화뇌동하려고 한다. 최후로 '은근'은 예의범절에 너무 구애되어 크게 환영해야 할 진객(珍客)도 아주 틀에 박힌 예절로 대하기 때문에 의사가 통하지 않게 되어 버리는 경우가 있다. 이 비판은 현재에도 박힌 틀에 구애되는 일본인의 경향에 대한 교훈인 것이다.

노다와 동시기에 나쓰메 소세키(夏目漱石)는 1914(다이쇼 3)년 11월 25일자 학습원 보인회(學習院輔仁會)의 강연 「나의 개인주의」[89]에서 이렇게 말했다. 서양 숭배에 기울어진 사람들이 "서양인이 말하는 것이라고 하면 무엇이든 무조건 맹종해서 뽐내는 것"에 대해 자기는 "문예에 대한 자기의 입각지(立脚地)"로서 '자기본위'라는 생각에 도달했다. 그리하여 "첫째, 자기 개성의 발달을 이루려고

---

89) 夏目漱石, 「私の個人主義」(『輔仁會雜誌』, 1915. 3, 뒤에 『漱石全集 제 11권』, 岩波書店, 1966. 10)

생각한다면 동시에 타인의 개성도 존중하지 않으면 안 된다는 것. 둘째, 자기가 소유하고 있는 권력을 사용하고자 한다면 거기에 따르는 의무를 마음에 잘 새기지 않으면 안 된다는 것. 셋째, 자기의 금력을 나타내 보이려고 원한다면 거기에 수반하는 책임을 중히 여기지 않으면 안 된다는 것"을 든다. 그러나 그는 자기 본위의 입장을 "국가주의이기도 하고 세계주의이기도 하며 동시에 개인주의이기도 하다"고 규정하고 국가에 붙잡혀 달라붙어 있는 흉내 따위는 낼 수 없다고 했다. 예컨대 "두부장수가 두부를 팔고 다니는 것은 결코 국가를 위해 팔고 다니는 것은 아니다. 근본적으로 주된 뜻은 자기 자신의 의식(衣食)의 재료를 얻기 위한 것이다. 그러나 본인은 어떻든 간에 그 결과는 사회에 필요한 것을 제공한다는 점에서 간접적으로는 국가의 이익이 되는지도 모른다", "일본이 지금 당장 부서질지 멸망의 슬픔에 봉착할지 모르는 국가적 큰일이 아닌 이상, 그렇게 국가 국가 하면서 떠들고 다닐 필요는 없을 것입니다. 불이 나기도 전에 불 끌 장비를 갖추고 궁상스런 생각을 하면서 마을 안을 뛰어다니는 것과 같은 것입니다", "국가적 도덕은 개인적 도덕에 비하면 훨씬 단계가 낮은 것같이 보입니다… 국가가 평온한 시기에는 덕의심이 높은 개인주의에 역시 무게를 두는 편이 나는 아무래도 당연한 것으로 생각됩니다"라고 결론지었다.

노다나 소세키 이후에 나타난 국제주의의 일본인론으로는 다음과 같은 것이 있다.

철학자 오시마 마사노리(大嶋正德)는 『세계심(心), 국가심, 개인심』[90]에서 인격 관념을 근저로 하고 국제 관계 · 국가 및 국민 생활을 논했다. 그 「제3편 개인심–국민론」에서 영국 · 독일과 비교하여 일본의 국민성의 장점과 단점을 다음과 같이 지적했다. 일본 국민의 장점으로 충군애국, 조상 숭배, 가족 본위, 무사도, 재주있음, 정서적임 등을 들고 단점으로서 아래 열거하는 것들의 결핍을 든다. 공공 정신, 자치자립 정신, 인격가치관념, 정신적 내면성, 정신적 창의성, 이에 덧붙여 정력의 결핍과 국어국자(國字)의 결함이 있다. 또한 영국인의 특질은 개인 본위로서 일반 교양을 존중하고 사회적 공공 정신이 풍부하고 습관적 점진적이며 영국과 대비되는 독일의 특징은 국가 본위, 근면노력, 의무 관념, 조직적, 질서적이라고 했다.

오시마 이후 국제 사회에서 행동하는 일본인의 두드러진 단점을 엄격히 비판하여 반성하고 있는 것은 실업지일본사(實業之日本社)를 창립한 마스다 요시카즈(增田義一)의 『대국민의 근저』[91]이다. 마스다에 의하면 일본인에게는 종래 공동자치의 정신이 결여되어 있다는 큰 단점이 있고 그것은 의뢰심이 강하기 때문이다. 또 공덕심이 부족하므로 엄격한 규칙의 지배를 받을 필요가 있다. 냉정함과 지구력이 부족하고 감정적이며 책임을 회피하고 타인에게 전가하는 경향이 있다.

1914(다이쇼 3)년에 제1차 세계대전이 발발하고 일본은 전승국

---

90) 大嶋正德, 『世界心國家心個人心』(內外敎育評論社, 1916. 1)

91) 增田義一, 『大國民の根柢』(實業之日本社, 1920. 9)

으로서 1918(다이쇼 7)년 종전을 맞이했다. 그 결과 일본도 세계의 대국이라고 하는 국가 의식이 높아지고 국민으로서의 자부심과 동시에 일본을 여러 외국과 객관적으로 비교하는 태도가 생겨났다. 그러나 비록 패전국이라 하더라도 독일인을 경멸한다든가 하는 것은 경계하였다. 이미 문부성은 자발적으로 적국민에 대해서 인도주의 · 국제주의의 입장에서 임하도록 「훈령」(1914. 8. 23)을 발하고 학생들에게 유고(諭告)하였다. 적국의 "신민에게 원래 적의가 있었던 것은 아니나 이에 즈음하여 학생들이 적개심에 사로잡혀 교전 국민에게 온당치 못한 언동을 감히 하여 국민의 품격을 손상시키는 것과 같은 일이 없도록 할 것"이라고 청소년의 국제주의를 장려하였다.

또한 대전 후 다이쇼 말기의 초등학교 6학년 국어독본에는 「(제27과)우리 국민성의 장점 · 단점」[92]이라는 표제로 국민성을 반성하고 서양 문명을 존중하도록 권장하고 있다.

제27과 우리 국민성의 장점 · 단점

우리 나라가 세계 무비의 국체를 가지고 3천 년의 빛나는 역사를 펼쳐와 이제야 세계 5대국의 하나로 꼽히게 된 것은 주로 우리 국민에게 그만큼 뛰어난 소질이 있었기 때문이다. 임금과 어버이를 진심을 다 바쳐 받들고 모시는 충효의 미풍이 세계에서 으뜸인 것은 이제 새삼 말할 필요도 없다. 충효는 실로 우리 국민성의 근본을 이루는 것으로 이에 부수하여 많은

---

92) 「我が國民性の長所短所」(『尋常小學國語讀本卷 12』, 1923)

어진 성품(良性)과 미덕이 발달했다. 동해의 섬에 의거해 자리잡은 일본은 국가를 건설하는 데에 자못 유리했다. 사면의 바다가 천연의 성벽이 되어 쉽게 외적이 엿보는 것을 허용하지 않기 때문에, 국가의 존립을 위태롭게 하고 국민의 생활을 위협하는 따위의 위기는 전혀 없고 국내는 대체로 평화스러웠다. 따라서 국민은 나라의 긍지를 손상당해 본 적이 없고 또 그 자랑을 영구히 지속하고자 하는 마음가짐도 있어서 만일의 경우에는 거국일치 국난에 대처하는 기풍을 낳았다. 만세일계의 황실을 중심으로 단결한 국민은 그래서 점점 결속을 굳게 하고 열렬한 애국심을 양성했다. 게다가 우리 나라의 아름다운 풍경이나 온화한 기후는 스스로 국민의 성질을 온건하게 하고 자연미를 애호하는 순한 성정을 육성하는 데에 힘이 되었다.

그러나 이와 같은 사정은 한편으로 국민의 단점이기도 하다. 좁은 섬나라에서 자라고 생활이 안이한 낙토에서 평화를 즐기던 우리 국민은, 아무튼 내향적 사고 방식에 빠지기 쉽고 분투노력의 정신이 부족하고 유타안일(遊惰安逸)에 흐르는 경향이 있다. 온화한 기후나 아름다운 풍경은 사람의 마음을 순하게 하고 우미(優美)하게는 하지만 웅대호장한 기풍을 양성하는 데에는 적합하지 않다. 특히 도쿠가와 막부 2백여 년의 쇄국은 국민이 해외로 발전하려는 의기를 소멸시키고 헛되이 이 소천지(小天地)를 이상향으로 보고 세계의 대세를 모르는 국민으로 만들었다. 그 결과 오늘도 아직 국민은 진정한 사교를 이해하지 못하고 사람을 믿고 사람을 포용하는 도량이 결여되었다. 그래서 해외에 이주해도 외국인에게서 생각지도 않는 오해를 받아 배척당하는 일도 일어난다. 이 모두 일본인의 단점이며 성격이 소심하게 된 흠이 있다. 그 원인은 여러 가지 있겠지만 예로부터 이 섬나라에서 거친 뜬세상을 모르고 살아온 것이 그 주된 이유일 것이다.

오늘 우리 나라가 열강 사이에 서서 세계적 위치를 점한 이상, 이러한 단점은 얼마 안 가서 우리 국민으로부터 사라질 것이겠지만 가능한 한 빨리 이를 일소하는 것이 우리들의 임무가 아니겠는가. 중국·인도의 문명을 들여놓고 다시 서양의 문명을 수입하여 장족의 진보를 성취한 일본 국민은 현명하고 기민한 국민이다. 남의 나라의 문명을 소화하여 이를 공고롭게 자기 나라의 것으로 한다는 것은 실로 우리 국민성의 큰 장점이다. 그러나 이러한 면에서도 또한 단점을 엿볼 수 없다고 할 수가 있겠는가. 자기 마음대로 만들어 내는 창조력은 충분히 발휘된 일이 없고 예로부터 거의 모방만을 일삼아 온 모양새를 볼 수가 있다. 습(習), 성(性)에 이르면 드디어 일본인에게는 독창력이 없을 것이라고 스스로도 가벼이 여기고 외국인에게도 모멸당한다. 그러나 모방도 결국은 창조의 과정이 아니면 안 된다. 우리들은 언젠가는 모방의 영역을 벗어나 십분 창조력을 발휘하고, 세계 문명에 크게 공헌하고자 하는 것이다.

우리 국민에게는 차근차근하지 않은 담백한(あっさり) 것, 지저분하지 않게 분명한 행동을 좋아하는 풍조가 있다. 벚꽃이 일시에 피고 일시에 지는 풍정을 즐기는 것이 그것이요, 옛 무사가 옥과 같이 부서지는 우치지니 (討死 : 전사)를 최상의 명예로 여긴 것이 그것이다. 일본인만큼 깨끗하고 상큼한 빛깔이나 맛을 좋아하는 국민은 없다. 산뜻한 그리고 깨끗한 것을 좋아하는 우리 국민은 그 장점으로 염치를 귀히 여기고 결백을 중시하는 미덕을 발휘하고 있다. 그러나 그 반면 사물에 금방 싫증을 내기 쉽고 체념하기 쉬운 성정이 숨어 있지나 않은지. 견인불발(堅忍不拔) 어디까지나 초지일관하는 끈질김이 결여되어 있지나 않은가. 여기에도 또한 우리들이 반성해야 할 단점이 있는 것 같다.

우리 국민의 장점·단점을 헤아린다면 아직 이 밖에도 여러 가지가 있을 것이다. 우리들은 그 장점을 알고 이를 십분 발휘함과 동시에 또한 언제나 그 단점에 주의하고 이를 보완하여 대국민됨에 손색이 없도록 훌륭한 국민이 되지 않으면 안 된다.

2. 서양 숭배와 그 비판

일본인이 서양 문화와 접촉함에 따라 한쪽에서는 점점 일본인 열등설에 기초한 서양 숭배론이 극단적인 형태로 나타나는 동시에 이에 강하게 반발하는 비판론도 생겨났다.

작가 다니자키 준이치로(谷崎潤一郎)는 1915(다이쇼 4)년에 발표한 작품 「독탐」(獨探)[93] 가운데서 그의 강한 서양 숭배를 다음과 같이 표현하였다.

"우리들보다도 훨씬 위대한 예술을 갖고 있는 '서양'에 대해서 서양 것이라고 하면 모든 것이 아름답고 부러워져서", "일본국에 태어난 것을 슬퍼했다", "될 수만 있다면 서양에 가서, 아니 가는 정도가 아니라 오히려 완전히 그 나라 국민이 되어 그들의 국토에 뼈를 묻을 각오를 갖고 이주"하고 싶다고 생각했다. "그러나 나는 당장의 처지"가 "이주는 어리석고 서양행도 불가능"하다는 것을 깨닫고 "자기의 불행을 넋두리하지 않고 있을 수는 없었다"라고

---

93) 谷崎潤一郎, 「獨探」(『新小說』, 1915. 11, 뒤에 『谷崎潤一郎全集第四卷』, 中央公論社, 1958. 2)

말한다. 그러나 다니자키는 관동대지진을 기회로 간사이(關西)로 이주하고 그 이래로 일본의 전통 문화에 대한 관심이 깊어지고 동시에 서양 문화를 경시하는 경향을 보이게 된다. 모더니즘의 물결 속에서도 다니자키만큼 일본인 혐오와 서양 숭배를 분명하게 표명한 예는 별로 없다.

일본인 혐오를 극단으로까지 심화하고 그것을 테마로 쓰여진 것은 오랫동안 서양에서 지낸 서양화가 아라이 리쿠난(荒井陸男)의 『특수성정국』(特殊性情國)[94]이다. 그는 일본인의 생활과 행동, 나아가 생김새까지를 낱낱이 비판하고 또한 서양 여러 나라에 대해서 높은 평가를 내리고 일본을 세계에서도 독특한 나쁜 의미에서의 '특수성정국'(特殊性情國)이라 불렀다.

그는 자기가 오래 서양에서 생활하고 오랜만에 일본에 돌아왔을 때의 첫인상부터 시작한다. 귀국하자마자 우선 느낀 것은 게타(下駄 : 일본 나막신) 소리로 그와 같이 모든 것이 일본인의 마음을 안절부절못하게 만들고 여유 없이 만들어 한층 신경질적 소국민이 되게 해 버린다. 일본인의 인상이 나쁜 것은 태생적이니까 어쩔 수 없다고 하더라도 버릇없기 짝이 없는 것은 참을 수가 없다. 두들겨 맞아도 아프지 않은 듯한 얼굴을 하고 속으로 화가 나도 태연을 가장한다. 일본인의 억지 인내, 겉다르고 속다른, 명분과 속마음이 구별된 쓰임새에 관한 아라이의 지적은 날카로운 데가 있다. 또한 일본인이 성적으로 해방되지 않았다는 의견은 당시부터 싹트기 시

---

94) 荒井陸男, 『特殊性情國』(文化生活研究會, 1923. 7)

작한 성 해방이라는 다이쇼(大正) 모더니즘의 사상을 반영하고 있다. 일본에서는 남녀간의 사랑이 전혀 없는 것 같다고 하면서 요컨대 일본인은 사회적으로 성적 욕구를 억압하고 성욕을 악이라고 하는 극도로 비굴한 사상을 가지고 있다고 했다. '청결'이라는, 종래의 일본인론에서 왕성하게 다루어지던 특성에 관해서도 다른 견해를 갖고 있다. 일본인은 목욕을 좋아하기는 하겠지만 결벽성을 갖고 있지는 않다. 일본 옷이나 일본 가옥 등은 개방적으로 생겨 먼지가 들어가기 쉽고 도로가 세계에서 제일 불결하고 나쁘기 때문에 목욕하지 않을 수 없다고 한다. 청결이나 결백을 고래로부터의 국민성으로 돌리려는 사고 방식에 대해 이 관찰은 정곡을 찌르고 있다.

다음으로 일본인의 '축제소동' 예컨대 어대전(御大典)때 수만 원을 들여 그날 하루만 사용할 뿐인 문을 만드는 따위의 사실을 비판한 것은 황실 중심주의로부터는 동떨어진 의견이다. 규칙 바른 국민이라고 하지만 규칙에 틀어박힌 외형일 뿐, 일본인만큼 칠칠치 못하고 아둔한 국민은 없고 규칙을 교묘하게 빠져 나가기만 하면 세상살이를 잘도 해 나갈 수 있다. 또 허례허식을 좋아하고 기회주의자라고 하면서 혼례·장의·증답 등의 허례에 관해서도 비난하였다. 그는 일본인이 서양화하여 '훨씬 더 버터 냄새가 나게' 되는 편이 낫다고 단언했다. '국수 보존'(國粹保存)이 아니라 '국해 보존'(國害保存)이라는 도깨비가 남아 있어서 국가주의자들이 입만 열었다 하면 애국심을 말하지만 "애국심이고 뭐고 있기는 뭣이 있어"라고 격렬하게 공격하고 있다.

다니자키나 아라이로 대표되는 서양 숭배론이 쓰이기 이전에 일찍이 나가이 가후(永井荷風)는 서양 숭배를 비웃고 있다. 「측창」(厠窓)[95]에서 "서양이라는 말은 많은 경우 범할 수 없는 도덕적 의의를 내포하고 있다"라고 한다. 즉, 일본에 비해서 서양 것은 모두 다 상등이라고 생각하는 경향이 있다. 예컨대 "어제 저녁에는 샴페인을 너무 마셔 머리가 아프다고 말하면 어딘지 모르게 상류 사회와도 교제가 있는 것 같아 오히려 그 사람의 품위를 높여 주지만, 일본술을 마시고 덜 깨었다고 하는 지경이면 저도 모르게 눈살을 찌푸리게 된다." 가후의 경우에는 청년 시대부터 숙달되어 있던에도 예술에 대한 높은 평가 안목을 갖고 미국 · 프랑스에서 충분히 흡수한 서양 문화를 바탕으로 천박한 서양 숭배에 반발했던 것이다.

가후와 거의 같은 시기에, 서양 비판과 서양 숭배에 대한 공격을 발표한 것은 식물학자 엔도 요시사부로(遠藤吉三郎)이다. 그의 『오호, 서양』(嗚呼西洋)[96]은 서양 유학중의 체험을 바탕으로 서양의 장점을 인정하지만 동시에 일본인의 '하쿠라이'(舶來 : 서양에서 들여온 물건) 존중을 한탄하고 있다. 상품의 첩지에 가로 문자를 넣고, 화장품의 이름은 가타카나가 아니면 유행하지 못한다. '서양인은 우리들보다 우등 인종이라고 생각하는 사람'이 많다. 그러나 서양 숭배주의, 서양 맹종, 구화(歐化)주의의 시대는 지나가고 '오

---

95) 永井荷風, 「厠の窓」(『三田文學』, 1913. 8, 뒤에 『荷風全集第一三卷』, 岩波書店, 1963. 2)

96) 遠藤吉三郎, 『嗚呼西洋』(博文館, 1913. 11)

늘은 서양 비평 시대'이며 비판한 뒤에 정말로 좋다면 수입해야 한다고 했다. 그러나 엔도는 국민성에 대해서는 역시 낡은 역사관에 서 있다. 2천 5백 년 이래 외인의 피가 한 방울도 섞이지 않고 또 한 번도 외국에게 정복당한 일이 없다는 점이 야마토민족의 국민성에 큰 특징을 만들어 주었다고 하면서 그것과 상용되지 않는 문명·문화는 한 걸음도 국내에 발을 들여놓지 못하도록 할 각오를 특히 청년 남녀에게 요구했다. 이와 같은 문화적 쇄국주의의 입장에서 가메이칸(鹿鳴館) 이래 이어져 온 경향을 비판했다. 결론으로 국민성 연구자는 깊이 서양 문명의 폐해를 연구하여 야만이라고 불리는 것 따위는 부끄러워하지 말고 '정신적 쇄국주의'를 취해야 한다고 했다.

엔도는 앞의 저서에 이어 『서양 중독』[97]에서 한층 더 격렬하게 서양 숭배를 비판하고, 그것이 메이지 초 이래의 "외국의 신사 숙녀들에게 웃음거리는 안 될까"라는, 서양에 대한 열등감에서 유래하는, 부끄러움과 원려(遠慮)의 심리라고 지적했다. 그는 하쿠라이 품(舶來品 : 외국 제품)을 존중한다든가, 우표·차표 등에 영어가 들어가 있는 것 등이 모르는 사이에 국민성에 영향을 미친다고 걱정하였다. 또한 일본의 청년이 외국어 능력을 필요로 하는 것은 일부일 뿐이므로 중학교에서 영어과를 없앨 것을 제안했다. 결국 엔도는 충군·애국·효행의 일본 정신과 황실을 가족의 총본가(總本家)로 숭상하는 황실 중심주의를 시종 견지하고 '새로운 여성' '여

---

97) 遠藤吉三郎, 『西洋中毒』(二酉社, 1916. 9)

성찰정권론'을 비판하여 보수적인 입장을 고집하였다. 그러나 한편에서는 일본 국민의 융통성을 논하고 그 사회심리적인 원인을 '섬나라 근성'에서 찾았다. 일본은 섬나라로 국경이 없으므로 일본인은 그들이 가고 싶은 곳은 어디라도 갈 수 있다. 즉, "원래 융통자재한 인종으로 대양을 항해해서 결코 항로를 그르치지 않는 특성이 있다"고 했다.

서양 숭배를 당시 인심 불안의 상황과 관련시켜 논한 것이, 윤리학자 신사쿠 야스부미(深作安文)의 『외래 사상 비판』[98]이다. 일본인은 외국인보다도 유전적으로 의뢰심이 강하다. 그것은 가족 제도와 봉건 제도 그리고 '의존하게만 하고 알게 하지는 말 것'이라고 한 정치에 기한다고 했다. 이 반성에 입각해서 신사쿠는 '인심 불안의 원인'으로 세계대전, 생활난의 압박, 경제적 독립의 불가능, 사회 정책의 불비, 국민 사상의 동요, 민주주의의 횡류(橫流), 과격파의 날뛰기, 국제주의의 미력(微力)을 들고 세계대전 후의 민주주의를, 대표적인 외래 사상이라고 비판했다. 저자는 일본에 수입된 유교의 '역성혁명'(易姓革命) 사상은 국체와 전혀 서로 용납되지 않고 조상도 단연 그것을 취하지 않았다고 하고, 또한 양기에 차고 적극적인 야마토 민족은 불교의 염세관도 채용하지 않았다고 한다. 다시 또 기독교는 개인에게서 세계 인류로 비약하므로 국가주의, 황실 중심의 일본으로서는 받아들일 수 없다. 신사쿠는 민주주의의 '과격주의'를 비판하면서 일본인의 국민 의식과 감

---

98) 深作安文, 『外來思想批判』(右文館, 1919. 11)

정은 아무리 동요해 왔다고 해도 그것을 '발호(跋扈)시킬 정도로 박약 하지는 않다고 끝을 맺었다.

앞에 말한 엔도와는 달리 신사쿠는 객관적으로 사회적 현실을 분석하고는 있지만 역시 외래 사상에 대해 오래 된 '황실 중심주의'를 정신적인 방파제로 한다는 점에서는 공통점이 있다.

3. 다이쇼 문화와 일본인론

다이쇼 시대는 문화주의·교양주의의 경향이 큰 흐름이 되었지만, 이에 대응해서 일본인론도 세계 속에서 독특한 일본 문화의 담당자로서 일본인을 문화와 사상 면에서 고찰하는 논의가 두드러졌다.

우선 그 대표적 예로 이시바시 후스나미(石橋臥波)의 『국민성에서 바라본 거울 이야기』[99]를 들어 본다. 저자에 따르면 일본인은 가장 자연을 사랑하고 자연과 친하고, 맑음을 좋아하고, 취미 풍부하고, 낙천적이며, 음울을 기피하고, 침정(沈靜)을 싫어한다. 섬나라에 살고, 바닷물이 끊임없이 출렁거리는 것을 보는 까닭에 조용히 생각하기보다도 변화를 좋아한다. 모방에 능함과 동시에 잘 동화되는 장점이 있다. 거울 뒷면의 그림에는 그 국민성이 반영되어 있고 식물·동물·풍경 등 자연이 가장 많이 그려져 있으며 외국식 물건이 모습을 남기면서 그것을 동화시켜 새로운 형식을 낳았다고 말한다.

---

99) 石橋臥波, 『國民性の上より觀たる鏡の話』(人文社, 1914. 4)

또한 하라 마사오(原正男)의 『국민성전설』[100]은 일본의 국민성을 알기 위해서는 신화·전설·동화·이야기 등에서 어떠한 설화를 제일 즐기는가를 보는 것이 적절하다고 생각했다. 그러나 이 책에는 그 이야기들이 수록되어 있을 뿐이지 국민성과의 관계는 쓰여 있지 않다. 다만 착안점으로서 민중 문화와 국민성의 관계에 대해 알아보려고 한 것은, 뒷날 왕성해지는 일본 민속학적 국민성 연구의 하나의 출발점이 되었다.

국민성과 문학의 역사적 관계에 대해 오늘에 와서 보아도 최대의 업적 중 하나는 역사학자 쓰다 소키치(津田左右吉)의 『문학에 나타나는 우리 국민 사상의 연구』[101]이다. 쓰다는 국민 사상과 국민성의 관계에 대해 '서'(序)에서 다음과 같이 기술하고 있다. 국민 사상이란 국민 생활의 심적 측면을 임시로 이름붙인 말로서 '먼 옛날 민족의 생활에 깊게 뿌리 박은' 것이며 일관된 생활 과정 속에 차츰 국민성이 형성된다. 그러나 각각 그 시대의 실생활에 응해서 특수한 내용과 색조가 있다. 또한 쓰다는 고래의 존황심(尊皇心)을 인정하지만, 그것이 메이지 이후에는 '애국심'과 결부되었다고 한다. 나아가 '서설'에서 평화적인 국민성을 다음과 같이 인정하였다. 일본인은 이민족과의 격렬한 민족 경쟁이 없었기 때문에 살벌한 전투적 기상이 결여되어 있다. 따라서 이민족에 대한 '민족적 자각', '강한 민족 정신'도 생겨나지 않았기 때문에 민족을 보호하

---

100) 原正男, 『國民性傳說』(實業之日本社, 1917. 2)
101) 津田左右吉, 『文學に現はれたる我が國民思想の硏究』(東京洛陽堂, 1916~21, 뒤에 岩波書店, 1951. 7~1965. 4)

는 국민적인 신이나 공통된 제례도 없다. 또 내부의 사정을 보더라도 '지방적 군주의 경쟁 겸병(兼倂)' 때문에 자연히 국민이 통일되는 일은 일어나지 않았다. 상업이 진보하지 않았기 때문에 시장도 일어나지 않았고, 전쟁이 적었기 때문에 성곽도 발달하지 않았다. 그렇기 때문에 민족 사이에 공공 생활의 습관도 길러지지 않고 따라서 공공 정신이 빌달하지 못했다. 일본인은 현세에 만족하고, 옛날 사람은 '우둔한 낙관주의적인 민(民)'으로서 경쾌 담박하고, 집요 참혹하지는 않았다. 그 반면 안이한 생활 가운데 희구하려는 염(念)이 약하고 또 강한 의지, 분투, 근면노력의 정신, 모험적 기상이 결여되고 반성의 염이 일어나지 않았다. 이어 수준 높은 외국 문화와 갑자기 접촉했기 때문에 모방에서 출발한 학습에 노력했다. 이것은 문화를 창조하기보다는 이국 문화에 대한 순응이며 일본인의 습성의 일면이 이때에 싹텄다. 게다가 모방과 학습은 지적인 활동이므로 따라서 일종의 지식주의가 양성되고 외부로부터 지식에 편중하여 순진한 정(情) 생활을 가벼이 여기고 진정한 자기 자신을 잊어버리고 허위의 생활을 하는 경향이 뚜렷해진다. 이것이 스스로 아집이 적은, 의욕이 약한 민족성에도 적합한 것이다.

이 '서설'에 이어 전 8권(이와나미 문고판)으로 완결된 쓰다의 대저는 '귀족 문학의 시대', '무사 문학의 시대', '평민 문학의 시대 상·중'으로 구성되어 예컨대 무사도나 애국심 등이 본래의 국민성이라고는 할 수 없고 시대와 사회 조건에 의해서 만들어진 사상이라고 논했다. 그것은 하가 야이치의 국민성론 등과는 대조적으로 그 역사적인 형성을 명확히 하려고 시도한 점에서 오늘날에도 높이 평가되는 획기적인 연구이다.

다이쇼 시대의 후반이 되면서 민족성 · 국민성을 사회 의식 · 스포츠 · 종교 등 한정된 주제에 따라 전개한 독자적 일본인론이 시도되었다. 여기에서 국민성의 특질을 나열함에 그치는 종래의 경향과는 다른 연구가 나오게 된다.

극작가 쓰보우치 쇼요(坪內逍遙)의 『소년기에 본 가부키의 추억』[102]에는 서양인의 기호는 오늘날에도 일본인에 비해 훨씬 실용적이며, 중후하고, 농밀하고, 육체적이지만, 연극의 경우만은 복잡성과 집요하고 끈질긴 점에서 난숙기의 가부키에 필적하는 것은 어떤 나라에도 없다. 에로틱한 장면과 피의 장면이 극도에 달하여 끈적끈적한 피(血糊)를 많이 쓰고, 절명할 때까지의 상세한 모습을 길게 끌어 간다. 일본 민족에는 고유의 잔인한 성향이 있어서 분카(文化) · 분세이(文政) 시대로부터 메이지 말 가까이까지 계속되고 있는 것은 유전된 무의식적 잠재성 때문일까. 최근의 '정신분석학자'에 따르면 문예작품에서 가장 힘이 들어가 있는 것은 의식적 혹은 무의식적 에로틱 모티브에 기원한다고 한다. 가부키도 대부분이 마조히즘과 새디즘의 산물이라고 할 수 없는 것은 아니다. 안세이(安政) 이후의 최후기에서는 분카 · 분세이보다도 불순하고 유해한 점이 많다. 잔혹과 비외(卑猥)가 허용되고 있었던 것은 아래와 같은 이유 때문이다. (1) 유희 본위의 몽환극(夢幻劇)이었던 것. (2) 연기자가 남성끼리였으므로 관객은 양심에 거리끼지 않는다. (3) 에도

---

102) 坪內逍遙, 『少年期に觀た歌舞伎の追憶』(日本演藝合資會社出版部, 1920. 12)

시대부터의 문학 작품에 보이는 가타키우치모노(敵討物 : 복수물)의 취향이 영향을 미쳤다. (4) 마을 사람의 도덕적 이상이나 예술적 취미는 결코 높지 않고 가정적 풍의(風儀)도 무가(武家)만큼 엄격하지는 않았다. (5) 잔학과 비외(卑猥)는 안세이(安政) 이후 극에 달했지만, 유신 전의 정치적 대혼란으로 풍기의 단속이 미치지 못했다. (6) 무를 숭상(尙武)하는 전통 때문에 자살이나 살상에 관대하고 효수(梟首), 책형(磔刑) 등이 공개되었다. (7) 배우의 연기로 추한 것도 미화하는 미묘한 힘이 작용했다.

잔인과 외설은, 원시 시대에는 가장 중요했던 전투 본능과 생식 본능의 일면의 현상화이며 가장 우수한 문화국민의 마음 밑바닥에도 의연히 잠재한다. 대변동으로 일단 자제력을 잃으면 돌연 군중의식으로 작용한다. 예술이나 꿈 같은 것은 영락없이 배민작용(排悶作用), 욕구불만의 해소이며 사회적 억압의 반동작용이었다. 프로이트가 말하는 꿈속의 수욕작용(遂欲作用 : 원망충족)이 무의식적인 것과 마찬가지로 몽환극의 작가도 관중도 다 같이 이 이치를 의식하지는 않았을 것이라고 말한다.

위와 같이 상세히 소개한 쇼요의 논문은 막말 시대 민중의 사회심리를 분석하고 당시 극히 일부의 전문가에게만 알려져 있던 프로이트의 무의식이론을 적용한 것으로도 극히 유례가 드문 일본인론의 하나라고 말할 수 있다.

범죄심리학자 데라다 세이이치(寺田精一)는 「축제소동의 심리」[103]

---

103) 寺田精一, 「お祭騷ぎの心理」(『太陽』 26권 14호, 1920. 12)

에서 다음과 같이 말한다. 일본인은 아무튼 축제소동을 좋아하여 경부(輕浮)한 민족성을 가진다고 말한다. '내적으로 발동하는 정력의 발산'이 비록 무의식적이더라도 강한 쾌감을 불러오고 기쁨의 추구는 생활의 여유를 잃으면 잃을수록 통절해지는 경우가 있다. 민중은 압박되고 있던 봉건 시대에 권력자에 대해서 교카(狂歌)나 센류(川柳)로써 풍자하는 여유와 낙천성을 가지고 제신(祭神) 아래에서 서슴지 않고 떠든다. 현대의 생활은 강렬한 자극으로 꽉 차 있고 신경쇠약이나 신경과민에 빠져 다시 새로운 자극을 구하게 된다.

다음으로 국민성과 스포츠에 관한 최초의 저서로서 시모다 지로(下田二郎)의 『운동경기와 국민성』[104]이 있다. 일본의 자연의 특색은 무상성(無常性)으로 국민은 일용품도 오래 갖기보다는 새로운 것으로 바꾸고 싶어하고 감격하기 쉬워 쉽게 뜨거워졌다 쉽게 식어 버린다. 주로 운동경기를 미국에서 수입했기 때문에 떠드는 모양도 미국식으로 축제소동을 좋아하는 국민이므로 가마를 메듯이 떠드는 것이 국민성에 맞는다. 국가가 위급할 때는 거국일치가 되지만 평시에는 옥신각신 공명이나 다투고 작은 일로 서로 싸워 국가적 팀워크가 이루어지지 않는다. 그러나 지기 싫고 참을성이 강해 운동경기에 필요한 의기가 있다고 했다.

이 시기의 일본 문화론의 명저로 손꼽히는 것은 동양학자 나이토 고난(內藤湖南)의 『일본 문화사 연구』[105]이다. 나이토는 인심이

---

104) 下田二郎, 『運動競技と國民性』(右文館, 1923. 8, 改訂再版 1928. 8)
105) 內藤湖南, 『日本文化史研究』(京都弘文堂, 1924. 9)

동요하면 개성이 활동하기 시작하고, 많은 천재가 나타난 것은 후 지와라(藤原) 말기부터 가마쿠라(鎌倉) 초·중기까지다. 가마쿠라 아시카가(足利) 시대에 국민성은 중국 문화의 영향에서 자유로워 지고 정직하게 있는 그대로의 모습을 존중하게 되었다고 한다.

우치무라 간조(內村鑑三)는 앞서 언급한 『지리학고』(地理學考, 뒤 에 지인론〈地人論〉)에서 기술한 객관적인 일본인론과는 달리 종교 적인 면에서 본 일종의 일본인 우수설을 「일본인의 천직」[106]에서 주장했다. 이 논문은 1924(다이쇼 14)년 5월에 미국에서 성립한 배 일이민법에 반발한 것이다. 일본인은 '호전적인 민족'이 아니라 '평화를 사랑하는 백성'이요 그것은 '대다수가 농민'이라는 점을 보아도 알 수가 있다. 일본인의 특질은 '종교적인 민족'이다. 메이 지·다이쇼 시대는 사람의 인생으로 말하자면 의기가 살아 있는 시기였지만 그것도 지금은 끝나려고 한다. "일본은 신의 나라요 일 본인은 정신적인 민족이다." 이것은 '자화자찬'이 아니라 일본인 은 부끄러움을 알고 명예를 중히 여기는 데는 세계에서 제일이다. 일본인이 신의에 예민한 것은 정신계에서 신과 인간에 봉사하기 위해서가 아닌가. 기독교는 일본에서 큰 발전을 이룩할 것이다. 서 양의 선교사가 일본인을 교화하지 못하는 것은 일본인에게 종교심 이 부족한 때문이 아니라 그것이 서양인 이상으로 훨씬 많기 때문 이라고 한다. 우치무라와 같은 위대한 기독교인조차도 일본인에 관해서는 상당히 주관적인 과대평가에 빠졌다는 것은 주목할 가치

---

106) 內村鑑三, 「日本の天職」(『聖書之研究』, 1924. 11)

가 있다.

종교에 한하지 않고 국민성에 미치는 내외 사상의 영향에 대해서는 다음과 같은 저서가 있다.

사회정책학자 나가이 도루(永井亨)는 『국민 정신과 사회 사상』[107]에서 우리 나라는 '군민동체', '만세일계'의 황실을 중심으로 하는 국체 관념을 전제로 그 국민적 확신이 국민 정신의 기조를 이루고 있다고 했다. 그 위에 건전한 신사회 사상을 수립해야 한다고 생각하였으며 또한 세계의 '신문명 신사상'을 구하고 '외래의 궤격 사상(詭激思想 : 언행의 중정을 잃고 격렬한 것)만 억압'하면 된다는 좁은 사고 방식에 대해 반론하고 있다. 다시 국민성의 약점으로 창의와 이상은 결여되어 있지만 감수성 · 모방성 · 동화성이 강하다. 현세에서 내세를 모르기 때문에 철학이나 종교는 맞지 않지만 과학과 도덕은 발달할 수 있다. 또한 감정적이며 실리적이지는 않지만 이지적이다. 진보 사상을 금방 받아들이고 지와 정은 충분하지만 의지가 약하다. 압박 · 전제 · 독재도 극단으로는 되지 않는다. 무슨 일에나 견제, 제주(制肘 : 타인에게 간섭하여 자유롭게 하지 않는 것)가 행해져 속된 말로 그것을 섬나라 근성(島國根性)이라고 한다. 긴 봉건 제도 때문에 무사도와 상인 근성의 차이가 생겨나고 다시 '신구 내외의 문명 사상'이 들어와 섞이고 또 세대 · 교육 등의 수준차로 각자의 사상이 다르므로 국민성이 확실히 나타나지 않는다. 최후로 대지진 후의 '변태 사회'는 '변태 심리'를 낳고 "우려할 만한

---

107) 永井亨, 『國民精神と社會思想』(嚴松堂書店, 1924. 3)

사상을 우리 국민 위에 던지고 있다'고 탄식하였다.

나가이의 국민성론은 다시 다음의 저술『국민성 및 시대 사상』[108]
에서 상세히 전개되고 있다. 그는 우선 국민성을 "국가 조직의 발달
과 서로 작용하여 민족성이 '고도로 발달한 형식'" 혹은 "국가적
'집단 생활의 특성'"이라고 한다. 그에 의하면 고래로 일본 민족의
특성은 "현실적, 직각적(直覺的), 낙천적, 현세적이었다." 그러나
뒤에 해외의 문물, 사상에 접촉하면서 감수성, 모방성, 동화성, 조
화성이 보다 풍부해졌다. 다시 도덕 사상이 인륜적, 실천적, 가족
적, 계급적, 숙명적, 천명적인 것은 유교나 불교가 '일본화' 된 결과
이다. 거기에는 제정일치 · 경신숭조(敬神崇祖)의 신도적 사상과 수
신 · 제가 · 치국 · 평천하의 유교 사상이 결부되어 있다. 다음에는
국민성의 최대 특징으로 감수성과 조화성과 통일성을 들었지만 동
시에 감수성이 너무 강해서 지나치게 직각적(直覺的), 감정적이 되
고 또 조화성이 지나치면 불철저하고 타협적이 되어 통일성을 바라
는 나머지 배타적, 보수적으로 기울기가 쉽다. 그래서 저자는 국민
성 위에 '신문화와 신사상을 건설하는' 것이 국민의 사명이라고 지
적하고 그것을 위해서 사상의 보수화 · 고정화를 피하고 언론의 자
유와 사상의 계발에 힘쓰고 국민의 여론을 환기해야 한다고 설파했
다. 최후로 그는 '전통적 민족적 정신 문화'는 주로 '종교, 도덕, 예
술, 철학 등의 문화적 사회 현상'에 나타나고 현대적 · 사회적 물질
문명은 순전히 정치 · 경제 · 법률 등의 사회 현상으로 나타난다고

---

108) 永井亨, 『國民性及び時代思想』(岩波書店, 1926. 1)

했다.

또한 국체론으로부터 외국 사상을 논한 것은 해군 중장 도고 요시타로(東鄕吉太郎)의 『대일본과 외래 사상』[109]이다. 국민 가운데는 서양의 민주주의가 아니면 세계에 통하지 않는다고 하는 사람이 많다. 자주독립의 정신이 없는 비굴한 사람도 있다. 원래 일본의 '국체국정(國體國情)의 발원(發源)'이 서양의 그것과 다른 것이다. 다만 외국인을 모멸하고 예의를 어지럽혀서는 안 된다. "지금 일본의 풍의(風儀)는 실로 외인에 대해서도 진땀을 참을 수 없는 일이 많다"고 하면서 반성하였다. 국체 관념에 반하는 서양 사상에 심취하는 사람은 일본인이라 하더라도 정신은 일본인이 아니라고 했다.

4. 다각적 일본인론

다이쇼 시대의 일본인론은 위에서 본 전개 과정을 거쳐서, 중간 무렵부터 본격적으로 종합적인 일본인 연구가 나타나기 시작했다.

하가 야이치는 「전쟁과 국민성」[110]에서 무사도는 봉건 시대의 산물이며 그것에 대해서 고금을 일관하는 국민 정신은 '국도'(國道)로서 그것이 '무사도의 근본'이라고 했다. 애국심과 존황심은 완전히 일치하고 황실과 국토는 일체다. '황실은 국민의 종가총본가(宗家總本家)'로서 '우리들 신민은 모두가 그 분가'이다. '경신'

---

109) 東鄕吉太郎, 『大日本と外來思想』(皇國修養會出版部, 1925. 10)

110) 芳賀矢一, 「戰爭と國民性」(『日本人』, 富山房, 1916. 1)

(敬神)은 조상과 황실에 대한 존숭심의 표현이요 신국(神國) 일본에 서는 조정의 제사가 '제정일치'로 행해지고 있다. 지금은 하이칼 라의 세상이며 '평등의 질소(質素)주의'를 강행하고 있는 곳은 군 대뿐이다. 무가 시대를 통해서 종교를 떠나서 예절이 상하의 질서 를 유지해 왔지만 그 복종 정신이 오늘의 군대에는 살아 있다. '무 사도덕'의 중추는 치욕을 아는 것으로서 의리와 명예를 중히 여기 고 욕됨을 당하기보다는 달게 죽음을 선택한다. '무사도' 혹은 '국 도'는 '정대(正大)의 기', '야마토다마시'다. 다만 무사에게는 극히 잔인한 곳이 있고 공명을 얻기 위해서는 수단을 가리지 않는다. 오 늘날 국민의 결점은 '파벌심'과 '지방적 감정'으로 자신의 편이만 을 생각하고 협력하는 정신과 관용성이 결여되었다. 그것은 무사 간의 항쟁의 습관 때문인지도 모른다. 일본인이 무슨 일에나 규모 가 작고 좀스러운 것을 섬나라 근성으로 돌리지만, 하가는 그렇지 않고 '무가 시대의 편협한 가족적 질투 배제(질투하여 물리쳐 떨어 뜨림)'가 남아 있기 때문일 것이라고 한다. 한편 '상업가의 도덕' 에서는 공을 위해 사를 버리지 못한다고 비판했다.

히구치 레이요(樋口麗陽)는 『진붕감붕(珍朋感朋)』(횡설수설, 또는 그런 사람)[111]에서 왜 일본인은 서구인들이 볼 때 이해할 수 없는가 라는 물음에 대해서 양쪽의 근본적인 차이는 다음과 같은 점에 있 다고 한다. 일본인의 존왕주의·황실 중심주의에 대해서 서구인은 개인주의·자기 중심주의이며, 비타산적 인도주의에 대해서 타산

---

111) 樋口麗陽, 『珍ぶん感ぶん』(大江書房, 1917. 12)

적 인도주의이다. 정신주의에 대해서 물질주의이며, 일본인은 자기 희생을 싫어하지 않지만 서구인은 그것을 절대로 기피한다. 일본인이 정면적 · 직선적 · 무색투명하지만 서구인은 측면적 · 곡선적 · 불투명하다. 또 일본인은 애타적 · 합동적 · 친목적이며 쓸데없는 잡담을 좋아하고 개방적인 데 비하여 서구인은 배타적 · 비합동적 · 비친목적 · 비밀적 · 비개방적이다. 일본인은 인생의기(人生意氣)에 감수적이지만 구미인은 보수 없이는 움직이지 않는, 의기는 전혀 없는 사람들이다.

이와 같이 구미인은 일본인과 입장이 다르다는 것을 무시하고 논하기 때문에 일본인을 불가해한 국민이라고 한다고 히구치는 말했지만 다른 한편 반성해야 할 단점에 대해서도 들어 말하였다. 일본인은 호언장담하는 버릇에 실천이 따르지 않는 것, 활동무대가 지구 전체에 미친다고 큰소리 치면서 조금도 세계적으로 팔을 걷어붙이고 활약하지 않는 점 등은 절대로 변호한다든가 존중할 수가 없다. 더구나 이 모순이나 좀스러움을 덮어 주고 편들어 주는 것은 결국 너무 역성들어 도리어 좋지 못한 결과를 낳는 것이라고 했다.

오마치 게이게쓰(大町桂月)는 청일 · 러일 전쟁에 이겨 '세계 일등국'의 국민이라고 우쭐대고 있는 일본인의 반성을 촉구하기 위해 『미점 · 약점, 장점 · 단점 일본 연구』(뒤에 『일본 국민성의 해부』라고 개제)[112]라는 35명(名) 76편(篇)의 논문을 모은 평론집을 내었

---

112) 大町桂月, 『美点弱点長所短所 日本研究』(日本書院, 1916. 5, 뒤에 『日本國民性の解剖』, 1926. 3)

다. 그 목차는 다음과 같지만 그 가운데서 몇 개의 논의를 소개하자.

『일본 국민성의 해부』

우선 미야케 세쓰레이의 「일본인의 성질」에서는 에돗코(江戶兒 : 도쿄에서 태어난 사람)는 활달한 취미를 가지며 하룻밤 지난 돈은 갖지 않는다고 자랑하지만 지방에서는 반대로 절검(節儉)을 주지로 삼는다. 요컨대 한마디 말로 일본인을 평가하는 것은 경솔하다. '섬나라 근성' '소국적 인물' 운운하는 것은 사람을 업신여기고 스스로를 모욕하는 것이라고 했다.

마르크스주의 경제학자 가와카미 하지메는 「일본 취미의 특징」에서 이같이 말한다. 서양식 분석과 종합에 대해서 일본류(流)는 분석하지 않고 사물을 단번에 일괄 파악한다. 예컨대 분재(盆栽)는 한 그루의 나무를 한꺼번에 보고 큰 나무의 정취를 맛본다. 서양의 정원에서는 대칭이 원칙이지만 일본의 정원은 소재가 자연히 모여서 심산유곡의 모습을 그대로 하나로 축소(縮圖)하고 있다.

교육가 모토타 사쿠노신은 「거짓말은 일본의 보배」에서 일본인의 거짓말에는 선의의 거짓말이 많다고 하면서 예컨대 "입에 맞지 않지요?" 하면서 속마음으로는 즐겁게 먹으리라고 기대한다. 남의 자식이 우둔하더라도 온순하다고 칭찬하고 자기 자식이 온순해도 우둔하다고 말한다. 즉, 경의와 겸손의 마음에서 나오는 거짓말인 것이다. 공사(公事)에 결석할 때는 병고(病故)결석계를 내기 때문에 일본의 공무원만큼 병이 많은 경우는 다른 나라에는 없을 것이다. 이것은 형식상의 거짓말이다.

심리학자 노가미 도시오는 「자국 비하의 악풍」에서 오늘의 나쁜 경향으로 자기 나라를 지나치게 비하하고 구미를 지나치게 좋은 것으로 생각하는 점을 지적했다. 바다 건너 온 하쿠라이(舶來) 물품은 상등품, 와세이(和製 : 일본제)는 하등품으로 어떤 물건에도 서양식 이름을 붙이고 싶어한다. 처음부터 서양인은 일본인보다 우등이라고 생각하고 위대한 학자나 정치가가 오면 일본 온 나라가 떠들썩하다. 구미의 문명을 모방하고 선생으로 삼았기 때문에 특히 존경해서 자기 나라를 비하하고 일본은 소국, 일본 민족은 소민족이라고 생가한다.

모토타 사쿠노신은 「동정심 없는 국민」에서 이렇게 말한다. 가족·친척·붕우지기·동향동창에 대해서는 친절하지만 연이 없는 사회 일반의 사람들에게는 냉담할 뿐 아니라 소외시키고 사람을 보면 도둑놈으로 보라고 말한다. 즉, 국가 개념은 비상하게 강렬하지만 사회에 대해서는 심히 무관심해 사회적 동정심·사회사업·자선사업은 실로 유치하다.

농상무 대신 나카 고지렌의 「산업계의 결함」에서는 일본인이 타력적(他力的)으로 남에게 의뢰하고 스스로의 신천지를 열고자 하는 자가 적고 조제남조(粗製濫造)·사재기·매점매석의 경향이 강하다고 비판하였다.

위의 논집이 여러 분야의 일본인론의 집대성인 데 대해 한 사람의 저자가 쓴 상세한 국민성 개론으로서는 민족심리학자 사토 다다시의 『일본 민족성 개론』[113]이 있다. 사토는 일본의 민족성을 연구하면서 종래에는 시도되지 않았던 오늘날 말하는 역사심리학·사회심리사·민족심리학의 방법을 도입하여 서문에서 연구 목표에

---

113) 佐藤正, 『日本民族性槪論』(大京堂書店, 1921. 11)

대해 다음과 같이 말하였다.

이 『일본 민족성 개론』을 서론으로 하고, 성격론을 대상으로 한 심리학적 비판에 기한 '일본민족성격사론(性格史論)'을 종적 연구로 하고, 다시 횡적으로는 현대의 정치·도덕·경제·풍속·습관 언어 및 시정의 실제 활동 노동자의 활동 등을 재료로 하는 심리학적 비판, 즉 '일본 민족 성격 현상'으로써 전체를 커버한다고 했다.

사토는 국민성을 '민족혼' 혹은 '종족혼'이라고 부른다. 일본인의 정신 문명은 모두 외래의 불교·유교를 바탕으로 하고 있지만, 그것들을 동화하여 스스로에게 적합하도록 한 것이 일본인의 특성이다. 외래의 것을 바탕으로 하였지만 정신 문명은 빈약하지 않고 예컨대 하이쿠(排句)와 같은 형식은 서양에는 전혀 없다. 하이쿠·다도(茶道)의 정신은 집요하지 않은, 깨끗한, 분명한 태도로 나타난다. 그러나 일본인은 애국적 정조, 정의적 정조, 경신(敬神)적 정조 등 세 가지 정조(情操)를 가지고 있다. 애국적 정조의 기인(起因)은 지리적 감화로서의 기후풍토, 역사적 감화로서 황실 중심주의이다. 정의적 정조에 큰 영향을 끼친 것은 유교이며 경신적 정조는 조상 숭배의 관념이 가족 제도와 연결되어 생겨났다. 일본인을 호전적 국민이라고 말하지만 그것은 전시의 애국적 정조의 표현만을 보고 오해한 것이다. 일본인의 국민성으로 가장 의문으로 여겨지는 것은 용감히 싸운 뒤에 최후라고 여겨질 때에는 아름다운 죽음(美的死)을 선택하는 일이다.

일본인은 비관적 민족이라고 말하지만 그것은 문학 작품의 표현에서 그렇게 보일 뿐이며 오히려 낙관적 민족이다. 벚꽃을 우산

삼아 향락에 취했던 헤이안(平安) 시대, 사치스레 물에 둥실 뜨는 모양으로 누워 태평을 탐했던 겐로쿠(元祿) 시대는 낙관적 경향의 양대 시기일 것이다. 그러나 낙관에 철저한 것은 아니고 의식적으로 방관적 태도를 취하면서 즐긴다. 비관적 경향도 철저하지는 않고 방관적 비관이요 그래서 작은 재주에 뛰어나고, 눈앞의 일에 잘 적응하고, 모방에 능하고, 건망증의 성격이 생겨난다.

일본인의 도덕의 중심은 무사도이지만 그 장점은 정의(情意)를 바탕으로 하기 때문에 의지의 단련, 몰아 사상(沒我思想), 자중심(自重心)이 되어 나타난다. 단점은 권리 사상이 부족하고 이지적 비판이 약한 것이다. 또 무사도의 존재 때문에 경제 사상이 발달하지 못했다. 국민성을 지배해 온 것은 규범적 법칙으로서의 충효 관념이지만 그 반면에 염세은둔의 태도를 낳았다. 최후로 사토는 일본인의 단점으로 의뢰심이 강하고 스스로를 존경하는 마음이 없다는 것을 들고 있다. 전체적으로 보면 사토가 국민성의 역사성을 내세운 입체적인 견해는 평가할 만하지만 황실 중심주의에 바탕을 둔 낡은 관념에서 해방되지는 않았다.

1921(다이쇼 10)년 4월에는 잡지 『해방』의 특대호[114]로서, 「일본 국민성의 연구」가 사회 운동가 사노 마나부(佐野學)를 중심으로 한 편집동인에 의해서 출판되었다. 사노는 발간 다음해 1922(다이쇼 11)년에 공산당에 입당하여 최고 간부가 되었지만 1933(쇼와 8)년

---

114) 『解放』 4月 特大號, 「日本國民性の硏究」(大鐙閣, 1921. 4)

에 옥중에서 나베야마 사다치카(鍋山貞親)와 같이 전향하여 공산주의자 대량 전향의 계기를 마련했다. 『해방』은 당시 민주주의 운동의 리더였던 정치학자 요시노 사쿠조(吉野作造) 등이 만든 레이메이카이(黎明會)가 1919(다이쇼 8)년에 창간한 잡지로서 자유주의로부터 마르크스주의자까지를 널리 모은 당시의 대표적인 진보 잡지다. 그러나 편집동인의 의도만은 아래와 같이 명확히 좌익의 입장을 취하고 있다.

'우리 국민성과 해방 운동'이라는 제목의 서문에 따르면 현대 일본인은 소극적이요 비사회적이다. '충애 사상'(忠愛思想)이 자유 정신을 묶어 버리고 값싼 현실주의적 기분이 만연되어 있기 때문에 해방 운동은 전도가 다난하다. 고대 일본인의 심적 생활은 대단히 쾌활하고 순진했던 것 같고 오늘날에도 고대 일본인의 청신한 활력이 아직 많이 남아 있다. 인류사의 근본 경향은 '해방'에 있고 여기에 인류 사회의 발달이 있다. "사회의 상층이 날로 난숙과 퇴폐를 거듭하고 있는 데"에 반해 "피지배자군의 일부에서는 강렬한 계급적 자각이 타오르고 있다." 해방 운동의 전도는 곤란하긴 하겠지만 동시에 축복으로 꽉 차 있다고 말한다.

위와 같은 진보적인 입장을 표명한 국민성 연구는 획기적이긴 하지만 기고자 가운데는 전혀 반대의 입장에 서는 사람도 있었던 것은 다음에 드는 목차를 보아도 명백하다.

권두 논문은 하세카와 뇨세칸의 「비판적 견지에서 보는 우리 국민성」이다. 여기에서는 국민성을 다른 민족이 동일 국가 가운데 생활한 결과 생긴 특질이라고 규정했다. 일본의 국민성이 순수·동질이라고 자랑하는 사람이 있지만 순수하다고 하는 것은 바람직한 일이 아니다. 일본 문화는 외래의 것과 접촉하던 시대에만 현저하게 발전했는데 쇄국 시대에는 '군국적 배타심'이 발달해서 국민적 자부심이 양성되었다. 다만 동시에 무사도가 긴 기간 동안 발달하고 순화되어 평화적인 사회도덕 속으로 짜여 들어왔다고 하세카와는 말한다. 그 한편으로 '의리에 대한 반역'이 민중 사이에서 발달한 것이 국민성의 특색이라는 것을 인정하고 군신·부자·부부와 같은 대인 관계에 치우친 봉건도덕을 국민성의 반영이라고 하는 것에 반대하고 있다.

다음으로 사노는 「상대(上代) 일본인에서 현대 일본인으로」에서 국민성에 대한 관념 규정에서 시작한다. 국민성이란 복합 관념으로, 적어도 두 가지 방면이 있고 첫째 방면을 국민적 심리, 둘째 방면을 민족적 심리라고 부른다. 국민적 심리는 국가라는 정치 조직 가운데서 발효(醱酵)한 집단심리적 현상이며, 민족적 심리는 민족이 국가 이전부터 길러 와 거의 내재적이 된 성격을 말한다. 전자는 정치적이고, 후자는 사회적이다. 국민성의 사회적 정칙(定則)으로 다음 세 가지를 들 수 있다.

(1) 지배자가 피지배자에게 동일한 습속·조상신·이상을 강제하는 것은 원시적 정복 국가의 보편적 현상이다. 피지배자는 지배자의 의향에 따라 국민성이 '발생'한다. (2) 국민성은 시대에 따라

변화한다. 지배자가 바뀌면 국민성의 내용에도 '변화'가 일어난다. (3) 근대에 와서 국민성은 붕괴되고 있다. 첫째, 정치적인 국민심리가 약해지고 민족적 심리가 강해지고 있다는 것. 둘째, 국민성을 결정하던 지배층에 대해 피지배자가 그 계급 의식을 선명하게 해 간다는 것. 거기에 따라서 지배층이 만들어 낸 의제적인 국민성이 무너지고 그 '진화'가 시작된다.

이와 같이 사노가, 국민성이 지배층에 의해 형성되었다고 한 것은 새로운 견해지만 그 역사에 관한 견해는 상식적이다. 상대(上代)인이 풍부한 현실적 기분을 갖고 있었던 것은 기후가 따뜻하고 토지가 비옥하여 먹을 것을 손쉽게 얻을 수 있었기 때문이었다고 그는 말한다. 그러나 그 이후의 변화에 대해서는 어느 정도 계급적인 관점이 덧붙여진다. 정복 국가의 특징으로 상층과 하층은 결정적인 차별이 있었다. 그리하여 하층의 복종이 자유 사상의 발달을 저해했다. 전제 정치의 발달과 자치 제도의 미숙은 그것이 원인이다. 또한 부족 생활을 하던 시대에는 중국의 높은 문명이 경이와 숭배의 대상이었다. 그 때문에 일본 문화는 모방에서 시작되었다. 무가(武家) 시대가 되면 지배당하는 민중의 국민성도 변하게 된다. 그들의 성격은 대단히 소극적으로 변하고 충의의 관념이 강하게 되었다. 그러나 무사도의 애타적인 경향과 정의(情意) 생활이 있어 상대(上代) 일본인의 쾌활성을 이어 나갔다.

사회주의자인 사노조차도 무사도를 일면에서는 평가하였으며, 현대 사회를 논할 경우에는 사회주의적 입장에서 펴는 국민성론이 주장된다. 자본주의는 인간을 물질화하고 신흥 조닌(町人) 계급이 새로운 지배자가 되어 비굴·공리(功利)·속악(俗惡) 등 바람직하지 못한 성격이 생겨났다. 그러나 여기에 반발하는 철학·정열·운동도 동시에 힘차게 발생했다. 현대는 '국민성 붕괴기'이다. 메이지 문화는 군사적, 정치적이었지만 다이쇼 이후 사회적인 문화 정신이 차츰 생겨났다. 민족적 심리가 강화되고 국민적 심리는 약화되는 것이 장래의 운명이며 그 동기가 하층 계급의 자각 때문인 것은 명백하다. 종래에, 국민성은 모두 지배 계급의 의욕에 따라 지배되어 왔지만 프롤레타리아의 계급 의식과 집단행동이 분명해지고 진정한 민족적 특질이 재생되어 고대인의 장점이 부활한다고 생각했다.

앞으로 『해방』특대호에서 독특한 의견을 가진 논고 몇 개를 다뤄 보겠다.

저널리스트 오바 가코(大庭柯公)의 「일본 국민성의 비관적 측면」에 의하면 제 자랑 좋아하기, 사람 좋음은 오늘도 변하지 않는다. 모든 사물에 대해서 소규모·신경적·섬나라적이다. 수성적(守成的)이며, 시간의 관념이 거의 없을 정도로 "천성이 게으르다." 그러나 노동자나 빈민은 근면하다. 국민성의 비관적 측면은 비밀성·부조성(浮躁性)·몰독창성의 세 가지 점이다. 다만 '외래물(外來物) 감수성'은 장점이라고 했다.

무정부주의자 이시카와 산시로는 「허무적 일본인」에서 이렇게 말한다. 쌀 폭동을 보더라도 적진에 불을 지르는 야기우치(燒打 : 화공)일 뿐으로 민중은 한 푼의 이익도 얻지 못했고 쌀값이 싸진 것도 아니며 또한 사회 개조를 목적으로 한 행동도 아니었다. 민중의 심리는 격발성을 띤 잠재적인 것이다. 일본인은 허무주의적이며 서양인으로서는 이해할 수 없는 행동이 많다.

동물학자 이시카와 지요마쓰의 「생물학상으로 본 일본 국민성」에 의하면 무사도나 충군애국의 정신은 동물계로부터 생각해 보면 아무것도 아니다. 각 단위는 전 세포체를 위해서 생존하고 전 세포체를 위해서는 자신의 생존은 개의치 않는다. 봉건 시대 무사의 할복은 이것과 꼭 같은 것이다. 생명을 가볍게 여기는 결과 장래의 일은 깊이 생각하지 않는다. 야마토고코로(大和心)에 비유되는 사쿠라(벚꽃)는 '실로 우리 국민을 타락시키는 것'이다. 눈으로 보고 있는 사이에 지면 털벌레(毛蟲)가 생기고 잎도 떨어져서 처치하기 곤란한 것이기 때문에 사쿠라는 결코 칭찬할 수가 없다. 사쿠라는 꿈이나 환상 같은 것이며 일본인의 마음을 부박(浮薄)하게 한다. 그러므로 산(山)사쿠라와 같은 야마토고코로는 진정 마음속으로 감탄할 수가 없다.

농학자 이시사카 기쓰주(石坂橘樹)는 「농업과 일본의 국민성」에서 일본의 농업 생산은 풍흉(豊凶)이 불안정하여 투기심을 유발한다고 지적하고, 일본인이 경솔해서 혁명이나 야기우치에 가담하는 것은 선동정치가에게 넘어가기 쉽기 때문이라고 했다. 다른 일면에서는 자연에만 맡겨진 농업에서 의뢰심이 생겨나고 임금님이 하는 일은 무리하기 짝이 없더라도 자기의 권리도 주장하지 않을 뿐아니라 의무도 지키지 않는다. 이것은 일면 '미풍양속'이라고 도쿠가와(德川) 정부가 힘들여 양성한 것으로 다이쇼 시대인 지금도 '관존민비', '사대 사상'에 사로잡혀 있다고 비판했다.

와세다대학 교수 야쓰 쇼에이의 「풍토로부터 본 일본 국민성」에 의하면 산이 많은 나라에서는 지형과 같이 인심에도 계급 차별이 있고 평원이 많은 나라와 같이 평등적, 균일적이지는 않다. 그러므로 러시아와 같은 평원이 많은 나라에서 만들어진 사상을 산이 많은 일본에 이식하더라도 실패로 끝날 것이라고 했다. 훗날 풍토론의 소박한 선구적 언급이다.

고고학자 하마타 세이료는 「고기물(古器物)로 본 일본 국민성」에서 고분의 구조가 훌륭한 점 등에서 조상에게 돈독하다는 등의 국민성을 끌어내는 사람도 있으나, 어느 나라도 대체로 옛날에는 비슷하므로 이런 데서 국민성이 나온다는 식의 말을 할 수는 없다. 하니와(埴輪 : 고대 귀인의 무덤 주위에 묻은 사람, 말, 집 등 모양의 토기) 등은 '단순히 유치한 원시적 작품'이며 특히 일본만 가지고 있다든지 고래로부터 길이 보존되었다는 특성은 보이지 않는다. 일본인의 취미 특성은 단순하고 간결한 것을 사랑한다. 그 점만은 2천 년의 역사를 통해서 일관되지만 그 반면 천박·경부하다. 현대와 같이 '번문욕례'(繁文縟禮) 법령규칙 투성이, 벼락부자의 일확천금 풍조가 휩쓸고 있는 것을 보노라면 위에 든 장점도 인정하기 어렵다. 국민성은 국민 자신이 연구하기보다 외국인의 공평한 관찰에 맡기는 것이 좋다고 단언했다.

국어학자 안도 마사쓰구의 「언어상으로 본 국민성」에 따르면 일본어에서는 주어나 목적어를 생략하고 대체를 파악하고 세부를 돌아보지 않는다. 온아(溫雅)·유려(流麗)하고 여유는 있지만 정치(精緻)·강건(剛健)·주도(周到)함이 부족하다. 일본어의 음절은 개음

절(開音節)로 모음이 대단히 많고 그 때문에 말에 경쾌한 맛이 있다. 그러나 경쾌한 반면 섬약하다. 샤레스키(재미있고 우스운 글짓기를 좋아함), 지구치(地口 : 고사성어 등을 본따 다른 문구를 만드는 말의 유희), 고로아와세(語몸合ぁぜ : 속어 등의 성구와 음성은 같지만 의미가 다른 별구를 만들어 내는 언어의 유희) 등 언어상의 유희가 발달했다고 한다.

철학자 가네코 지쿠스이의 「일본 철학」은 일본 철학의 제일 특징으로 실행 본위의 정신을 들고 있다. 불교나 유교는 실행 본위로 연마의 주체는 주관·마음·이상·인자(仁慈)이다. 심각한 것 등에 대해서 조용하게 머무르고 활담(活淡)하고 깨끗한 풍조가 고래로부터 일본 철학의 특징이다. 깨달음이 빠른, 정리되고 예민한 총명성으로 기분 좋게 잘 정돈된 감명을 준다. 지적으로 이성적으로 대단히 밝고 경쾌한 것이 근본적 특징이라고 했다.

중국 철학자 우노 데쓰토의 「유교와 일본 국민성」은 일본인이 경부(輕浮)·준영(俊英)하고 신기함을 좋아하고 이에 열중하는 것을 특징으로 든다. 새로 들어온 외국 문명을 모방하고 숭배하고 드디어 자기 의식이 각성되어 비판적 정신이 왕성해지고 이를 소화해서 영양분을 흡수하고 그 밖의 것을 배설한다. 유교의 가장 큰 영향은 대의명분의 가르침이요, 국체의 연원, 조상의 이상과 일치하기 때문에 충돌이나 모순 없이 국민성과 융합했다. 예의를 존중하고 형식에 흐르는 폐단이 적고 모든 점에서 중용이 국민성의 미풍이다.

미야케 세쓰레이는 「노장(老莊) 사상과 우리 국민성의 성격」에서 체념의 빠름을 지적한다. 선인(仙人)이 되고자 생각하지는 않고 구속이 너무 심해지면 이것을 돌파하든가 스스로 소멸하든가 어느 쪽을 선택한다. 그러나 일본인에게는 오시오 헤이하치로(大塩平八郎)와 같은 사람이 있었다. 철리(哲理)를 좋아하며 세상의 악착스러운 곳을 초탈하고 분격(奮激)하여 소용돌이 속으로 몸을 던진다.

연극학자 가와다케 시게토시(河竹繁俊)의 「가부키극에 나타난 우리 국민성」에 의하면 「주신구라(忠臣藏)」가 국민성의 하나의 경향을 잘 표현하고 있고 충군애국의 무사도 정신은 건국 이래의 것이다. 일본의 시바이(芝居 : 연극)는 섬세 교치(巧緻)하여 세공물에 교묘하고 또한 극단의 사실적 기예(寫實的 技藝)는 충실한 모방으로부터 출발한다. 내용이 음탕, 피투성이, 잔인한 것을 보고 쾌감을 느낀 것은 에도 말기의 병적 국민성에 의해, 지배자가 민심의 해방을 한정시켜 허용한 데에도 원인이 있다.

임학자(林學者) 혼다 세이로쿠의 「정원 만들기(築庭)에 나타난 국민성」에는 자연을 즐기는 국민성이 정원을 만드는 데에도 나타난다고 한다. 무로마치(室町) 시대에 시작하여 개물(個物)의 배치와 전체의 구성에 틀이 이루어져 유형적이 되고, 도쿠가와 시대에는 축산(築山) 및 평정진행초육체(平庭眞行草六體)의 형(型)이 출현했다. 비개성적이라고 하는 것이 중세 이후 정원 만들기의 특징이다.

정치학자 오야마 이쿠오의 「'섬나라 근성'에 관한 일고찰」에서는 국민적 기풍으로서 '섬나라 근성' 특히 계급간의 반감, 지방간의 알력, 정당간의 항쟁, 관료 대 민중의 반목 등은 자본주의적인 사회 조직이 절멸되면 자취도 없어진다는 낙천주의를 표명했다.

사회주의자 야마카와 히토시(山川均)는 「국경을 초월한 섬나라 근성」에서 일본인은 국경의 관념이 없는 코스모폴리탄이므로 제 나라의 충효도덕으로 세계를 교화하려는 것은 섬나라 근성 정도에 끝날 일이 아니라고 했다. 이웃에 남이 살고 있다는 것을 모르는 어떤 호인(好人)이 가끔 사람들 속에 나가면 엉덩이를 뒤로 빼고 사람들의 얼굴빛을 살피면서 앞에서는 아무 말도 하지 않지만 속으로 싸움할 준비만은 하고 있다. 이것이 일본 외교라고 비판했다.

이상에서 일본인론사(日本人論史) 중에서도 특이한 시도인, 좌우의 사상을 포함한, 대단히 다각적인 논집에 대하여 상세하게 소개했다. 이와 같이 제1차 세계대전 후에 표면적이긴 하지만 상당히 자유로운 언론이 나타난 것은 다이쇼(大正) 민주주의의 일면으로 주목할 가치가 있다.

쇼와(昭和) 전전기(戰前期)

Ⅳ. 일본 문화론 · 일본 풍토론

쇼와 시대에 들어서도 다이쇼 시대의 문화주의 · 모더니즘이 연장 · 발전된다. 서양 제국과의 문화적 교류도 이제야 왕성해지고 메이지로부터 다이쇼에 걸친 서양 숭배론과 서양 배척론의 대립이나 그 기초가 되는 일본인 열등설과 우수설의 대립이 아니라, 보다 객관적이며 국제적인 비교론의 입장에서 일본 문화와 일본인을 논하는 경향이 생겨났다.

다이쇼 모더니즘의 연장인 쇼와 모더니즘의 경우 모가(모던 걸)나 모보(모던 보이)는 자기들을 서양화시킨 인간으로서 '신일본인'이라는 자각이 있었다. 그들에게는 '일본인으로부터 벗어나는 것'이 이상이었다. 이에 대해서 세계에서 독특한 지위를 차지하는 일본 문화, 예컨대 국민성이 반영되는 국어를 비롯, 일본의 독자적인 전통 문화를 통해서 바로 그것을 만들고 어깨에 짊어지고 나아갈 사람인 일본인을 문제 삼는 경향이 생겼다.

다시 서구에서는 볼 수 없는 일본인 특유의 미의식을 드러내어 논하려는 것이 시도되었다. 예컨대 철학자 구키 슈조(九鬼周造)의 『'이키(세련과 매력)'의 구조』(1930)가 대표적인 것이다. 또 일본의 풍토를 일본인의 국민성에 던져 주는 환경적 영향력으로, 세계 각국의 풍토와 비교해서 논한 철학자 와쓰지 데쓰로(和辻哲郎)의『풍토』(1935)가 큰 반향을 불러일으켰다. 이것은 쇼와 초년부터 왕성해지기 시작한 마르크스주의적인, 인류의 보편성을 전제로 한 국민성 무시에 대한 비판으로 쓰인 것이다. 와쓰지에 대해서는 마르크스주의적인 입장에서 도사카 준(戶坂潤)의 반비판(反批判)이 나왔다.

이와 같이 일본인론이 보수적인 입장과 비판적인 입장의 쌍방에서 제출된 것도 쇼와 10년대의 정치적 상황이 불러온 현상이다. 당시의 일본인론은 확실하게 세계 가운데의 일본이라는 관점에서 논해졌다. 그 가운데에서 중국인이 쓴 일본 문화와 일본인에 관한 비판적 고찰도 처음으로 발표되었다.

1. 일본 문화와 일본인

종래의 일본인론에서 별로 다루지 않았던 것은 일본 문화와 일본인과의 관계이다. 그것은 나날이 일본 문화 속에서 살아 온 일본인으로서는 새삼 일본 문화란 무엇인가를 묻는 일이 없었기 때문이다. 오늘날 '문화'라는 말은 널리 생활 양식을 의미하는 것이며, 가장 기본적으로는 우리들이 사용하는 국어나 일상 생활의 사는 방법, 일본인 특유의 사물에 대한 사고 방식 등은 국민성에 반영되는 문화의 문제이다. 여기에서는 그러한 넓은 의미에서 일본인의 문화가 국민성의 중요한 부분에 어떻게 나타나고 있는가에 관해서 고찰한 논고를 모으기로 한다. 우선 문화의 기반이 되는 언어에 관해서 다루겠다.

하가 야이치는 『국어와 국민성』[115]에서 일본어와 같이 우아하고 아름다운 언어를 쓰는 것은 일본인의 우아하고 아름다운 국민성에 유래한다고 한다. 그것이 문학이 되어 후세의 국민성에 영향을 미친다. 원래 국민성으로 사물을 아름답게 말하는 풍조가 있었기 때문에 경어도 자연스럽게 발달하고 사람을 매도(罵倒)하는 말이 아주 적다. 또한 일본인은 유장(悠長)한 면이 있는 동시에 기지(機知)를 좋아한다. 그렇기 때문에 서사(序詞 : 수사법〈修辭法〉의 하나, 와카〈和歌〉 등에서 어떤 말을 끌어내기 위해서 앞에 두는 말)나 침사(枕詞 : 와카 등에서 일정한 말의 위에 두어 수사나 어조를 조정하는 말)를 사용하여 관념의 전환을 즐긴다. 교카(狂歌 : 해학, 풍자를 주로 읊은 와카)나 패러디도 마찬가지다.

국어학자 야마타 요시오(山田孝雄)는 『국어와 국민성』[116]에서 이렇게 말한다. 국민성 연구에서 가장 손쉽게 구할 수 있고 중요한 자료는 국어와 국사와 고전이다. 밝고 아름다운 모음과 똑똑 잘 떨어지는 선명한 자음이 풍부한 국어를 쓰는 일본인은, 쾌활하고 감정적으로 풍요롭고 또한 침착하여 사고력이 풍부하다. 제일인칭의 주격을 말하지 않는 것은 몰아적 태도를 나타낸다. 경어의 발달은 예양(禮讓)을 존중하는 국민성의 표현이다. 국어 가운데 외래어가 40%나 있어서 외국어에 대한 심취 숭배를 일으키기 쉽다. 이것은

---

115) 芳賀矢一, 『國語と國民性』(富山房, 1928. 10)
116) 山田孝雄, 『國語と國民性』(日本文化 第14冊, 日本文化協會, 1938. 2)

국민적 치욕이지만 이익도 얻었다. 근저에 있는 국어의 본질이 변하지 않고 외래어를 흡수하여 어휘는 풍부해졌다는 것이다. 평범한 대중(衆人) 사이에서 무의식적으로 사용되는 언어의 내용 중에 의외로 훌륭하게 국민성을 나타내는 것이 있다. 최초의 신 '아메노미나카누시노미코도'(天御中主神)의 어명(御名)의 주요한 글자가 중(中)으로, 극단적인 것을 좋아하지 않는 일본인의 사상의 중핵이라고 했다.

다시 다니자키 준이치로(谷崎潤一郎)는 『문장독본』[117]에서 국어와 국민성은 끊을래야 끊을 수 없는 관계에 있으므로 국민성을 바꾸지 않고 국어만을 개량하려고 해도 무리라고 한다. 일본어의 어휘가 빈약한 것은 국민성이 지껄이기를 좋아하지 않는다는 증거다. 그러나 자기 자신을 낮추고 다른 사람을 공경하는 말의 씀씀이는 실로 풍부하고 복잡하게 발달되어 있다. 일본인만큼 예절을 중시하는 국민은 없고 따라서 국어도 그 국민성을 반영하고 그것과 단단하게 결합된 것이라고 했다.

다음으로 국어와 마찬가지로 국민성과 밀접한 관계가 있는 종교의 문제를 다룬 몇 개의 논저를 보기로 한다.

불교 사상사에 나타난 일본인의 종교 의식을 논한 것은 역사학자 이에나가 사부로(家永三郎)의 『일본 사상사에서 부정의 논리 발

---

117) 谷崎潤一郎, 『文章讀本』(中央公論社 1934. 11, 뒤에 『谷崎潤一郎全集』第21卷, 中央公論社, 1958. 7)

달』[118]이다. 그에 따르면 태고인의 연속적 세계관에서는 일체의 세계가 이 국토의 연장이며, 긍정적 인생관으로부터 '정징'(淨澄)을 좋아했을 뿐 아니라 그것을 세계의 본질로 보았다. 그러나 가마쿠라(鎌倉) 신불교는 인생의 부정적인 측면에서 도피하지 않고 직면해 나갔다. 귀족을 중심으로 하는 사회적 전락은 모든 사람들에게 인간의 무력, 무가치를 통감시켰다고 한다.

또한 이에나가는 『일본 사상사에서 종교적 자연관의 전개』[119]에서 자연이 인간의 정신 생활에 깊은 영향을 미치는 것이 의식되기 시작한 것은, 상고 이후, 즉 아스카 네이라쿠(飛鳥寧樂) 시대에 들어와서부터였다고 한다. 그 시대에 발전 · 전진하는 국가 생활을 배경으로 국민 정신은 전체로서 밝고 낙천적이 되었다. 중세 귀족의 전락이 자연의 청정에 대한 동경을 낳고 그 입장이 근대의 소세키(漱石)에게까지 이어지고 있다. 이와 같이 자연이 가진 매력의 절대성이 모든 것(一切)을 결정했다. 자연의 구원(救援)은 일본적이며 깊은 경지에 달한 자연의 동경은 종교라고 할 만한 성질을 띠어 왔다고 말한다.

일찍이 일본인 우수설의 일부분으로 일본적 미의 전통이 다루어진 일이 있지만, 쇼와 초두부터 그것을 세계 문화 가운데에 자리매김하고 높이 평가하려는 시도가 나타났다. 거기에서는 다양한

---

118) 家永三郎, 『日本思想史に於ける否定の論理の發達』(弘文堂書房, 1940. 11)

119) 家永三郎, 『日本思想史に於ける宗敎的自然觀の展開』(創元社, 1944. 2)

장르에서 주로 전통 예술에 반영된 일본인의 미의식을 논하였다.

실업가 후쿠이 기쿠사부로(福井菊三郎)는 『일본 도자기와 그 국민성』[120]에서 외래 문화를 동화시켜 이 나라 특유의 도자기를 만들었는데 이것은 국민성의 '지'(智)를 표명하는 것이라고 했다. 도공이 중국에 도항한 것은 국민성의 '용'(勇) 을 나타내고 명공의 가계가 길게 이어진 것은 부조(父祖)에 효순했기 때문이다. 다시 일본인은 향상심·연구심이 강하고 두뇌와 손끝이 잘 발달한 국민이기 때문에 세계에 유례없이 훌륭한 도자기가 반드시 만들어진다고 했다. 미술평론가로 일본미술원 창립자인 오카쿠라 가쿠조(岡倉覺三, 天心 : 덴신)는 『차의 책(The Book of Tea, 1906)』[121]에서 다도(茶道)의 요의(要義)는 '불완전한 것'을 숭배하는 것이라고 한다. 인생이라는 이 불가해한 것 가운데서 무엇인가 가능한 것을 성취하려는 손쉬운 기도(企圖)가 다도이다. 무엇인가를 표현하지 않은 채 두고보는 이에게 그 공백을 상상으로 완성시킨다. 그와 같은 '불완전 숭배'에 바친 예술의 한 예가 '스키야'(數奇屋 : 다실)이다. 진정한 미(美)는 '불완전'을 마음속에서 완성하는 사람에 의해서만 발견된다. 다실에서는 마음속에서 완전한 효과를 이루는 것이 손님에게 맡겨져 있다. 차의 종장(宗匠)이 일상 생활에 미친 영향으로는 배선법(配膳法 : 요리를 배열하는 법), 맛있는 요리, 침착한 색조(色調), 간소(簡素)함을 좋아하는 것 등 독특한 미의식이다.

---

120) 福井菊三郎, 『日本陶磁器と其國民性』(發行者 大橋光吉, 1927. 2)
121) 岡倉覺三, 『茶の本』(村岡博 譯, 岩波書店, 1929. 3)

또한 일본인의 독특한 미적 감각인 '이키'(세련되고 매력이 있음)에 대해서 연원적(淵源的) 이론을 제출한 것은 구키 슈조(九鬼周造)의 『'이키'의 구조』[122]이다. 구키는 '이키'를 첫째, '미태'(媚態), '우아함' '애교스러움' 등을 의미한다고 보았다. 둘째, '이키'(意氣 : 용기, 의지) '이키치'(意氣地 : 고집), '이나세'(결기가 있음) '이사미'(용기) '전법'(傳法 : 교법을 가르쳐 전함) 등의 기질을 가리키고 셋째, '체념', 즉 집착을 이탈한 무관심, '산뜻함', '상쾌함', '맑고 깨끗한 마음가짐'을 말한다. '이키'는 '뗏물 벗음(諦), 고집이 있는(意氣地), 색기 있음(媚態)'으로 정의되고 '야마토 민족의 특수한 존재 양태의 현저한 자기 표명의 하나'라고 했다. 이 소론(所論)의 정밀성은 높이 평가할 수 있지만 근본적인 비판을 가한다면 저자가 '이키'의 이상형으로 삼은 에도 말기의 후카가와(深川) 게이샤(藝者 : 기생)의 특질을 '야마토 민족'의 독특한 삶의 방식의 하나로까지 확대하여 일반화시켰다는 사실이다.

이듬해에 철학자 아베 지로(阿部次郞)는 『'도쿠가와' 시대의 예술과 사회』[123]에서 에도 시대의 음악이나 우키요에(浮世繪 : 세태풍속화) 등을 예로 들어 일본인의 미의식에 대해서 논하고 있다. 그것들은 에도 중기 이후에 나타난 '평민 예술'이며 메이지 · 다이쇼의 문화를 이어받아 우리들이 그것들에서 벗어났다고 생각해도 아직 무의식 깊은 곳에서 생활을 지배하고 있는 문화적 세력이다. 아

---

122) 九鬼周造, 『'いき'の構造』(岩波書店, 1930. 11)
123) 阿部次郞, 『德川時代の藝術と 社會』(改造社, 1931. 6)

베는 에도 시대의 미의식 가운데 잠재하는 보편적 인간성과 민족적인 창조성을 발견해 내었지만 그 점에서는 구키(九鬼)와 마찬가지로 어떤 한 시기의 문화를 일반화하는 잘못을 범하고 있다.

이 시기에는 일본 문화를 세계 문화 가운데 자리매김하려는 경향이 보인다. 일본인의 미의식이 반영되었다고 생각되는 일본 미술을 비롯하여 전통 문화를 세계적인 입장에서 재평가하는 노력이 시도되었다. 예술의 장르 가운데에서도 조형 등은 특징이 논해졌지만 보다 널리 일본인의 일상 생활과 예술의 관계를 다룬 것은 작가 다니자키 준이치로다.

다니자키는 「음예(그림자) 예찬」[124]에서 다음과 같이 말한다. 일본의 음악은 '조심스럽고', '기분 본위'이기 때문에 레코드나 확성기로 크게 해서는 매력이 없어진다. 화술에도 소리가 적고 말수도 적은 데다가 무엇보다도 '마'(間 : 간격과 박자)가 중요하여 기계에 걸면 마가 완전히 죽어 버린다. 일본인은 번쩍 번쩍 빛나는 것을 보면 마음이 차분해지지 않는다. 일본에서 유리산업이 발달하지 않고 도기가 발달한 것은 일본인의 국민성과 관계가 있음에 틀림없다. 즉, "얇고 투명한 것보다도 가라앉아 그림자가 있는 것을 좋아한다." '긴마키에'(金蒔繪 : 금, 은가루를 칠기의 표면에 뿌려 그린 그림이나 공예품)는 어두운 곳에서 여러 가지 부분이 때때로 조금

---

124) 谷崎潤一郎, 「陰翳禮讚」(『經濟往來』, 1933. 12~34. 1, 뒤에 『谷崎潤一郎全集第二二卷』, 中央公論社, 1959. 4)

씩 바닥부터 빛나는 것을 볼 수가 있으므로 '여정'(餘情)이 생겨난다. 일본인도 밝은 방을 편리하게 여겼겠지만 아름다움은 생활의 실제로부터 발달하기 때문에 어두운 방에서 살고 있던 선조가 "언제인가 그림자(음예) 가운데서 미를 발견하고 드디어 미의 목적에 맞도록 음예를 이용하기에 이르렀다." 예컨대 '일본 거실의 미는 순전히 음예의 농담(濃淡)'에서 생겨나고 서양인이 말하는 '동양의 신비'는 '어두움이 갖는 무기미(無氣味)한 고요함'을 가리키는 것일 게다. 또한 복식(服飾)에 관해서도 일본인의 피부에는 노 의상(能衣裳 : 일본 고유의 가면 음악극 의상)이 제일 잘 어울린다. 요컨대 미는 물체에 있는 것이 아니라 물체와 물체가 만들어 내는 음예의 무늬·명암에 있다. 거기에서 밝음을 구하는 '진취적인 서양인'과 일본인의 '기질적 차이'가 있다. 결론으로 다니자키는 "일본이 서양 문화의 선을 따라 걷기 시작했다"고 하더라도 "피부 빛깔이 달라지지 않는 한 우리들에게만 과해진 손해는 영구히 짊어지고 가야 하는 것으로 각오하지 않으면 안 된다"고 말했다. 다니자키가 고찰한 일본인의 미의식은 그의 개인적인 기호에 좌우되는 면도 있지만 국민성이나 기질의 어떤 면을 날카롭게 지적했다고 할 수 있을 것이다.

시인 다케우치 가쓰타로(竹內勝太郞)는 「일본의 시와 음수율(音數律)의 문제」[125]에서 "일본 민족은 홀수를 사랑했다(그리고 수는 모든 생활의 기초다!)"라고 했다. 홀수, 즉 나눠지지 않는 수를 사랑하

---

125) 竹內勝太郞, 「日本の詩と音數律の問題」(『藝術民俗學硏究』 立命館出版部, 1934. 9, 뒤에 增補版 福村書店, 1949. 6)

는 것은 유한한 현실을 사랑하는 마음이며 짝수, 즉 나누어지는 수를 사랑하는 것은 무한한 불가지(不可知)의 세계를 사랑하는 마음이다. 짝수는 결국 발자취로 아무것도 남기지 않고 무로 돌아간다. 홀수는 반드시 거기에 어떤 수를 남긴다. 그것은 존재의 극한이며 현실의 세계다. 고지키(古事記)의 낙책이신(諾冊二神)이 '이뤄지고 이뤄지고 이뤄지고도 남는 곳'은 홀수가 나눠지지 못하고 남는 부분이요, '이뤄지고 이뤄지고 이뤄 합치지 못하는 곳'은 짝수가 나눠져서 아무것도 남지 않는 부분이다. 낙신(諾神)은 생식의 신, 현실의 신이며 책신(冊神)은 죽음의 신, 절대 불가지의 신이다. 비(妣)의 나라는 영원의 이상향, 그리움의 고향이며 또한 암흑과 죽음의 나라이기도 했다. 일본 민족이 생각해 낸 최대수는 팔(八)로서 다(多)와 동의어이다. 오(五)와 칠(七)이 장단완급(長短緩急), 강약명암(强弱明暗), 고저광협(高低廣狹)을 나타낸다. 신화를 만든 성직자가 최후에 도달한 것은 이 칠오조(七五調)의 음률이었다. 우타가키(歌垣 : 옛날, 남녀가 모여 서로 노래를 주고받으며 춤을 추었던 행사) 가탁(歌擢) 등의 경우에 노래하는 응답가 등은 즉흥적인 것은 아니라 민족적 시인이 이미 만들어 놓은 것임에 틀림없다. 그것은 민족 전체에 공통적인 감정 생활의 표현일 것이다. 감정 생활의 독립과 함께 칠오조적인 음률수가 점차 확립되었다는 것이 다케우치의 설이다.

서가(書家) 가인(歌人) 오노에 하치로(尾上八郎, 柴舟〈사이슈〉)는 『일본 서도와 일본 정신』[126]에서 다음과 같이 말한다. 서도의 해서

---

126) 尾上八郎, 『日本書道と日本精神』(文部省教學局, 1940. 9)

체(楷書體)는 모난 꼴이며 행(行)과 초(草)의 두 체는 둥근 꼴이 주가 되며 후자를 왕성히 쓰는 것은 일본인의 취미·기호가 모난 꼴이 아니라 둥근 꼴이라는 것을 나타낸다. 모난 꼴은 단엄(端嚴)·정제(整齊)·위압, 둥근 꼴은 친숙·친화·우미·우아를 느끼게 한다. 또 가나(假名)는 한 자 한 음을 표시하여 고립적이었던 것이 연속하여 읽는 습관이 생겨나서 각 글자를 떨어지지 않게 쓰는 경향이 생겼다. 제각각 말의 의미가 마무리되는 곳에서 끊기 때문에 스스로 연속적이면서 더욱이 집단적이 된다. 적당히 집단적으로 되어 있는 것은 단란(團欒) 친화의 표현으로 융합·조화의 극치이다.

불교학자 다카쿠스 준지로(高楠順次郎)는 강연『외국 문화의 이입과 그 발전』[127]에서 일본은 의식주로부터 일반의 취미에 이르기까지 자연미를 집어넣는 경향이 있다고 했다. 의복이 일반적으로 다색주의(多色主義)인 것은 자연의 색으로 치장하고자 하기 때문이다. 자연의 위대성을 가는 축(細軸)에 수렴하여 작은 도코노마(床の間 : 방바닥을 한 층 높이고 그림, 꽃꽂이 등을 걸거나 놓는 곳. 보통 객실에다 만듬)에 걸고 그 앞의 화병에 자연의 꽃으로 장식한다. 빗소리에도 사물에 대한 연민을 느끼며 봄비, 여름 장마, 가을비, 소나기 소리를 듣고 구별할 줄 아는 민족은 일본인뿐이다. 도(道)의 일본은 이(理)의 서양에, 의리의 일본이 공리의 서양에 대립한다고 했다.

마지막으로 대전(大戰)중임에도 불구하고 당시의 군국주의적 풍

---

127) 高楠順次郎, 『外國文化の移入と其の發展』(啓明會事務所, 1940. 10)

조에 조금도 영합하지 않고 냉정하게 국민성 가운데 미적인 감성의 일면에 대해서 구체적인 예를 들어가면서 고찰한 대저(大著)를 특기해 둔다.

미술사학자 야시로 유키오(矢代幸雄)는 『일본 미술의 특질』[128]에서 일본의 '국민 성격'으로서 예술적, 감수적, 주관적이라는 세 가지 특징을 들었다. '예술적 성격'은 감각이 예민하고 정서가 풍부한 감격성이 풍부하고, 객관적으로 냉정하게 이치를 따지는 예술이 아니라, 다분히 천재적인 감격과 영탄이 풍부한 정감적 예술이 주류가 된다. '감수적 성격'은 사물에 대해 쉽게 감격하거나 감상에 젖으며 외래 문화에 솔직하게 감탄하고 환영하여 열심히 받아들이는 '놀랄 만한 모방자'를 낳았다. 한편으로 자기를 잃지 않는 주관성을 보존하면서도 자주적 선택은 표면에 나타나지 않고 저변을 흐르지만 실제는 극히 제멋대로의 방법으로 받아들이고 있다. 이것은 국민 성격으로 가장 묘미 있는 하나의 특색이다. '주관적 성격'은 고유의 국민성을 완강히 지켜 나가고 풍토 · 습속 · 물산이 전혀 다른 토지에 이주하더라도 조국의 생활 양식을 버리지 못하고 될 수 있는 한 계속 지켜 나간다. 그 나라의 습속에 동화가 안 되기 때문에 이민이나 척식의 문제로 언제나 곤란이 생긴다. 선의로 자기도 모르는 사이에 자기 방식대로 밀어붙일 우려도 가끔 나타난다. 타국의 예술을 받아들이는 경우에도 그 본원(本源)의 특색마저도 무시하고 일본적으로 억지로 고쳐 버리기 때문에 본원에

---

128) 矢代幸雄, 『日本美術の特質』(岩波書店, 1943. 3)

대해서 몰이해에 빠지는 것을 반성할 여지도 있다. 다만 호류지(法隆寺)와 같이 대륙 건축의 가장 근본적 원칙인 엄격한 좌우대칭형을 폐하고 오른쪽에 금당(金堂), 왼쪽에 탑을 배치한 기발하고도 불균형이 잡히지 않은 건축물을 이뤄 놓은 것도 있는데, 이것은 불규칙적이며 여운이 있는 배열을 좋아하는 일본적인 변형이다. 현대의 서양 미술을 섭취하는 경우에도 일본에 결핍된 것을 충분히 흡수하여 신시대로 나아가려고 하는 우리 국민의 본능적인 움직임이요, 그것은 '문화적 식욕의 왕성함'에서 유래한다.

브루노 타우트는 유명한 독일의 건축가로 1933~36년까지 일본에 체재하고 건축뿐 아니라 일본 문화 전체에 관해서 여러 권의 저서가 있다. 그중 하나인 『일본 문화사관』(日本文化私觀, 원명 『유럽인의 눈으로 본 일본의 예술』)[129]에서 다음과 같이 고찰하였다. 일본인의 사유·감정에 보이는 모순은, 철도·자동차 등 시대에 앞선 것과, 그것들과 대조적인 도회나 도로 등에서 보이는 모순이 반영된 것이다. 물질면에서 나타나는 모순은 우수한 일본인의 두뇌에 균열이 존재한다는 것을 나타낸다. 신도(神道)는 천황을 중심으로 하는 조상 숭배 관념에 기하지만, 외래의 종교까지도 신도를 발생시킨 낙천적 소질과 사회관에 의해서 일본화되었다. 무수한 신화나 전설은 일본인의 핏속에 스며들어 있다. 일본인은 즉흥을 사랑하고 엄격한 형식의 존중과는 대조적인 회화(繪畵)나 와카(和歌)를 만들 수 있다. 건축에서도 기둥을 짜 맞춘 것에 지나지 않는 일본

---

129) Bruno Taut, 『日本文化私觀』(森儁郎 譯, 明治書房, 1936. 10)

가옥에 무한한 변화가 있다. 종교에 관해서 말하자면 참배(參詣) · 호부(護符) · 신탁(神託)은 신경을 편안하게 한다는 점에서 정신과 의사 · 정신분석학자가 응용하는 방법과 같다. 다른 종교를 배척하는 편협성도 없고 열광적인 신앙도 없다. 누구나가 제각기 자기 식으로 신의 은총에 고마움을 칭송한다. 구화(歐化) 사상이나 아메리카니즘은 일본의 전통적인 여러 형식에 비하면 순수하게 무형식이다. 이와 같은 타우트의 일본인론도 신도와 조상 숭배를 전통으로 하는 점에서 특히 독창적인 논(論)이라고 할 수는 없다.

2. 풍토와 국민성

메이지 초에 쓰인 시가(志賀)의 『일본 풍경론』과 그것에 대한 우치무라(內村)의 비판 이래, 이른바 '섬나라 근성론'으로 지리적인 조건과 국민성의 관계에 대해서 다룬 저서나 논문은 많다. 그러나 지형뿐만 아니라 기후나 자연환경 등의 조건도 고려하여 위 세계 각지의 풍토와 비교해서 일본의 풍토와 국민성의 특징을 파악하려고 했던 것은 와쓰지 데쓰로의 『풍토—인간학적 고찰』[130]이다. 이 책은 전후 왕성해진 생태학적 일본인론의 선구라고 말할 수 있다.

와쓰지의 『풍토』는 당시의 사회적 조건 때문에 쓰였다는 것이 확실하다. 그것은 마르크스주의에 대한 비판의 의미를 함축한 일본인론이었다. 와쓰지는 일본 민족의 특질이 풍토에 의해 규정되

---

130) 和辻哲郎, 『風土—人間學的 考察』(岩波書店, 1935. 9)

고, 마르크스주의와 같은 서양 사상을 그대로 받아들이는 것은 아니라고 생각했다. 그의 말에 의하면 『풍토』는 "쇼와 4년 좌경 사상이 유행할 무렵에 쓰였다." 빵이나 소시지를 먹는 서양의 프롤레타리아와 쌀을 주식으로 하는 일본의 가난한 노동자와는 다르다. 그러한 일본인의 국민성을 고려하지 않는 추상적인 마르크스주의는 그대로 일본에는 적응되지 않는다고 한 것이다.

『풍토』는 하가 야이치의 『국민성 10론』이 자연과 일본인의 관계를 다만 고래로부터 고정된 것이라고 생각하는 데 비해, 자연적인 면뿐만 아니라 역사적인 면도 있는 것, 나아가 여러 외국과 풍토의 비교 연구를 통해 처음으로 일본인과 풍토의 문제도 해명된다고 했다. "역사는 풍토적 역사이며 풍토는 역사적 풍토이다."

와쓰지는 지구상의 풍토적 역사적 유형으로서 몬순(계절풍), 사막, 목장 등 세 가지를 생각했다. 몬순형, 이것은 여름철 몬순이 불어 오는 동아시아 연안 여러 나라의 풍토로서 '서열(暑熱)과 습기의 결합'이 특수한 풍토를 낳았다고 한다.

사막형은 와쓰지에 의하면 '생물이 없는 것, 생기가 없는 것, 거친 것' 다시 말하자면 그 본질은 건조한 것이며 인간은 준엄한 자연에 대항할 뿐 아니라 생존경쟁을 위한 싸움이 계속된다.

목장형은 주로 유럽의 초원으로 잡초와 싸움이 필요하지 않다. 자연이 인간에게 순종하기 때문에 자연 가운데서 법칙성을 발견할 수가 있고 거기에서 자연과학이 발달했다.

일본인에 관해서 와쓰지는 그 국민성을 '몬순적 풍토의 특수 형태'의 산물이라고 생각했다. 일본인은 기본적으로 몬순형의 풍토에 적응하는 '수용적·인종적(忍從的)'인 국민이다. 큰 비와 큰 눈을 특징으로 하는 '열대적·한대적', 태풍의 '계절적·돌발적'이라고 하는 풍토의 이중 성격이 일본인의 생활을 이중 성격적으로 만들고 있다.

몬순적 수용성은 열대적이고도 한대적인 이중성을 가지는 특수 형태를 취한다. '박자가 빠른 변덕'이 요구되고 대륙적인 침착성을 갖지 못하고 활발 민감하기 때문에 지치기 쉽고 지구성이 없다. 또한 태풍과 같은 돌발적인 맹렬성에 대응해서 일시적인 감정의 고양을 존중하지만 치근치근함을 싫어한다. 이런 의미로 황급히 활짝 피어나지만 조용히 담담하게 떨어져 가는 벚꽃이 일본적인 기질을 상징한다.

다음으로 몬순적 인종성(忍從性)도 열대적 한대적인 이중성을 가진다. 그것은 열대적인 비전투적인 체념도 아니려니와 한대적인 끈질기고 강한 참을성도 아니다. "전투적 반항적인 기분에 젖어 있으면서도 지구적(持久的)이 아닌 체념에 도달한 것이다. 일본인의 특수한 현상으로서 야케(자포자기)는 위와 같은 인종성을 명백히 나타내고 있다." 또 인종성도 계절적·돌발적이다. "돌연히 인종으로 전회하는 것, 다시 말하면 결단성이 좋은 것, 담박하게 잊어버리는 것은 일본인의 미덕"으로 인식되고 이 경우에도 "벚꽃으로 상징되는 일본인의 기질은 반쯤은 위와 같은 돌발적 인종성에 바탕을 두고 있다." 와쓰지는 결론으로 '일본의 국민적 성격'은 '조용한 격정, 전투적인 조용함과 담담함'이라고 한다.

다음으로 와쓰지는 위와 같은 국민적 성격을 역사적으로 고찰하고 있다. 부부 관계 · 친자 관계 등에서 형성되는 가족이라는 '공동체'가 위에서 결론지은 국민적 성격의 특질을 이룬다고 생각하고, 일본적인 '친한 관계'(間柄)의 특수성이 '이에'(家)를 발달시켰다고 말한다. 그 논리를 연장시켜 조상 숭배, 충효일치, 존황심(尊皇心)에 근거를 제공했다. 그리하여 이 존황심이 '메이지 유신의 원동력'이 되었다고 생각한다. 여기에서 와쓰지의 풍토론은 결국 반마르크스주의의 입장에서 출발하여 메이지 이래 일본인론에서 자주 강조된 황실 중심주의의 주장과 연결된다.

또한 와쓰지는 『풍토』간행 이후 십여 년이 지나서 『윤리학 하(下)』[131]의 제4장 '인간 존재의 역사적 풍토적 구조'에서 몬순, 사막, 목장의 세 유형에다 다시 미국, 스텝 지대의 두 유형을 덧붙여 풍토론을 다시 전개하고 있다. 그러나 추가한 두 유형은 뒤에 와서 억지로 붙인 것이라는 느낌을 지우기 어렵다.

와쓰지의 『풍토』에 대해서 마르크스주의의 입장에서 비판한 것은 철학자 도사카 준(戶坂潤)의 「와쓰지 박사 · 풍토 · 일본」[132]이다.

그는 와쓰지의 "모던 철학은 유럽적 카테고리와 야마토다마시적 국수 철학의 카테고리가 서로 얽힌 것으로 결국에는 일본주의 이데올로기의 가장 하이칼라한 형태"라는 근본적 비판에서 출발하여, 이 책은 "와쓰지 사상에서 또한 현대 일본 지배자의 문화이

---

131) 和辻哲郞, 『倫理學 下』(岩波書店 1945. 5)
132) 戶坂潤, 『和辻博士 · 風土 · 日本』(『世界の一環としての日本』, 白揚社, 1937. 4)

론에서" 중대한 의의가 있다고 말한다. 와쓰지가 "태풍이 계절적이면서 돌발적이라는 이중 성격은 바로 인간의 생활 자체가 이중적이라는 것이다"라고 한 데 대해 도사카(戶坂)는 그렇다면 "기상학적 이중성은 바로 일본인의 인간적 이중성"이 되어 "인간적 풍토론에서 출발한다면 태풍이라는 자연 현상은 인간 존재의 구조 안에서 불어치지 않으면 안 된다"고 비판했다.

와쓰지의 풍토론보다 한층 보수적인 입장에서 문학적 풍토론을 설파한 것은 국문학자 히사마쓰 센이치(久松潛一)의 『우리 풍토 국민성과 문학』[133]으로 이것은 '국체의 본의해설총서(本義解說叢書)' 중 한 권이다. 지형이라는 측면에서 살펴본다면 일본 문학은 산의 문학과 물의 문학으로 나뉜다. '하반(河畔) 문학, 호반(湖畔) 문학, 해변 문학'이 '산간(山間) 문학'과 대립하고, 중세 문학으로부터 근세 문학으로의 과정은 산의 문학에서 물의 문학으로 변화되는 과정인 것이다. 메이지 이후의 문학은 해변 문학이든가 해양 문학이다. 일본인은 풍부한 내용을 가능한 한 적은 말수로 표현하고, 여정(餘情)이 말 밖에서 감도는 표현을 좋아한다. 고대의 일본 문학은 주정적(主情的)으로서 이(理)를 물리쳤지만 차츰 정과 이의 조화를 존중하게 되었다. 인정이 정과 이의 서로 결부된 경지인 것과 마찬가지로 의리는 이에 정이 결부된 경지로 의리에는 인간적인 사랑과 눈물이 있다. 의리는 큰 인정이며 정리(情理)가 갖춰지는

---

133) 久松潛一, 『我が風土・國民性と文學』(文部省教學史 1938. 3)

곳에 일본 문학의 특질이 있다. 그것이 '마코토'(誠 : 진실)이다. '마코토'는 신황(神皇)의 도를 나타내고, 경신(敬神) · 충군 · 애국의 정신이 국민성의 기초가 되어 있다고 했다.

또 독자적 정신분석학의 각도에서 일본인의 우수성을 '과학적으로 논증' 한 것은 오쓰키 겐지(大槻憲二)의 『과학적 황도세계관』(科學的皇道世界觀)[134]이다. 저자에 따르면 내륙 및 남방의 여러 민족은 일본의 국토를 동경하여 이주해 왔기 때문에 일본 민족은 좋은 의미에서 혼혈 민족이다. 적도 부근의 주민은 삶의 본능이 강하고, 양극에 가까운 국민은 죽음의 본능이 강하다. 일본의 국토는 중간인 온대에 속하므로 생사 두 가지 본능의 조화가 용이하기 때문에 그 주민인 일본인은 우수할 터이다. 명상 · 사변 · 지성적 인간임과 동시에 관능 · 실행의 인간이 된다. 그러나 우수하지 않아야 할 터인 민족이 낳은 문명에 지도 · 영향을 받아 온 것은 일본인이 지나치게 행복했기 때문이다. 요즘 듣게 되는 '자민족 찬미론이나 우수설'의 많은 부분이 '철학적 독단론'이며 무의식적 열등감을 억지로 비틀고 구부려서 의식적 우월감으로 대치하고, 우월성에 관해서 너무 지껄이는 것은 오히려 열등감의 표현이다. 대동아 신질서 건설의 이데올로기적 근거는 일본 민족이 우월하다는 신념에 있는 것이 아니라 도의에 입각한 것이라는 신념에 있다. 히틀러는 『나의 투쟁』에서 민족을 '문화창조적 민족' 과 '문화보존적 민족' 으로 나누고 전자에 독일 민족, 후자에 일본 민족을 대표로 들

---

134) 大槻憲二, 『科學的皇道世界觀』(東京精神分析學研究所, 1943. 3)

었다. 이것은 오쓰키(大槻)에 의하면 '관념론적인 비과학적인 사고방식'이다. 전시중에 이와 같은 히틀러의 말을 비판한 것은 다음 절에서 다룰 비판적 일본인론에 접근한 의견으로서 주목할 가치가 있다.

3. 비판적 일본인론

일본의 정치 정세는 1928(쇼와 3)년에 치안유지법의 개정이 이뤄지고 특고경찰(特高警察)이 발족하는 등 사회 비판의 자유를 급속히 박탈당하게 된다. 드디어 1936(쇼와 11)년 2·26사건이 상징하듯 본격적인 파시즘의 시대로 들어간다. 문화적인 면에서도 '일본주의라는' 이름 아래 중일전쟁을 정당화하고 동남아시아의 여러 나라에 대한 침략을 합리화하기 위한 이데올로기를 선전했다. 이와 같은 시대에 들어서도 나라의 안팎에서 객관적으로 고찰한 일본인론이 소수이긴 하지만 발표되었다. 국외의 비판으로 중국인이 쓴 일본 문화·일본인을 논한 저서와 국내에서도 비판적인 입장에서 쓴 논저를 몇 편 다루어 보기로 하자.

우선 국외에서 일본인을 비판한 대표적 저서는, 일본에 일찍이 유학한 일이 있는 저널리스트 재계도(載季陶)의 『일본론』[135]이다.

---

135) 載季陶, 『日本論』(上海民智書局版, 1928, 뒤에 邦譯版 市川宏 譯, 社會思想史, 1983. 2)

그는 국민당 우파에 속하고 국민당의 지도자 손문의 비서·통역으로 일본을 방문하여 많은 일본인과 교류하고 일본의 문화와 일본인을 관찰한 결과를 저서에서 정리했다. 저자는 일본에 관해서 객관적인 입장을 취해 일본의 국체를 '만세일계, 천양무궁'(萬世一系, 天壤無窮)이라는 신권(神權)의 미신이나, 발생적으로는 '노도'(奴道)에 지나지 않는 '무사도'를 비판했다. 그러나 뒤에 그것이 도덕적, 종교적인 의미를 가지게 되고, 거기에 유신혁명의 정신이 덧붙여지고 유럽 사상을 받아들여 발전해 온 사실에 주목한다. 일본 민족의 장점으로 세계의 문명을 흡수하며 동시에 자기를 보존하는 능력, 자기의 발전 능력을 겸비한 점을 강조했다. 동시에 일본인의 단점을 다음과 같이 지적했다. 일본인은 틀이 작아 섬나라 근성을 가지고 또한 구미 숭배·중국 모멸의 경향이 있다. 일본인의 자부심과 향상심은 높이 평가하지만 '일본 몰입'(원어는 日本迷)도 앞으로는 통용되지 않게 될 것이다.

다음으로 예술에 관해서는 전투적 정신에 우미정적(優美靜寂)한 심경과 정교세치(精巧細緻)한 형식이 결합하여 미의식은 유아(幽雅)·정치(精緻) 풍부하지만 위대·숭고는 결핍되었다고 했다. 또한 도덕 의식에 대해서 평화와 상호 협조의 습성이 널리 퍼져 있으나 이것은 중국 문화와 불교 문화 보급 발전의 결과이다. 그러나 관동대지진 이후 이와 같은 장점을 잃어버리고 그 후의 타락은 눈에 넘칠 정도다. 자신감은 감소하고 미신은 증가했다. 어느 계급도 모두 다 타산적인 상업 심리, '조닌 근성'(町人根性 : 장사치 근성)에 지배당하고 있다. 생활고가 극도에 달해 사회 전체의 혁명을 두려워하는 분위기가 넘친다.

메이지 이래 중국인을 깔보았던 일본인에 대해서 이 시대에 중국인이 분명하게 일본인의 결점을 지적한 것은 획기적인 시도로서 특기할 만하다.

중국인의 객관적인 일본인론에 대해, 파시즘의 입장에서 일본인 예찬설이 왕성해지기 시작한 시기에, 일본인의 방관적 태도를 날카롭게 지적한 것은 무뢰파(無賴派)의 작가 사카구치 안고(坂口安吾)이다. 그는 「고담(枯淡)의 풍격을 배(排)함」[136]에서 전적으로 도피적인 태도를 취하는 일본인은 엄격한 자기비판을 회피함으로써 '인간이 되었다' 든가 '인생의 깊은 곳에 투철하다' 는 말을 듣는다. 그러나 실제는 상대적인 공리적 계산에 기해서 타인에게 용서받기 위해서 타인을 용서하는 도덕률이 통용된다고 비판했다. 일본 문학의 전통적 기풍에서는 적당한 시기를 보아 물러나는 용기 있는 마음가짐을 이상으로 여긴다. 즉, "나이를 먹으면 사물에 대한 이해가 쉬워지므로 갑자기 타인의 일을 생각하고 욕심이 없어진다는 식으로 결론짓는 것은 신용할 수 없다." "사회 조직의 변혁이라 하더라도 철저한 이기주의를 토대로 한 것이 아닌 이상 결국은 적당한 선에서 끝나고 있다."

위와 같이 사카구치는 국가주의 · 군국주의가 국민에게 '멸사봉공' 의 일본 정신을 왕성하게 호소하기 시작한 1935(쇼와 10)년이라

---

136) 坂口安吾, 「枯淡の風格を排す」(『作品』, 1935. 5), 「日本人に就て」(『作品』, 1935. 7), 「日本文化私觀」(『現代文學』, 1942. 3), 어느것이나 뒤에 『日本論』(河出書房新社, 1987. 4) 所收

는 시점에서 거기에 반항하는 이기주의(egoism)를 주장했다. 그것은 순수한 작가 정신의 발현이요 독특한 일본인론의 하나로서도 주목할 가치가 있다. 그의 입장은 다음의 문장에서 한층 더 분명한 표현을 쓰고 있다.

「일본인에 관해서」에서 "일본인은 종교심을 갖지 않는 대신에 가벼운 체념과 별로 줄기가 확실하지 않은 애타심을 가져왔습니다"라고 말하면서 정열의 추구를 억제하고 체념하는 데에 익숙해지고 타인에게 폐 끼치는 것을 너무 마음에 두는 경향이 있다고 했다. 언제나 "내향적 생활 가운데에 웅크리고 있는 일본인에게는, 서양인이 이성(異性)의 살결을 직접 손으로 만져 보고 느낄 수 있을 욕정을, 눈으로 한 번 보는 것만으로 느껴 버리게끔 훈련되어 있는 경향도 있다." "과잉된 자의식은 그 자체가 아무래도 발전성이 없는 대신 한 번 비약이 주어지면 모든 가능의 피안으로 날아갈 수가 있습니다." 예컨대 "자기비하가 한순간에 돈키호테의 꿈"이 된다. "일본인의 정신 생활을 성생활로 비유한다면 순전히 오나니즘적인 것은 아닐까요? 성적인 의미뿐만 아니라 일본인의 소설을 읽고 있노라면 느끼게 되는 미(美)의 많은 부분이 오나니즘적인 경향을 다분히 가지고 있다"고 하여 "종래의 가장 일본적인 고담(枯淡)의 풍속 따위나 사비(寂 : 오래 되어서 아취가 있는 것, 한적함, 쓸쓸함) 따위에는 완전히 절망"하고 거기에 "격렬한 반감"을 가진다고 결론 맺었다.

마찬가지로 사카구치는 「일본문화사관」(日本文化私觀)에서 이렇게 말한다.

"우리들의 조상은 대단히 복수심이 강했는데도 현대 일본인은 세계에서 아마도 가장 증오심이 적은 국민 중 하나일 것이다. '어제의 적은 오늘의 친구'라는 안일함이 오히려 일본인 공통의 감정이며 원수를 치는 싸움에는 적합하지 않은 국민이다. 또한 많은 사람들은 고향의 옛 모습이 파괴되고 구미풍 건물이 출현해도 슬픔보다도 기쁨을 느끼며 '교토(京都)의 절이나 나라(奈良)의 불상이 모두 파손되어도 곤란하지 않지만 전차가 움직이지 않는다면 곤란하다'고 생각한다." 사카구치는 일본인 열등설에 가까운 입장에서 다음과 같이 썼다. "구부러진 짧은 다리에 바지를 입은 데다 양복을 걸치고 쪼작 쪼작 걸으며 댄스를 하고 다다미를 버리고 싸구려 의자 테이블에 덜렁 앉아서 뽐내고 있다. 그런데 구미인의 눈으로 볼 때 배꼽을 잡는 것과 우리들이 그 편리함에 만족하는 것 사이에는 전혀 관계가 없다." 또한 일본인의 마음속에는 예로부터 마당이나 건축에 영원한 것을 만드는 일은 불가능하다는 체념이 있었다고 지적한다.

와쓰지의 풍토론을 마르크스주의의 입장에서 비판한 도사카(戸坂)는 와쓰지보다도 훨씬 낮은 차원의 일본주의, 일본 정신을 설파하는 파시스트 평론가들에 대해서 날카로운 비판을 가했다. 그 대표적인 저작 『일본 이데올로기론』[137]의 '문화의 과학적 비판—특히 국수주의의 비판을 위한 플랜'의 장에서 일본적 현실을 국제적

---

137) 戸坂潤, 『日本イデオロギ-論』(白揚社, 1935. 7. 뒤에 岩波書店, 1977. 9)

현실로부터 고립·독립된 것이라 하고, 그 실체를 일본 정신에까지 추상해 보이는 것이 국수 파시스트의 공통된 수법이요, 그것은 일본 정신주의에 귀착한다고 했다.

다음으로 '닛폰·이데올로기─일본 정신주의·일본 농본주의·일본 아시아주의'의 장에서는, 철학자 기히라 다다요시(紀平正美)가 일본 정신은 타인과 합동 조회하는 정신에서 흘러 나왔다고 하고, '화평'을 사랑하는 일본 국민은 서양인의 take and give(받고주기)에 대해서 '주고받기'를 하는 것뿐이라고 비판했다. 또 한 학자(漢學者)·일본주의자 야스오카 마사히로(安岡正篤)에 대해서는 이렇게 비판한다. 그의 언설은 미문적(美文的) 추상적으로 그 일본주의가 국수적 신관료들에게 친숙하기 쉽다는 것은 알겠으나, 역사의 현실을 고풍스런 심경담으로 환원해 버리고 극히 원시적인 도덕적 교훈과 미문학(美文學)에 지나지 않는다.

일본 정신을 좀더 과학적으로 이해하려는 가노코기 가즈노부(鹿子木員信)는 이것을 '신일본주의'라고 이름짓고, 일본 정신의 '마음가짐'을 개성으로 생각하여, 자연은 '우연히 생기는 것', 역사는 '만들어 가는 것'으로서 '만들어 가는 것'의 세계는 행위(行)의·주체의·개성의·마음의 세계라고 했다. 그것을 도사카는 다음과 같이 비판한다. 신일본주의의 역사철학은 서양의 '유심사관(唯心史觀?)'과 별로 다르지 않다. '만들어 가는 것'이 '우연히 생기는 것'에서 결정된다는 것은 서양에서 말하는 '지리적 유물론'이다. 일본 국민 정신의 좌우명은 '의(義)는 즉 군신, 정(情)은 즉 부자'이다. 일본 정신은 속이 텅 비었으면서(空疎) 뒤섞여 있고(雜然) 일본 정신주의는 소리뿐으로 정체가 없는 후쿠와주쓰(腹話術 : 인형을 쓰면서 입을 움직이지 않고 소리를 내어 마치 인형이 지껄이고 있는 듯이 보이게 하는 연예)와같은 것이라고 신랄한 비판을 던졌다.

다음으로 도사카가 드러내어 다룬 것은 일본 농본주의이다. 그 제창자인 애향숙주(愛鄕塾主) 다치바나 고자부로(橘孝三郎)에 따르면 일본은 자본주의국이 아니고 '농촌국질'(農村國質)이다. 도시 사회는 지적 결합이지만 농촌 사회는 영적 결합으로, 조상 숭배의 정이나 자연 숭배나 여러 가지 사물 숭배를 특색으로 하고 '땅의 철학'에 입각한 '후생주의 사회'가 이상이라고 말한다. 그러나 이 '농촌학'도 정신적인 일본 정신주의의 한 변종에 불과하다.

그 다음 도사카는 주된 파시스트들의 논의를 들어 비판한다. 미노다 무네키(簑田胸喜)는 "신의 길은 고금동서의 교(敎)라는 교, 학(學)이라고 하는 학의 일체"를 융화 · 해소하고 있다고까지 말한다. 오카와 슈메이(大川周明)는 세계사를 동서양(東西洋)의 대립 · 항쟁 · 통일의 역사로 보고 앞으로는 아시아가 지배하는 세계가 온다고 말한다. 아라키 다다오(荒木貞夫) 대장(大將)은 '만주 문제'에 대해서 서구로부터 수입된 중국 민족의 타락한 유물적 사상이 드디어 일본의 민족 정신, 국민 도덕을 발화점에 이르기까지 모독했다고 설명하고, 다시 만주사변은 '황도(皇道) 정신의 선포', '국덕의 발양', '왕도낙토(王道樂土)의 건설' 등 영(靈)에 의한 정신적 사변이라고 설파했다. 일찍부터 기타 잇키(北一輝)는 "중국 · 인도 칠억의 동포는 우리의 도움과 옹호 없이는 자립할 길이 없다"고 생각하고, 동양 · 아시아의 맹주로서 '모종의 세계 정복에 착수'할 것을 주장했다. 동양주의자 구치다 야스노부(口田康信)에 의하면 동양에서는 가족 제도를 비롯하여 은의적(恩義的) 관계, 즉 게마인샤프트적 사회 형태가 유력하지만 적당한 것은 사회주의가 아니라 '공동주의'이며, 정치적으로는 자치, 문화적으로는 정신주의로 나타난다고 말한다. 사회주의는 개인주의가 성숙된 뒤에 발전하는 데 비해 동양은 비개인주의적 풍격을 갖고 있으므로 대단히 손쉽게 공동주의로 변해 갈 수가 있다고 해서 촌락공동체를 제창했다.

도사카에 의하면 위와 같은 일본주의의 파시즘은 근본적으로 잘못되어 있다. 아시아적 생산 양식은 어느것도 아시아에만 특유한 것은 아니다. 농촌의 '합작 운동'만은 자본주의를 부정하지만 동시에 마르크시즘도 부정하는 왕도의 법칙에 따른다. 어떠한 정신주의나 농본주의가 조직되어도, 그것은 파쇼정치제 단체의 거의 무의미한 다양성과 같아서, 대국적으로 볼 때는 아무래도 좋다. 진정한 사상이나 문화는 가장 넓은 의미에서 세계적으로 번역할 수 있을 것이며, 어떠한 나라나 민족이라도 이해할 수 있을 것이라고 도사카는 역설했다.

도사카가 당시의 삼엄한 상태에 저항해서 일본주의의 대표자들의 사상을 비판한 데 대해서 철학자 야마자키 겐(山崎謙)도 『국민정신 신론(新論)』[138]에서 아마도 당시로서는 가장 극단적으로 비판적인 견해를 가한 국민정신론을 쓰고 있다. 그에 따르면 '국민적

---

138) 山崎謙, 『國民精神新論』(東宛書房, 1936. 7)

자각으로서 일본주의'는 메이지 시대에 청일·러일전쟁의 결과 왕성하게 되었지만 다이쇼 시대에 들어와 침체하고 다시 다이쇼 말부터 쇼와 초기에 걸쳐서는 마르크시즘이 대두했다. 그러나 현재의 일본주의는 '강림적'(降臨的)인 특징을 가지고 '국민적 통일 의식'을 도모하려는 '정책 의식'이라고 규정했다. 메이지 시대의 일본주의는 과학주의가 넘치고 있었는데 오늘의 일본주의에는 일본을 '신국'(神國)이라고 하는 종교주의가 넘치고 있다. 다시 일본주의는 근대 과학을 '외래 사상'으로 배척하고 있다고 지적하고, '야마토다마시'는 향토적 관념에 지나지 않는데도 세상 모르고 독불장군으로 외국인을 남만인(南蠻人)이라든가 이적(夷敵)이라고 헐뜯고 있다. 기히라 다다요시(紀平正美)에 의하면 자연과학은 더럽혀진 외래 사상, 남만에서 건너온 이단사설이라 했지만, 야마자키는 "이러한 엉망진창의 주장 속에 어디에 취할 만한 것이 있는지 그냥 생각해서는 아무래도 이해하기 어렵다"고 비판했다.

이 저서가 나온 1936(쇼와 11)년의 선거 슬로건은 '거국일치'였지만 야마자키는 그것을 위로부터 강요된 강력 정치라고 했다. 야마자키는 메이지 시대의 일본주의가 리버럴리즘이었던 데 비해 오늘의 일본주의는 파시즘이라고 말하고, 그것은 자본주의 제도의 강화·고도화에 의해 보다 소수의 유력자에게 독점된 리버럴리즘이라고 규정했다. 다음으로 '일본적 관념 형태'를 들어 와쓰지가 풍토론에서 주장한 풍토는 자연에 속하는 것이 아니라 정신에 속한다는 입장을 '정신주의 또는 관념론에 바탕을 둔 반진보적 이론'이라고 했다. 이 점에서는 앞서 말한 도사카에 의한 와쓰지 비판과 마찬가지이다.

다시 야마자키는, 일본인이 상식적이며 전통에 충실한 것은 첫째, '쇄국'으로 세계적인 유행에서 뒤떨어진 것, 둘째, 섬나라 근성으로 외국산 물건은 색다르게 보이고 자기 것이라는 생각이 들지 않기 때문에 선조로부터의 전통을 지켜 온 데에 그 원인이 있다고 말하고 있다. '국민정신문화연구소의 선생님들'이 강조하는 "개인은 국가를 위해 사회를 위해 존재한다"는 '전체주의'는 현실로는 '통제주의'로 존재하지만, 그것은 '위로부터의 여론'이지 '아래로부터의 여론'은 아니라고 비판했다.

이 시대에는 마르크스주의에 대한 탄압이 점점 삼엄해져서 일본주의에 저항하는 마르크스주의자의 일본인론은 그 표현에 많은 고심을 해야만 했다.

도사카와 같이 마르크스주의 철학으로부터 출발한 사이구사 히로토(三枝博音)의 『일본의 사상문화』[139]는 일본문화론이기는 하지만 그 문화를 낳은 일본인에 대해서 날카로운 관찰을 시도하였다. 처음에 사이구사는 종래의 일본인론을 완곡하게 비판해서, 예컨대 '청렴결백' '야마토다마시', '충군애국' 등으로만 '일본인의 특질'을 논하는 것은 시야가 좁다고 하여, 인간 생활 전체의 인식이 필요하다고 말한다. 사이구사는 에도시대의 학문은 권위나 전통이 중시되었기 때문에 일본인은 독창적인 사상을 만들 수가 없었지만 '일상 생활에서 행동의 방법을 풍부하게 한다'는 특징이 있고 엄

---

139) 三枝博音, 『日本の思想文化』(第一書房, 1937. 7)

밀한 의식·예의범절·다도 등이 발달했다고 한다. 일상 생활에서도 말하자면 실로 많은 물품이 있고 그것을 처리하는 생활태도도 대단히 뛰어나서 개개의 물건의 형태·색깔·배치 등을 사랑하는 것은 일본인의 특징이다.

다음으로 사이구사는 당시의 사상적 상황을 겪고 나서 일본인의 논리적 훈련은 지식 계급뿐만 아니라 노동대중에게까지 넓어졌다고 말하고, 또한 마르크스주의 운동이 퇴각하고 파시즘이 대두 강화되어 가고 있으며 이론이 권력의 등장으로 힘을 잃어버렸다고 하면서, 일본인은 "전체적으로 이제는 문자 그대로 미증유의 사상적 훈련에 당면하고 있다"고 지적했다.

위와 같이 사회 사상의 배경을 고려하면서 쓰인 일본인론의 문헌은 아마도 전전에는 별로 예가 없었던 것으로 안다.

마르크스주의 철학자로서 출발하여 뒤에 니시다 철학(西田哲學)이나 종교에 관심이 옮겨 가서 대전중에는 보도반원이 되기도 했던 미키 기요시(三木淸)는 「국민성의 개조─중국(支那)을 보고 와서」[140]에서 다음과 같이 논하였다.

'중국에 있는 일본인'은 일본에 있는 일본인과 마치 완전히 다른 사람 같다. 국가 의식이 강한 사람도 집에 돌아오면 국가의 일은 마치 잊어버리기나 한 듯이 매점·매석·암거래를 아무렇지도 않게 한다. 모든 사람의 행동에 일관성이 없고 일정한 형태를 갖추

---

140) 三木淸, 「國民性の改造─支那を視て來て」(『中央公論』, 1940. 6. 뒤에 『三木淸全集第一五卷』, 岩波書店, 1967. 12)

고 있지 않다. 국민성의 개조는 국민의 형태를 형성하는 것이다. 일본인이 하는 일의 대부분은 군(軍)에 의존적이며 국가에 지나치게 의뢰한다. 근년, 전체주의가 강조되고 개인의 완성이라는 노력이 무시되고 있다. 일본 민족의 우수성에 눈뜨게 하기 위하여 타민족에 대한 존중도 잃어버리게 하고 자기 비판을 잊어버리게 한다. 혁신은 봉건적 잔재의 청산과 함께 자유주의 내지 개인주의의 초극이며, 개인이나 자유의 중요성은 전체를 무시하는 것이 아니라 오히려 국가 의식이 자주적이고 일관된 것이 되기 위해 필요한 것이다. 군대 조직 가운데서는 용감히 죽음에 나아가지만 개인으로서 어디서라도 죽어 갈 수 있을 만큼 마음을 의지할 곳은 충분히 마련되어 있지가 않다. 깊은 철학도 아니요 실제로 쓸모 있는 과학이나 기술과도 동떨어져 어중간한 정치적 이데올로기가 판을 치고 있다. 행동에 일관성이 없으며 사상에도 일관성이 없다. 자기 민족의 특수성을 인정하는 사람은 다른 민족의 특수성도 인정해야 한다. 중국인에 대해 일본인이 후의를 가지고 있다는 사실은 의심할 여지가 없지만 상대방의 사정을 생각하지 않는 독선의 경향이 보인다. 정치와 문화의 통일은 동양 고래의 전통으로 그것이 있어야만 국민의 형태도 생겨난다. 정치가 바로 서지 않으면 국민성도 개조되지 않는다. 국민의 형태가 없으면 정치의 형태도 없다. 정치는 국민성의 표현이다. 아래로부터의 힘으로 국민을 움직임으로써 국민성은 실천을 통해서 개조된다. 미키는 "일본 민족의 우수성을 믿는다"고 말하면서 국민이 각오하게 하기 위해서는 상당히 오랫동안 알려지지 않았던 진실을 알려 주는 일도 필요하고, 그 각오를 단호히 결정하는 곳에서 일관성도 나온다고 결론짓는다.

　이상에서 보아 온 바와 같이 군국주의 시대의 반동 사상에 대해
서 도사카와 같은 저항의 자세를 나타낸 사상가는 거의 없고, 겨우
야마자키의 저서만이 도사카에 이어지는 비판적 일본인론이었다.
사이구사는 일본 문화의 검토라는 형(形)으로 간접적으로 파시즘
비판을 하고 있고 또한 미키는 체제 쪽으로 전향하면서 멀리 돌아
당시의 일본인에게 비판을 가하고 있다. 아무튼 쇼와 10년대 무렵
부터 패전까지의 15년간은 자유주의, 급진주의의 탄압에 의해 다
음 장에서 보는 '파시즘 일본인론'이 횡행하게 된다.

V. 파시즘 일본인론

　이미 기술했듯이, 다이쇼 말에는 보통선거법이 성립되는 한편 사회주의 운동을 탄압하는 치안유지법도 성립되었다. 이 시기 이후 사회주의와 파시즘의 대립이 확실히 나타나게 된다.

　치안유지법은 3년 뒤인 1928(쇼와 3)년 6월에는 한층 강화되어 국체와 사유재산의 변혁을 지향하는 사회주의자는 극형인 사형에 처하기로 하였다. 그와 함께 특별고등경찰과(特高)를 각 부현마다 설치하기로 결정했다. 1934(쇼와 9)년에는 육군성 신문반(新聞班) 이『국방의 본의와 그 강화의 제창』이라는 팸플릿을 발행하고 고도 국방 국가를 지향하여 자유주의 사상의 배격을 강경하게 주장했다. 같은 해에 문부성은 사상국을 설치하고 36년에는 일본제학진흥위원회(日本諸學振興委員會)를 설치하여 이듬해 5월『국체의 본의(本義)』를 출판하고 국가주의를 국민에게 보급할 것을 기도했다. 위와 같은 사상통제의 근거로 문부성은 1932(쇼와 7)년 8월에 국민정신문화연구소를 설립하고 그때부터 동 연구소는 문무관료가 소장이 되어 국가주의 파시즘의 경향을 띤 사람들이 연구원으로 활동했다.

　특히 중요한 것은 사범학교나 중학교의 교원을 대상으로 다음과 같은 목표로 교육자의 사상을 통제하려고 한 일이다. "우선 우리 국체 국민 정신의 진수를 체득시키고 교직을 통해서 일본 정신의 천명에 기여하려고 하였다. 이를 위해 현대의 일본 사상, 교육을 어떻게 할 것인가를 직접 당면의 문제로 하여 일본인의 교육자라는 신념을 기른다."

아래에, 본 장에서는 우선 일본 정신에 관한 논저를 모으고 특히 일본학, 국민도덕, 학교교육, 산업, 농업 등의 논의를 소개한다. 다음으로 일본 정신의 일면으로 강조되는 무사도와 야마토다마시(大和魂)에 관한 논저와 다시 종교, 문학, 조형예술 등과 일본 정신과의 관계를 논한 저서를 들어 다루겠다.

1. 국민 정신과 일본 정신

1920년대 후반 쇼와 초기가 되면 사회주의 운동과 사상에 대해서 엄격한 통제와 탄압이 가해지는데, 이에 대응해서 국민 정신이라든가 일본 정신이라는 이름 아래 서양에서 들어온 좌익 사상을 배격하는 국가주의를 부르짖는 저서가 연이어 나타난다.

우선 최초로 독창적인 일본인 우수론을 제창한 한의사(漢方醫) 나카야마 다다나오(中山忠直)의 저서를 소개하자. 나카야마는『일본인의 위대성 연구』[141]에서 서양 숭배를 강하게 비판하고 "메이지는 외국의 맹목적 숭배 시대, 다이쇼는 외국 문화의 비판 시대이

---

141) 中山忠直,『日本人の偉さの研究』(先進社, 1931. 9),『我が日本學』(嵐山莊, 1939. 7)

며, 쇼와는 신일본 문명의 확립 시대"라고 선언한다. 그는 낡은 일본주의자들이 매도하는 서양 숭배를, 일본의 진보에 한몫 한 것이라고 인정하지만 오늘 일본의 학술이나 군비는 서양 이상이 되었으므로 서양을 숭배하는 것은 '무식한 사람이거나 구사상가' 일 것이라고 했다. 나카야마에 의하면 메이지 이후 채용해서는 안 되었던 것은 주식회사제도와 번역적인 법률 · 대의정체(代議政体) · 교육이다. 일본인은 외교적 재능, 무력 발휘능력, 지도능력 등 여러 점에서는 유럽에 뒤지지 않는다. 나카야마는 물질만능의 유럽 문명과 정신만능의 아시아 문명을 종합한 새로운 문명의 창조를 설파하였다. 일본에서 신에게 제사를 지내주는 것은 모두 무인으로서, "한 사람의 장수가 공을 이루기 위해 만 명의 해골이 시들어 가는(一將功成萬骨枯) 것을 즐기는 나라"이며, 발명가나 과학자를 존중하지 않는다. 다시 애국자와 위험 사상가의 공통점은 극히 정열적이며 사명을 위해서 목숨을 바치는 것이다. 이와 같이 나카야마는 의학이나 자연과학의 발달이 일본을 구제한다는 과학적 합리주의의 입장과 비합리적인 일본주의의 입장을 함께 취하는 독창적인 일본인론을 전개했다. 나카야마는 이어 『우리 일본학』에서 다시 일본 민족 우수설을 전개했다.

일본 정신사론을 '일본학'이라는 이름 아래 제창한 것은, 윤리학자 오노 마사야스(小野正康)의 『일본학과 그 사유(思惟) 일본 정신사 서설』[142]이다. 그는 일본인이 사유하는 작용과 그것을 개념적

---

142) 小野正康,『日本學とその思惟 日本精神史序説』(建文館, 1934. 11)

으로 인식 파악하는 체계를 '일본학'이라고 부른다. 일본인은 원래 창조적 모방으로부터 출발하여 독창적으로 살아 온 독창적 국민이다. 예컨대 일상 생활에 나타나는 것으로서 난처해 하는 얼굴, 조심스러움, 그리움, 정 등의 감정이나 기호, 혹은 공백을 중히 여기는 일본 그림, 자연에 사는 조원(造園) 등에 일본 정신의 독창성이 보인다. 국민정신문화연구소에서 교육 연구에 종사하던 오노는 당시의 위기 혹은 비상시에 대처하는 도덕교육을 일본주의·황실 중심주의에 바탕을 두고 실시할 것을 주장했다.

문부성은 일본 정신을 토대로 하는 정치 체제를 국민에게 철저히 알리기 위해 『국체의 본의』[143]를 발표했다. 그것에 따르면 일본인은 군민화합(君民和合)의 가족적 국가 생활로서 명정정직(明淨正直), 진실, 밝고 상쾌한 국민성을 갖고 있다. 또한 의용봉공(義勇奉公), 몰아무사(沒我無私), 포용동화(包容同化)의 장점이 있다. 몰아귀일(沒我歸一)의 정신으로부터 국어는 주어가 가끔 표면에 나타나지 않고, 경어가 잘 발달하여 공경의 정신을 나타낸다고 했다.

나가이 도루(永井亨)의 『신국체론』[144]에서는, 일본인의 민족성으로서 다음과 같은 점을 들고 있다. 현세적·낙천적(신도의 영향), 몰아적·희생적(불교의 영향), 천명적·숙명적(유교와 불교의 영향), 정신적·복종적·조화적·동화적·획일적이다. 구체적으로는 가족적 온정이나 의존, 신분적 권위나 복종의 경향이다. 일본인

---

143) 『國體の本義』(文部省, 1937. 5)
144) 永井亨, 『新國體論』(有斐閣, 1939. 3)

을 특징짓는 것은 자연적 정서나 도덕적 정감이라고 말할 수 있을 것이다. 요컨대, 일본인은 단순성·민감성이 풍부하고, 심각성·집착성이 부족하고 감수성·모방성·적응, 변화를 3대 특징으로 한다. 그러나 비판적·건설적인 면에서는 충분하지 않다고 반성하고 있다.

국민정신문화연구소원 고이데 다카조(小出孝三)는 내각정보부의 위촉에 의해『일본 정신의 일상 생활에의 구현』[145]을 '강연, 좌담회 등의 참고' 자료로서 집필했지만, 이것은 부외비(部外秘) 팸플릿이다. 장의 순서는 '국체와 일본 정신', '대륙 문화의 섭취와 그 순화', '서구 문화의 섭취와 길에의 철저', '일본 정신을 표현한 생활', '결'(結)로 되어 있다. 직업을 천황에 대한 봉사의 분담으로 생각하고 근로·분도(分度 : 생산과 소비의 기준을 세우는 것)·추양(推讓 : 수입을 국가공공을 위해서 양보하는 것)에 의해서 전국민이 '일본 정신'에 투철하고 '온 나라가 한 덩어리'(擧國一丸)가 된다면 어떠한 난관도 돌파할 수가 있다고 했다.

일본 파시즘의 이론적 지도자라고 불린 철학자 후지사와 지카오(藤澤親雄)는『일본적 사유의 여러 문제』[146]에서 '일본 민족과학'의 수립을 지향했다. 일본 정신의 본원은 황도(皇道)이며 그것을 '스메라미코토노미치'라고 말한다. '스메라'는 한쪽에서 나아간다는 뜻이며 다른 쪽에서 산다(住)는 것과 결부시켜 '통합'하는

---

145) 小出孝三,『日本精神の日常生活への具現』(1939. 1)

146) 藤澤親雄,『日本的 思惟の諸問題』(人文書院, 1941. 6)

힘을 발휘한다. '스메라'에는 또한 대립을 해소한다는 의미인 '스무'(濟む)와도 통하고 다시 분열한 것을 하나로 '맺는다'고 하는 본래의 의미도 있다. 다음으로 '미코토'는 미사(美事), 훌륭함(見事), 정성(誠), 진심, 진실 등의 의미 외에 생명 등을 가리키는 말이다. '스메라미코토'인 천황은 '아라히토가미'(現人神 : 사람으로 나타난 신)라고 불린다. 일본인은 이 신인 천황에 봉사하는 군민일여(君民一如)의 일본 정신을 가진 것으로 되어 있다.

실업가·사회 사상가 오쿠라 구니히코(大倉邦彦)의 강연필기(講演筆記) 『일본 정신의 구체성』[147]에 의하면 일본 정신에는 용기과 단이 풍부하다고 말하지만 중국인이라도 서양인이라도 무용자(武勇者)는 있다. 일본인은 마음이 맑고 밝고 곧다고 하지만 결코 그런 사람들만 있는 것이 아니다. 이르는 곳마다 좋지 않은 사상이 있고 칭찬하는 것과 실제는 다르다. 일본 정신의 근본은 천황은 '아키쓰미카미(明御神) 시다'라는 신앙이지만 그것을 미신적(迷信的)이라고 하는 사람도 있다. 이것은 메이지 다이쇼 시대에 문명 편중의 교육이 가져온 잘못인 것이다. 그러나 입만으로 '지성봉공, 진충보국'이니 어쩌니 하더라도 '표어라는 공염불'에 지나지 않는다. 정신적인 훈련도 수양회라든가 강습회로 하고 있지만 자발성·구도심(求道心) 없이 아무리 하더라도 아무것도 되지 않는다고 기술하고 있다.

일본 정신이 중핵이 되어 형성되는 일본 민족의 세계관을 논한

---

147) 大倉邦彦, 『日本精神の具體性』(目黑書店, 1942. 6)

것은 철학자 사이토 쇼(齋藤晌)의『일본적 세계관』[148]이다. 그는 종래의 일본인론에 대한 비판을 바탕으로, 국민성에 관해서 다음과 같이 기술한다. 국민성을 논하는 경우 예컨대 하가 야이치의『국민성 10론』과 같이 몇 개의 특징을 단지 하나하나 들어 보는 방법으로는 헤아릴 수가 없으며, 또한 개인차·역사적 변화의 배후에 있는 전체를 파악할 수가 없다. 사이토는 민족성이란 민족이 성립하는 한 영속적으로 살아 있는 민족적 특질을 가리킨다고 하고, 국민성은 국가에 속하는 특질로서 국민의 풍속, 습관과 같이 비교적 단기간에 만들어지고 또 무너지는 것으로서, 이 두 가지를 구별하고 있다. 일본인은 국가와 민족의 우월성을 믿고, 가장 신성한 것에 대한 절대 귀의의 감정을 갖는다. 일본인의 결점으로서는 예컨대 심신이 모두 취약(脆弱), 독립자존의 마음이 결여되고 부화뇌동한다 등을 들 수 있다. 그리고 새로운 방법이나 방식을 극단적으로 두려워하므로 독창적 인간은 경원시한다. 문자나 예술에서 웅혼(雄渾)·호장(豪壯)·강렬·심각 등의 예는 별로 없다. 그 대신에 사물을 가엾게 생각하는 것·허무함·사비(한적함)·와비(검소한 취향) 등의 감정은 풍부하다. 그와 같은 약점이 고래의 의리 인정 등의 장점과 이어진다.

또한 일본을 큰 가족 사회로 해서 그것이 세계의 여러 나라를 포용한다는 일본주의를 강조한 것은, 법학자 마키 겐지(牧健二)의『'집'의 이념과 세계관』[149]이다. 그에 의하면 집(家)에는 자연성·

---

148) 齋藤晌,『日本的世界觀』(朝倉書店, 1943. 1)
149) 牧健二,『'いへ'の理念と世界觀』(星野書店, 1945. 5)

귀일성 · 친화성 · 영원성 등 네 개의 속성이 있다. 다시 '집'의 이념을 국가에 결부시켜, "일본의 세계 정책은 팔굉(八紘 : 전세계)으로 집(宇)을 삼는 데에 있다"고 하여 일본의 침략전쟁을 정당화하고 있다.

일본주의자들의 일부에서는 단순한 황도주의뿐 아니라, 일본 사회의 퇴폐를 비판하는 입장도 보였다.

일본주의의 리더라고 불리던 국가주의자 오카와 슈메이(大川周明)는 강연 기록 『일본적 언행』[150]에서 가로문자(橫文字)만이 진리라는 서양 숭배를 일관해서 비판했다. '천은 즉 신', '신은 즉 지고(至高)의 이상'이며 그 구현자는 황조황종(皇祖皇宗)이다. 일본은 신국(神國)이라는 일본적 자존과 자각은 청일 · 러일의 두 전쟁에서 국민 의식으로서 환기되었다. 노장(老莊)과 선(禪)의 사상이 민족성의 하나의 특징을 만들어 내고 있다. 예컨대, 고담한적(枯淡閑寂), 사비(한적함), 떫은 맛을 사랑하는 마음은 다도나 화도(花道)로서 발달했다. 유교와 불교는 아시아 정신의 양극으로서, 세간적(世間的)인 것과 출세간적(出世間的 : 세상을 등진)인 것, 실천적과 형이상학적, 현실적과 초월적, 대립적과 절대적 등 두 개의 경향이 일본 정신에 받아들여져 가장 자랑할 만한 특성이 되었다. '만세일계' '군민 일체'가 일본 정신의 중심이 되지만 대지진 후에 '문화적 분위기'가 나타나 '문화적 생활' 예컨대 문화주택 · 문화짚신

---

150) 大川周明, 『日本的 言行』(行地社出版部, 1930. 1)

(草履)·문화돈부리 등의 표면적인 문화가 유행했다. 정치가는 웅혼장엄한 일본적 이상을 가지지 못했다. 이에 비해서 러시아의 지도 계급에는 '불타는 이상'이 있다. 일본의 정치가는 정권 쟁탈에는 진지하고 "교묘히 나쁜 돈을 거둬들이는 것을, 오히려 정치가의 영예로운 수완"으로 여긴다. 정치적 타락의 가장 근본적인 이유는 정치가가 정신적 단련을 무시했기 때문이라고 비판했다.

오카와는 이에 이어지는 강연 기록 『일본 및 일본인의 길』[151]에서 이렇게 말한다. 일본에서는 국민이 한 사람씩 각각 '오케미타마'(分靈)이며, 동일한 생명이 특수하게 나타난 것이라는 의식이 있으므로 일본인은 본질적으로 신성하며, 집(家)은 그대로 신사(神社)이다. 다시 천황은 국민의 종교적 대상이며 그 관계는 어버이와 자식과 같아서 거기에 충효의 종교적 의미가 있다. 그러나 오늘날 '충군업자'(忠君業者)라고 말할 수 있는 사람들이 멋진 일을 선전하는 경향을 알아차리고 비난하면, 금방 '불충이라고 불리는 것'이 씁쓰레하다고 비판했다.

오카와보다도 한층 격렬한 의견을 말한 것은, 윤리학자 오기와라 히로시(荻原擴)의 『일본 정신설의 비판』[152]이다. 그는 신도 학자 고노 세이조(河野省三)의 논문 「신사(神社)와 도덕교육」에 나타난 일본 정신관을 드러내어 비판했다. 고노는, 일본 민족성에는 영원성·통일성·순진성이 있고 영원성은 신성함, 통일성은 그리움,

151) 大川周明, 『日本及日本人の道』(文錄社, 1934. 5)

152) 荻原擴, 『日本精神說の批判』(明治圖書, 1934. 2)

순진성은 청순함 등 세 가지 기분에 해당되고, 그것이 일본 정신의 본질이라고 논했다. 그러나 오기와라는 민족 삼성(民族三性)과 일본심 삼기분(日本心三氣分)을 대비시키는 고노설(説)은 순전히 기계적이며 합리성도 문헌학상의 근거도 없다고 했다. 이어 오기와라는 국민정신연구소의 중심 구성원인 기헤이 다다요시(紀平正美)의 일본 정신론 등에 대해서도, 그것들이 '합리적 통합은 적고', '사상적 무정부 상태뿐'이라고 비판했다. 그러나 오기와라 자신은 일본 정신에 대신할 황도와 일본 도덕의 이름 아래 "황실 중심의 유덕적(有徳的) 일본이라는 국가 이상을 실현한다"고 부르짖어 역시 일본 정신론의 주장에서 끝나고 있다.

이에 대해 황실 중심주의적인 일본 정신론의 배외 사상을 비판한 사람은 심리학자 구로다 아키라(黒田亮)이다. 그는 『속 감(續勘)의 연구』[153]에서 "조국의 일이라면 반성 없이 으레 국수주의를 내두르면서 외래의 충분히 존중하기에 족한 신사상을 무조건 배격하고, 모처럼 쌓아 올린 특이한 문화를 무참히 파괴하고 돌아보지 않는 경향이 있는 것은 우리 국민성의 애석한 약점이다. 그러나 그 반면에, 외래 문화에 의존하지 않고서는 하루도 편안할 수가 없는 외국 숭배가 꽤 뿌리 깊게 국민의 정서를 지배하고 있다"고 비판했다.

위와 같이 쇼와 전전(昭和戰前)의 국민성론은 일본 정신·황도 정신으로 불리게 된 국가주의적인 이데올로기를 그대로 일본인 고

---

153) 黒田亮, 『續勘の研究』(岩波書店, 1838. 12, 뒤에 『續勘の研究』, 講談社, 1981. 5)

유의 심리적 특성으로 한다. 그리고 비합리적인 신도의 관념을 중심으로 전개되었다. 거기에서는 일본이 '팔굉일우'(八紘一宇)의 이념으로부터 세계 각국의 위에 서는 국가가 되고, 따라서 국민도 '신국'(神國)에 속하는 선택된 백성으로서 여러 외국의 국민과는 동떨어진 존재로 취급되었다. 그러나 일본주의자 가운데서도 외국인과 국민성 비교를 시도한 예가 보인다.

우선 쇼와 초기에는 대일본국민수양회 편찬으로 된 『세계국민성 독본』,[154]이 나왔다. 그 '서문'에서 세계 속의 일본으로 무대에 설 바에는 세계와 세계의 국민성을 알지 않으면 안 된다고 취지를 기술하고, 이어서, 일 · 중 · 영 · 미 · 불 · 독 · 이 · 러, 그 밖의 나라의 국민성에 관해서 해설하고 있다. 거기에서는 일본의 국민성을 '야마토다마시'(大和魂)로 파악하고 그 특질로서 충효의용 · 청렴결백 · 고아우미(高雅優美)를 든다. 일본 국민은 "예로부터 무용(武勇)의 백성이며 또한 문(文)도 존중한다."

기본적으로 일본 민족의 특질로서 조상 숭배, 외래 문화의 동화, 자연 사랑, 해양 취미, 결벽 등을 드는 것은 다른 일본인론과 공통된다. 그러나 일본인의 '융통성'이라는 점에서 보자기는 어떤 것이라도 쌀 수가 있고, 손수건은 세면 · 붕대 · 머리띠 등으로 쓰인다고 한 것은 새로운 착안이다. 그 반면에 국민성의 단점은 공덕심이 결여되고 '선의의 거짓말', 즉 명분이나 체제 본위이며, 또 웅대한 기상 · 모험성 · 창조성이 결여되고 세계에 자랑할 만한 문

---

154) 『世界國民性讀本』(日本書院, 1928. 7)

화를 낳기까지에는 이르지 못하지만, 교육으로 차츰 국민의 개성이 독립되고 국민성의 개인적 성정이 길러진 것으로 보고 있다.

열렬한 나치즘 예찬자이며 전후 A급 전범으로 추방된 철학자 가노코기 가즈노부(鹿子木員信)는 『야마토고코로(大和心)와 독일정신』[155]에서 일본 정신과 독일 정신을 비교해서 논하고 있다. 가고키는 우선 모방은 '벌레와 같은 무자각'이라고 비난하고 당시 '유행의 첨단'인 '흉내내기의 추태'를 매도했다. 서양의 문화가 일본 속에 범람하여 국민은 '혼란병의 만성'에 걸려 있어 외국과의 경쟁이나 전쟁은 절망이라고 생각했다. 따라서 군비의 필요성이 강조되었다. 원래 일본 예술은 세계 최고의 문화 가운데 하나라고 하는데 '함축의 미'에 가장 특색이 있다. 또 일본 정신을 독특하게 하는 것은 동양적인 염세초탈의 사상이며 이것이 건곤일척(乾坤一擲)의 영웅적 행위를 낳았다는 것이다. 그러나 서구 문화에 접하자 정신 문화의 물질화가 시작되었다. 국민은 '속악공소(俗惡空疎)한 평화주의'에 중독되어 정치가의 일시적인 속임수 정책이 국민을 지배하고 있다. 이것은 국민의 '타약저능'(惰弱低能)에도 기인한다. 일본인은 정신적으로는 서구를 추종하는 것을 그만두고 일본 정신에 침잠하고 일본 문화에 눈떠야 한다. 문화에 자각을 가지고 접할 때에는 서구 문화는 단순한 기계적 물질문명이 아니라 심원한 정신의 소산물이라는 것을 알게 된다. '정신 문명'이라는 말에 빠져서 기계 문명을 헐뜯는 것은 오히려 '야마토고코로의 진면목'

---

155) 鹿子木員信, 『やまとこゝろと獨乙精神』(民友社, 1931. 4)

을 이해하지 못하기 때문이다.

위에 든 일본인론에서는 일본 정신을 일본인의 국민성과 거의 동일한 의미로 사용하고, 그 장점과 단점을 열거하였지만 그것들이 형성되어 온 역사적·사회적 배경에 관해서는 별로 고려하지 않았다. 고대의 신도 사상, 유교·불교·도교 등 외래 문화의 섭취에 관해서는 일단 그 영향이 기술되고 있지만 일본인론의 계보로서 특히 중요하다고 생각되는 메이지 이후의 국민성 연구의 비판을 내놓고 다룰 필요가 있다.

그 선구적인 고찰은 역사학자 기요하라 다다오(淸原貞雄)의 연속강연 『국민 정신의 사적 고찰과 오등(吾等)의 각오』[156]이다. 기요하라는 자기 나라를 이해하고자 하는 것에 바탕을 둔 애국적 정신을 '국민 정신'이라고 부르고 역사적으로 그 흐름을 거슬러 올라가고 있지만, 최종회에서 서양 숭배를 격렬히 비난했다. 예컨대 로마자나 영어를 채용하자는 논의나 다카하시 요시오(高橋義雄)의 『일본인종 개량론』을 우열(愚劣)·불견식(不見識)이라고 강하게 비판한다. 메이지 초에 쓰인 구화주의의 여러 논문뿐만 아니라 후쿠자와 유키치(福澤諭吉)의 논문 등도 서양에 대한 모방심리에 좌우된 것이라고 했다. 메이지 20년대는 국수존중의 시대, 30년대는 국민적 자각의 시대이며, 40년경부터 다이쇼 초기에 걸쳐 국체 관념

---

156) 淸原貞雄, 『國民精神の史的考察と吾等の覺悟』(大阪府 督學課, 1928. 10)

의 고취, 국민 도덕의 연구가 왕성해지고 한편에서는 사회주의, 개인주의, 자연주의 등 외국 사상이 들어온다. 그것 때문에 국민 정신을 잃어버리게 되었다는 사고 방식에 대해, 외래 문화를 소화하여 일본 문화로 새로운 생명을 불어넣는 것이 국민 정신의 발현이라고 한다. 결론으로, 국민에게 자기 나라를 이해시키는 것이 가장 중요한 일이며 그 때문에 '일본학'이 필요하다고 했다.

기요하라에 이어 국문학자 사카이 고헤이(坂井衡平)는 『일본 국민성의 사적 연구』[157]에서 국민성을 고대부터 현대까지 역사적으로 고찰하고 있다. 제3판의 '서'에서 신선거법 이후의 해방 사상, 금수출 해금, 산업재계의 침체, 근대식 변화 등으로 생활이나 사상계에 일대 동요가 일어나고 있으며 현재는 '국민성의 일대 교화 시대'에 즈음하고 있다고 말했다. 사카이는 '국민성의 요소 및 발현과 3카테고리와의 표'에서 국민성 전체를 정리하고 있다. 또한 권말에 상세한 '일본 국민성의 역사적 심리적 분석표'에도 시대 구미인의 일본 국민성 연구표'를 들고 있지만, 그 소개는 생략하기로 한다.

『풍토』에서 민족성의 비교론을 전개한 와쓰지 데쓰로는 『속 일본 정신사 연구』[158]에서는 다음과 같이 기술하고 있다. 당시의 마르크스주의적인 청년은 일본적 전통을 배격하지만 사고 방식이나 운동 방법은 명백히 일본적 특성을 나타내고 있다는 것을 모르고 있다.

---

157) 坂井衡平, 『日本國民性の史的研究』(文書堂, 1930. 10)

158) 和辻哲郎, 『續日本精神史研究』(岩波書店, 1935. 9)

국민성의 요소 및 발현과 3카테고리와의 표

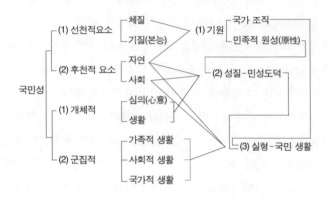

용감하고 죽음을 두려워하지 않는 희생적 정신 등은 전국 시대의 무사와 비슷하고 태풍 같은 일본 민족의 성격이 나타나고 있다. 외국 숭배는 일본 지식 계급의 특성 중 하나요 일본 민족은 뛰어난 문화에 대해서 예민한 감수성을 가지고 있다. 실은 타국은 '자기의 이상' 이기 때문에, 외국 숭배는 일본 민족의 성격에 이상주의가 뿌리 깊이 박혀 있다는 것을 나타내고 있다. 민감하게 새로운 것을 받아들이고 충실하게 옛 것을 보존한다. 따라서 생활 양식의 중층성(重層性)이 보이고 그러한 '이중 생활'이 일상 생활에서 통일되어 있다. 신사(神社)의 신앙은 생(生)의 제의(祭儀), 불교는 사(死)의 제의와 결부된다. 예술도 천 이백 년 전에 완성된 단카(短歌), 구백 년 전의 야마토에(大和繪 : 일본 풍물화), 오백 년 전의 노가쿠(能樂 : 무로마치 시대에 완성된 무악), 이러한 양식이 그 뒤에 생긴 양식과 같이 현재도 살아 있다. '일본 정신'은 단순한 '혼'과 같은 것이 아니며 또 정치적 표어로 쓰는 것만으로는 인식을 그르친다. 일본 정신을 실질적으로 파악하려면 정신사와 풍토학에 의존하지 않으면 안 된다고 결론지었다.

역사학자 구리타 모토쓰구(栗田元次)의 『사적 연구 일본의 특성』[159]에서는 민족성의 연구를 전개하여 그 십대 특성으로, 자연성, 실제성(비형식성), 실천성(비이론성), 혈족성, 연면성(連綿性), 전체성, 친화성, 순응성, 수용성, 동화성을 들고 각각에 관해 상세히 논하고 있다. 법학자 스즈키 시게오(鈴木重雄)는 『일본 정신사 요론』[160]에서 나라가 시작된 이래 현대까지의 일본 정신의 역사를 다루었지만 그 결론으로 '이립'(異立)과 '통합'의 순환을 원형으로 한다고 했다. 이립은 '사카에'(榮), 통합은 '마쓰로이'(順)라고도 하며 또한 전자를 '아키라카'(顯), 후자를 '가카스카'(幽)라고도 부른다. 이(異)를 입(立)하는 시점은 동시에 통합의 종점이어서 그것이 합쳐지는 한 점을 사네(核)라고 하며, 이입통합의 순환은 사네의 행위이다. 이와 같은 구조를 가지는 일본 정신은 특히 국체 의식·가(家) 의식으로서 가장 분명하게 나타난다. 종래 일본 정신은 일본 국토, 일본 민족에 한정된 것으로 생각되어 왔지만 지금이야말로 세계적 규모로 확대되어야 할 시기에 도달했다고 말한다.

마찬가지로 고대로부터 현대까지의 일본 정신사를 더듬어 내려

---

159) 栗田元次, 『史的研究 日本の特性』(賢文館, 1937, 11)
160) 鈴木重雄, 『日本精神史要論』(理想社, 1942, 7)

온 가와이 히로미치(河合弘道)·시마가타 다이스케(島方泰助)의 『일본 정신사고(稿)』[161]에서는 일본 정신의 원초적 상태를 농업적, 씨족적 생활태(態)로 하고 그 생활 의식이야말로 일본 의식의 형태성을 이룬다고 했다. 생활 공동태에서는 언제나 '천황귀일'(天皇歸一)을 향해서 활동하고 있다. 군신일여(君臣一如)의 '일체주의'는 부부·친자·붕우·사제 등의 관계에도 나타난다. 이러한 일본 정신은 일본 정신사의 탐구에 의해서 확인할 수가 있다고 한다.

일본 사상가 무라오카 쓰네쓰구(村岡展嗣)는 「일본 국민성의 정신사적 연구」[162]에서 종래의 국민성의 연구는 국민의 성질 가운데 특히 현저한 것을 집어내어 열거하는 자연심리학적인 연구라고 했다. 그것에 대해 정신사적 의의라고 하는 것은 한층 내면적인 그것들의 특성을 유지하는 본질을 명백히 한다. 국민성에 관한 자각이 처음으로 나타난 것은 '오오야마토다마시이'(大倭魂)라는 말로서 이것은 헤이안 시대에 한재(漢才), 즉 글재주에 대한 응용의 재주, 학문에 대한 세상 사는 재능을 가리켜 부른 것이다. 국민성의 일면은 천황 중심의 혈족적 국가라는, 신대(神代) 전설에서 분명해진 국체 의식이다. 또한 일면으로는 모방성이며 국체가 선천적 형상이라고 한다면 외래 문화의 섭취는 후천적 실질이다. 국민성의 장점으로는, 충군, 애국, 명예의 존중, 담박(淡泊), 청정결백, 낙천소탈, 자연애, 우아하고 아름다움, 온화하고 마음 너그러움(溫和寬

---

161) 河合弘道·島方泰助, 『日本精神史稿』(昭森社, 1943, 9)
162) 村岡展嗣, 『日本國民性の精神史的 研究』(講義ノート 1945.4~7, 뒤에 『國民性の研究 日本思想史研究 Ⅴ』, 創文社, 1962. 3)

恕), 은근 등 주정적 특성을 들고 있다. 단점으로는 주관적·독선적 경향과 감격적·흥분성으로서 이런 것들은 과학적 정신의 결핍, 용의주도함과 냉정·침착·지구력을 결여하여 광적 국가주의, 극단적인 배타적 태도, 대국민다운 도량이나 공명성의 결여라는 현상으로 나타난다고 지적했다.

위와 같은 국민성의 형성과 발전에 관한 연구를 보충하는 형태로, 국민 개인의 심리적인 측면을 논한 저서는 주로 교육학자·심리학자·윤리학자 등에 의한 것들이다.

교육학자 야마자키 에이지로(山崎英次郎)는 『일본아교육』(日本我教育)[163]에서 일본인으로서 개성의 중핵을 형성하고, 그 특유한 가치로써 일본인의 이상을 향해 나아가게 하는 것은 '일본아'(日本我)라고 했다. 야마자키는 일본아에서 태어나서 국민적 개성이 된 것으로 유신론적(有神論的) 성정, 정조주의적(情操主義的) 성정, 현실주의적 성정, 극기주의적 성정, 희생주의적 성정, 비판주의적 성정을 들었다.

심리학자 이리타니 지조(入谷智定)는 『집단심리학』[164]에서 국민성의 주요 조건으로, 집단이 정신적으로 등질(等質)일 것을 들었다. 세계를 통람해 보면 안정성을 갖춘 국민은 자연히 명확한 지리적 경계를 가지고 있다. 일본에서 국민적 정신이 가장 잘 발달한 것은 섬나라이기 때문이다. 국민 정신 및 국민성은 다음의 세 가지

---

163) 山崎英次郎, 『日本我教育』(目黒書店, 1928, 6)
164) 入谷智定, 『集團心理學』(大文館書店, 1928, 9)

요인으로 진화한다. (1) 생득질(生得質)의 진화, (2) 문명의 진전, (3) 사회 조직의 진화. 국민적 정조가 강한 일본인도 국민적 자각은 극히 유치했지만 돌연히 다른 여러 국민과 접촉하고 그들을 관찰하고는 스스로의 결점을 깨닫고, 그 새로운 지식에 비추어 신중하게 심의한 뒤에 그 결점을 고쳤다고 하면서 글을 맺고 있다.

심리학자 와타나베 도루(渡邊徹)는 논문 「일본 정신의 심리학적 고찰」[165]에서 다음과 같이 말한다. 일본 정신이란 국가 내지 일본 민족의 중요한 활동의 원동력이며 국사(國史)를 일관하여 군(君)·민(民)·국(國) 삼자 일치의 의지·포부·기백·이상·이념이며 국체와 표리일체를 이루고 있다. 충(忠)은 긴 세월에 걸친 외래 사상의 영향으로 결성되었다. 우리 나라 고유의 정애(情愛)에 의한 충이 중국의 의리, 인도의 감사·보은, 서양의 신실(信實)에 의한 충을 섭취·동화하여 현존의 충에서 볼 수 있는 강대한 덕행이 되었다.

위와 같이 국민성의 현상을 심리학적으로 파악하려는 시도가 한 걸음 진행되면 국민성을 어떻게 단련하는가 하는 국민의 도덕 교육이 문제가 된다. 거기에서는 국민성의 토대에 서서 가르치는 실천적인 고찰이 요구되었다.

철학자 다케시다 나오유키(竹下直之)의 『스승의 혼(師魂)과 사무라이 혼(士魂)』[166]에서는 초등학교 교과서의 편찬에 종사하던 저자

---

165) 渡邊徹, 「日本精神の心理學的 考察」(『現代心理學 第五卷 民族の心理學』, 河出書房, 1943. 10)

166) 竹下直之, 『師魂と士魂』(聖紀書房, 1943. 12)

가 스승된 자의 혼인 사혼(師魂)은, 즉 사무라이(士) 된 자의 혼인 사혼(士魂)과 통한다고 주장한다. 예로부터 무사(武士)의 혼에서 자기 헌신 · 책임감 · 자기 신뢰가 양성되었다. 교육의 기본은 '건국정신'(肇國精神)과 제사의 본의(本義)에 바탕을 둔 황국 정신을 기르는 것이며 '군신유의'(君臣有義)에 대응하는 것이 '사제유교'(師弟有敎)라고 생각했다.

다음으로 일본 정신의 형성에서 역사적으로 중요한 의미를 가지는 것으로 생각되는 신도(神道) · 불교 · 유교 등이 해내는 역할에 관해서 고찰한 몇 개의 저서를 소개한다.

종교학자 야부키 게이키(矢吹慶輝)는 『일본 정신과 일본 불교』[167]에서 이렇게 말한다. 오늘날 심히 기이하게 느껴지는 것은, 일부에서 일본 불교는 일본 정신에 적합하지 않다고 논한다는 사실이다. 메이지 이래 신불(神佛) 분리 · 국수보존론 · 일본주의 · 반종교 운동 등으로 불교에 대한 배격이 행해졌지만 국민의 불교신앙에 별로 큰 영향은 끼치지 않았다. 외래 문화가 옮겨 들어와 일본화한 적합한 예가 일본 불교로서 일본의 국체국풍과 합치하고 문학 · 예술에 녹아들어 잠재의식 속에 흐르고 있다. 일본 정신은 일본 국민의 일반 신념이므로 종교적 관념으로서 종교와 대립시킬 것은 아니라고 생각했다.

사쿠라자와 나오카즈(櫻澤如一)의 『'미개인'의 정신과 일본 정

---

167) 矢吹慶輝, 『日本精神と日本佛敎』(佛敎連合會, 1934. 12)

신[168]은 프랑스의 인류학자 레뷔 부류르의 『미개 사회의 정신』을 소개하면서 남방의 '미개인'은 훌륭한 세계관을 가지고 있고 그곳에 일본 정신의 원형이 보인다고 주장한다. 양자의 동일성을 인정하고 불순한 외국 사상을 청산하여 '팔굉일우'(八紘一宇)의 정신을 새로운 세계 종교로 삼아야 한다고 했다.

다음으로 일본 정신의 관념적인 면을 떠나 실제 생활과 결부되는 산업과 농업의 면에서 본 논의를 다루어 보자.

경제학자 가네코 다카노스케(金子鷹之助)는 『일본 정신과 일본 산업』[169]에서 일본인의 경제행동에 관해서 아마도 최초로 체계적 고찰을 시도했다. 일본의 산업은 독특하게 일치단결한 가족적 노동, 또 숙련·기용(器用)·근면·소박과 같은 일본인적 성격의 도움을 받아 외국에서 볼 수 없는 발전을 이루었다. 다시 집(家)에서 국가까지 모든 집단이 가족적 애정으로 받쳐 주는 상호 부조의 단체이며 그 근저에는 가족적 사회 사상이 있다. 가네코는 일본적 성격과 일본적 사상을 합쳐서 '일본 정신'이라고 부른다. 일본인의 본질은 충효의 관념을 항상 갖고 근면·소박·진취·용감한 생활을 영위하며 밑바탕에는 체념을 깔고 있다. 또한 외래 사상에 열광적으로 쏠릴 때도 있지만 어느 사이 그것을 분해하여 그 영양분을 섭취 소화해 버린다. 이것은 일본 사상사가 시작된 이래로 지속되고 있는 전통적 태도라고 했다.

---

168) 櫻澤如一, 『'未開人'の精神と日本精神』(無雙原理硏究所, 1943. 9)

169) 金子鷹之助, 『日本精神と日本産業』(科學主義工業社, 1941. 8)

기쿠치 린페이(菊池麟平)는 『산업무사도』[170]에서 중국(支那)사변 발발 이래 고도 국방 국가를 향한 생산에 종사하는 자를 '산업전사'라고 이름 붙였다. 다시 보다 많은 일본 정신을 불어넣고 싶어서 자본가도 기술자도 공원도 모두 '산업무사'라고 부르고, 그들이 국가를 위해서 무사도 정신을 발휘할 것을 기대하였다. 산업무사는 "황공하게도 큰 임금(大君)에 바치고 받드는 순일(純一)한 갓난아기(赤子)의 정성"을 최고의 이념으로 한다고 했다.

모리마쓰 오사무(森松藏)는 『신상인도』(新商人道)[171]에서 전시중의 상업조합 활동과 관련하여 일본인의 상업도덕과 국민성을 논하고 있다. 고래의 상업도덕은 대단히 단순하지만 일본 민족의 개성이 보존되고 선하고 아름다운 국민성이 높은 향기를 발하는 것이었다. 일본 고유의 자제심, 남에게 봉사하는 고객 존중 정신은 무사도에서 군주를 숭상하는 정신에도 비교될 만한 미풍이었다. 그러나 구미 문화의 무비판적인 수입이 무도퇴폐(無道退廢)의 재해를 불러왔다. 향락적 경향이 나쁜 영향을 미치고 사회 도의는 퇴폐해 갔다. 상인도(商人道)는 고객의 공리주의에 짓밟히고 역으로 상인의 봉사 태도가 타산적이 된다. 상인 한 사람의 자각으로부터 일전(一轉)하여 대일본제국의 배급진영을 담당하는 '일대 부대의 장졸로서' 확고한 자각을 가져야 한다고 했다.

농민 심리에 대해서 처음으로 논한 것은 농학자 가마타 마사아

---

170) 菊池麟平, 『産業武士道』(ダイヤモンド社, 1942. 4)
171) 森松藏, 『新商人道』(文川堂書房, 1942. 5)

쓰(鎌田正忠)의 『농민 심리의 연구』[172]이다. 농민의 성격, 그 장점 단점은 국민성의 측면을 나타낸다. 단점으로서는 (1) 낡은 습관에 얽매이고 고식적이어서(因循姑息) 과단성이 부족하다, (2) 고집이 세고 집착이 강하다, (3) 자부심이 풍부하다, (4) 자신감이 결여되고 의뢰심이 강하다, (5) 비굴하고 정의감이 부족하다, (6)극기심이 결여되고 자중심(自重心)이 부족하다. 이에 대해서 장점으로는, 의지가 강고하고 이지와 비판 능력이 있으며 일에 관해 지식을 습득하고 혹은 기술에 대해서 독창적 연구를 해내는 점을 든다.

기자키 하루미치(木崎晴通)는 『자연경관으로부터 본 일본 정신』[173]에서 섬나라에 사는 일본인은 시야의 협소, 독선 배타, 부화뇌동, 축제소동 등의 '섬나라 버릇'이 있다고 말한다. 화산의 위압 때문에 자연을 숭배 · 순응하게 되고 그것이 역사적으로 천황 숭배와 결부된다. 지진 · 태풍에 대해서도 마찬가지로 인종(忍從) · 희생의 정신이 강화되었다. 자연의 혜택을 받았기 때문에 지성이 발달하지 못했던 일본인은 가지기도(加持祈禱 : 불교 진언종의 기도)와 같은 미신에 사로잡혀 찰나적인 이욕(利欲)을 추구하는 경향이 강하다. 이에 대해 희생의 의식을 도덕화한 것이 유신도(惟神道)이며 그것 없이는 일본 정신이란 없다고 했다.

풍토론적인 관점에서 국민성을 논한 에자와 조지(江澤讓爾)는 『국토의 정신』[174]에서 일본 민족의 특질은 농업에서 가장 명백하

---

172) 鎌田正忠, 『農民心理の研究』(明文堂, 1932. 6)
173) 木崎晴通, 『自然景觀より觀たる日本精神』(國土社, 1938. 8)
174) 江澤讓爾, 『國土の精神』(新潮社, 1943. 8)

게 나타난다고 말한다. 자연의 위협에 대해서는 '숙명에 대한 체관', '몰아멸사(沒我滅私)의 태도'를 낳는다. 그것은 숙명적인 문제를 타고난 '천무'(天務 : 타고난 임무)로서 자각하는 적극적인 태도이며 그러한 개인이 모여 협력하고 쌀 농사의 집약화를 불렀다. 일본인에게 국토는 생활과 끊을 수 없는 것이며 국토관의 특색은 국토를 민족의 역사와 불가분으로 생각하는 점에 있다. '팔굉위우'(八紘爲宇 : 세계를 하나의 집으로 삼는 것)의 이상도 이 국토관에 뿌리박고 있다고 했다.

이상은 단행본·논문으로 발표된 것이지만 다음으로 일본인론을 주제로 하여 많은 논문을 모은 논집과 강좌를 다루겠다.

우선 『일본 정신 강좌』 전12권[175]은 일본이 국제연맹을 탈퇴하고 독일·이탈리아와 함께 파시즘의 길을 걷기 시작한 1933(쇼와 8)년부터 간행이 개시되었다.

제1권의 권두에는 "일본 정신으로 돌아가라!!"라는 슬로건 밑에 다음과 같은 선언이 게양되고 있다. "일본은 국제연맹 탈퇴를 기회로 구미 추종의 시대에서 완전히 벗어났다. 일본은 금후 독자적인 길을 바르게 용감히 걸어가야 한다…. 일본을 알라, 조국으로 돌아오라…, 황도 의식 아래 일본학을 창건해야 할 시대는 왔다… 가장 오래되고 가장 새로운 일본, 동서 사상 문화의 하나의 큰 저수지인 일본, 사랑과 평화와 정의로 장엄하게 되어가는 일본, 이러

---

175) 『日本精神講座』(全12卷, 新潮社, 1933. 11~35. 6)

한 조국을 탐구하는 일은 우리들만이 소유한 행복이다." 이어 강좌 간행의 취지가 명시되어 있지만 그것은 다음의 세 가지 점이다. (1) 조국 의식의 눈뜸. (2) 현대의 긴급한 일은 일본 정신을 아는 일. (3) 국난타개의 길 여기에 있노라. 또 추천의 말씀을 도쿠토미 소호(德富蘇峯)·고노에 후미마로(近衛文麿)가 썼다. 각 권에는 10 편 내외의 논문과 집록·이야기편이 있고 집필자는 연 3백 명에 이른다. 이 강좌는 당시의 파시즘 일본인론의 집대성이라고 말할 수 있다. 아래에 주된 논문 몇 가지를 소개하자.

작가 평론가 시라야나기 슈코(白柳秀湖)는 「전쟁에 나타난 일본의 국민성」(제1권)에서 이렇게 말한다. 국민성은 전쟁행위에서 그 특색이 가장 잘 나타난다. 일본에서는 전쟁은 일종의 토너먼트로서 페어플레이다. 전투원의 인도적인 태도가 무사도에 포함되고 국민의 교양이 되어 왔다. 일본의 전쟁에는 상고로부터 스포츠다운 곳이 있고 전투의 방법, 무사의 몸가짐을 중히 여겨 비겁한 행태는 가문의 수치로 여긴다.

다음으로, 교육학자 요시다 구마지(吉田熊次)의 「국민성 신론(新論)」(제2권)에 따르면, 국민성의 토대는 민족적 소질이며 개성의 토대가 그 사람의 유전적 소질에 의한 것과 같다. 국민성의 특징은 자연주의적 인생관 낙천주의로서 이것들은 국토의 혜택을 받았기 때문이다. 사회적으로는 충효가 국민도덕의 중심이며 가족적 정신이 천황을 경모하는 기초가 된다. '미야비고코로'(우아한 마음), '모노노아와레'(사물에 대해 연민의 정을 느끼는 것)의 심리는 불교의 영향에 의한다. 유교는 무사도 정신에 영향을 끼쳤다. 일반적으로 일본인은 실천형·직관형으로 한때 감정으로 치닫기 때문에 이성형이라고는 말할 수 없다.

교육심리학자 다나카 간이치(田中寬一)의 「일본의 성능」(제2권)은 극단적인 일본인 우수설에 심리학적으로 근거를 대려고 한다. 그 특별한 장점은 기용성(器用性), 높은 지능, 의지강고, 용감이며 중심적인 사상감정은 충군애국의 정신이라고 말한다.

군인·정치가 아라키 다다오(荒木貞夫)는 「황도(皇道)의 본의(本義)」(제3권)에서 현상을 다음과 같이 비판했다. 오늘에도 경박한 공리주의적 외래 사상이 팽배하여 사회불안을 심화시키고 있다. 명백하게 세기말적인 신경쇠약증에 걸려 있는 일본인은 자랑스러움을 잃어버리고 신념을 잃고 자각을 잃어버렸다.

아라키의 비관론에 대해서 객관적으로 일본 민족의 장점을 파악하려고 한 것이 오다우치 미치토시(小田內通敏)의 「섬나라 사람인 일본 민족」(제3권)이다. 그에 의하면 해양에 둘러싸인 일본인에게는 위대한 포용성이 저절로 길러져 왔다. 어업이나 항해를 위해 천연의 힘과 싸워 불요불굴의 정신을 연마해 왔다. 다수의 이민족이 유입되었지만 섬나라의 격리성 때문에 단일한 민족이 되고 말았다.

시인 노구치 요네지로(野口米次郎)는 「일본 예술의 본질」(제5권)에서 이렇게 말한다. 인간은 자연의 일부이며 자연과의 융합도 지극히 용이하다. 일본 예술의 본질은 자연을 응시하고 자기 인식을 깊게 하는 데에 있다. 신이란 자연의 음률이 응결되어 인격화한 존재이다. 인생의 긍정을 중시하여 그 가운데서 풍부한 서정적 기분을 느낀다.

신화학자 마쓰무라 다케오(松村武雄)는 「민담 민속신앙에 나타
난 일본 정신」(제8권)에서 일본 정신의 특징을 (1) 국가황실에 대한
특수한 관념신앙, (2) 투명하고 강건한 정결명랑성, (3) 고귀화되고
순화된 단순간박(單純簡樸)의 3가지라고 했다.

국문학자 후지무라 쓰쿠루(藤村作)의 「국문학과 일본 정신」(제9
권)에 의하면 후지산(富士山)의 형태나 색깔로부터 일본 정신의 특
징인 숭고 · 웅대 · 명랑 · 청정 · 강건 · 관굉(寬宏 : 너그럽고 넓음)
을 들고 있다. 국민은 그 혈통도 상당히 복잡하여 타민족 · 타국민
의 문화를 민첩하고 교묘하게 들여오지만 자기 도취에 빠지며 또
는 반대로 외국 숭배의 경향도 있다. 충군은 많으나 애국은 적다.
이것은 외국과의 관계가 희박하고 국가 의식이 강하지 않았기 때
문이다. 그러나 본원을 숭상하는 정신으로부터 집(家)이나 전통을
존중한다. 쇼와(昭和) 일본인의 창조적 생활은 동서의 2대 문화를
기초로 하여 영위해야 할 것이라고 충고하고 있다.

귀족원 의원으로 보이스카우트 일본연맹의 커미셔너인 후타라
요시노리(二荒芳德)는 「소년단 운동과 황국 정신」(제10권)에서 일
본 정신, 즉 황국 정신은 '가무나가라(惟神 : 신의 뜻대로 따름)의
도(道)'이며 인류 최고의 사회도덕의 근간을 이룬다고 한다. 그러
나 실정은 입으로는 비상시를 부르짖으면서 서로가 각각 대립하고
있다. 일부의 청소년 가운데는 이 황국 정신이 생활 신조가 되지
못하고 비상시인데도 타락하여 환락가로 흘러가고 있다고 탄식하
고 있다.

사사가와 린푸(笹川臨風)는 「일본 취미의 본질」(제12권)에서 자연의 애호는 일본 취미의 근본이며 마침내 자연에 투철한 세련된 취미가 생겨났다. '근대 문화'의 특색은 취미가 민중적이 되어 에도 시대에는 하이카이(俳諧 : 해학을 주로 하여 만든 와카의 하나의 형태) · 센류(川柳 : 에도 시대의 단시. 해학적이며 5 · 7 · 5조였다) · 사쓰하이(雜俳 : 잡다한 형식과 내용의 하이카이) · 우키요에(浮世繪 : 풍속화) · 요미모노(讀物 : 노가쿠에서 낭독하는 문장)가 유행했다. 다시 메이지 이래 취미의 이중 생활(예컨대 서양화와 일본화)에 의해서 일본인의 생활은 다취미가 되었다고 말한다.

『일본 정신 강좌』의 간행중에 잡지 『사상』은 「일본 정신」특집[176]을 짰다. 집필자는 쓰다 소키치(津田左右吉) · 하세가와 뇨세칸(長谷川如是閑) · 사노 가즈히코(佐野一彦) · 히라노 요시타로(平野義太郎) · 긴바라 세이고(金原省吾) · 스나가 가쓰미(須永克己) · 호리구치 스테미(堀口捨己) 등이지만 특히 권말의 시미즈 이쿠타로(淸水幾太郎) 편 「일본 정신문헌」은 761점에 이르는 관련 저서 · 논문을 들고 있으며 일본인 관계로서는 처음의 문헌목록이라고 해도 좋을 것이다.

쓰다는 권두 논문 「일본 정신에 관해서」에서 이렇게 기술하고 있다. '야마토고코로'(大和心), '야마토다마시'(大和魂) 등의 말이 있는데 왜 '일본 정신'이라고 말하는가를 생각해 보면 그것은 일본 정신은 이래야 한다는 주장에서 나온 듯하며 따라서 일본인의

---

176) 『思想』特集 「日本精神」(岩波書店, 1934. 5)

기질 · 습성의 모든 것이 좋고 아름다운 것이라는 경향이 있다. 고전이라든가 중세의 사상이라든가 도쿠가와 시대의 풍습이라든가 과거의 역사에서 일본 정신을 구하는 일이 많지만 예컨대 무사도로 말하더라도 주종 관계 전투 체험 가운데서 양성된 도덕으로서의 특수한 상태에서만 의미가 있는 것이었다. 집단 생활 · 사회 생활의 도덕은 아니므로 현대에 적합하지 않은 것은 당연하다. 현대가 역사의 정점이므로 현대의 생활에 작용하는 정신이야말로 가장 직접적인 의미에서 일본 정신이 아닐까. 현대의 일본 문화에는 예로부터 전해 온 분자(分子)와 서구에서 비롯되어 세계화한 분자 2가지가 있어서 여러 가지 형태로 얽혀 있다. 예컨대 후자인 과학 문화를 현재의 일본으로부터 떼어 놓을 수는 없다. 요컨대 일본 정신을 현대 생활과 대립하는 것으로 보는 사고 방식에는 근거가 없다. 쓰다는 일본 정신을 존재하는 그대로 인정하고, 동시에 현대 생활 그 자체를 긍정하는 입장을 취한다. 물론 현대 생활에도 결함은 있으나 그것을 극복하는 것은 현대 생활 그 자체인 것이다. 일본 문화를 세계적인 것으로 만들어 나가면서 거기에다 민족적 특색을 부여하고 새로운 민족적 문화를 창조해 나간다. 끊임없이 자기의 정신 · 생활을 반성하는 곳에 한층 높은 정신 활동이 있다. 일본 정신 운동은 이러한 정신을 불러일으키는 데에 종국의 임무가 있다고 하면서 끝맺고 있다. 쓰다의 논문에도 보이듯이 이 특집에는 전체로서의 자유로운 분위기가 느껴진다.

『일본 정신 강좌』가 발간된 1933(쇼와 8)년에 이토 지신조(伊藤

千眞三)는 일본 정신 운동의 일역을 스스로 사서 맡고 「일본문화연구회」를 창립하여 전10권의 『일본 정신 연구』[177]를 발표했다. 그 최종권 제10집의 후기에서 이토는 '일본 정신 운동의 회고'로서 창립 당시의 상황을 다음과 같이 말하고 있다. 만몽사변(1931. 9), 국제연맹 탈퇴(1933. 3) 등 시국이 중대하게 되어 있는데도 국민은 혹은 좌경하고 혹은 우경화하고 있다. 때로는 온건하고 치우치지 않은 사상도 있긴 하지만 이론적인 근거는 희박하며 실행력도 결여되었다. 일본 고유의 정신을 바탕으로 사상을 통제하려고 하는 사람도 있지만 그것은 단순히 애국적인 정열에서 오는 감상론으로 그 진리성을 체계로 세운 것은 없다. 오히려 아전인수, 과대망상이라는 비난을 받기조차 하는 것은 참으로 유감이다. 오늘의 사회불안은 이 사상 혼란을 지도하는 사상 체계가 결여되어 있기 때문이다. 이리하여 '일본문화연구회'를 창립하고 일본 정신의 종합적 연구를 지향한다고 설명한다.

『일본 정신 연구』의 제7집은 『일본 국민성』이라고 하는 타이틀로 그 목차는 다음과 같다.

『일본 국민성』 목차

전편

1. 일본 국민성과 교육   이리자와 무네토시(入澤宗壽)

---

177) 日本文化研究會 編, 『日本國民性』(『日本精神研究第7集』東洋書院, 1935. 8), 『日本精神研究方法論』(『日本精神研究第10集』, 同前 1935. 12)

　이 권의 특색으로 이토는 '편집후기'에서 다음과 같이 기술하고 있다. '국민성은 만들어져야 하는 것'이라는 생각이 일반에 널리 퍼져 오늘의 국제적 난국을 헤쳐 나가려고 각 국민마다 그 민족 정신을 밝히고 우수한 국민성을 만드는 데 주력하고 있다. 그것은 무엇보다도 교육의 문제이며 본 권에서도 그 관점이 중요시되고 있다. 요컨대 국민성을 연구하여 그 장점을 다시 발휘시키는 것이 주된 안목이다.

　우선 교육학자 이리자와 무네토시(入澤宗壽)의 「일본국민성과 교육」에 의하면, 신도(神道)의 중심인 정직과 그 표현인 예(禮)는 일본인이 정중하다는 장점으로 되어 있다. 국민성의 하나의 특질인 조상 숭배 · 경신 숭불(敬神崇佛) · 충효는 모두 종교와 관계가 있었지만 메이지 이후의 공리주의가 그 특질을 빼앗아 갔다. 다만 일본적인 것을 역설한 것은 좋지만 배타적이 된다면 관용섭취의 국민성을 무시하는 것이 된다. 외래 사상이 국민성을 침해하는 수도 있지만 얼마 안 가서 일본화하는 것이 국민성에 포함된 발전성이라는 장점이라고 했다.

마찬가지로 마쓰야마 사와키치(松山澤吉)는 「국민성과 유교」에서 국학자라든가 국가 지상주의의 일파가 주장하는 배타적 자주주의는 국민 본래의 성정에 반한다고 했다. 일본인은 외래 사상의 장점을 받아들여 오늘날 이만큼 크게 되었다. 유교의 영향을 받아 도의적, 실천적이 되고 충효인의의 국민성을 가지게 되었다.

이토 지신조는 「우리 국민성에 대한 하나의 고찰」에서 메이지 말기의 국민성 연구가 단순히 장점 단점을 논하는 데 그쳤다고 비판하고, 이론적인 연구의 필요성을 설파했다. 국민성은 각 국민 고유의 성정이지만, 사회와 세태의 변화가 영향을 미친다. 종래 일본인 전체가 미의식이 풍부하고 취미가 풍부하다고 말들 해 왔지만 오늘날 미적 감상은 일부 사람에게 독점되고, 일반 국민은 거의 무관심하여 취미 생활을 이해하지 못하고 우미풍아(優美風雅)의 일면이 부족하다. 덕육, 종교적 심정, 도덕적 심정도 결여되어 있다. 국민성은 해국(海國)인 것, 온난한 것 등에 무의식적으로 영향받지만 의식(意識) 생활이 높아짐에 따라 정치 · 법률 · 종교 등과 사회적 관계를 가지게 된다. 섬나라 근성이라고 하더라도 쇄국 정책이라든가 봉건 제도와 대단히 관계 깊다고 생각된다. 최후에 이토는 당시의 정치적 상황에도 불구하고 국가주의는 군국주의 내지 침략주의에 빠져 버리는 일도 있었다고 하면서, 무(武)는 정의의 확립을 위해서는 필요하지만 인생의 이상은 인류의 행복을 위해서 세계의 평화를 확보하는 일이라고 평화주의의 사상을 표명하고 있다.

『일본 정신 연구』는 제7집 『일본 국민성』이 간행되고 4개월 지난 1935(쇼와 10)년 12월에 제10집 『일본 정신 연구방법론』이 최종권으로 간행되었다. 이 권의 전편에서는 당시의 학교 교육, 사상 문제와의 관련 및 연구 방법에 관해서 종래의 일본 정신론 연구를 상당히 비판적으로 검토하고 있다. 후편에서는 에도 시대 이전으로 소급하여 막말에 이르는 국학자 · 사상가에 의한 일본 정신론의 변천을 더듬고, 속편에서는 외국의 일본인 연구를 소개하고 최후로 일본 정신 운동을 동인들끼리 회고하고 있다.

원래 문부성 사상조사과장에서 마쓰야마(松山) 고등학교 교장이 된 고모다 가즈이치로(菰田万一郎)는 「사상 문제와 일본 정신」에서 일본인은 뜨거워지기 쉽지만 식기도 쉽고 외래 사상을 차차로 구해 나가는 것이 '국민의 보통 성정'이며, 마르크스주의가 들어온 뒤 수년간은 공감을 얻었지만 같은 주장을 되풀이하기 때문에 반감이 높아졌다고 한다. 만주사변은 국민적 의분의 폭발이며 그로부터 국민으로서 자각이 높아져 열국에 뒤지지 않도록 국력의 증진이 필요하다고 했다.

미학자 야마타 미노루(山田實)의 「방법론적 반성으로서의 일본 정신설 종합비판」에서는 일본 정신을 감정적인 것으로 강요한다든가, 타산적으로 무리하게 합리화하는 것을 비판하고 있다. 대신이라든가 대장 등의 지도자들이 어리석기 짝이 없는 일본 정신론을 부르짖고 학자조차도 속론(俗論)으로 사회에 영합하고 입신출세를 원하는 자도 있다. 일본 정신론의 진영 내에서는 비판이 너무나 없다. 민족성이라고 하면 미풍양속만을 드는 '보물선과 같은 일본 정신'이다. 충군애국을 자연의 인정으로 돌리는 것은 이론을 왜곡하는 것이다. 그렇지는 않고 일본 정신이란 역사의 경과 가운데서 일본화되는 것이며, 오래됨과 고유성에 있는 것이 아니라 현재의 생활 가운데 가장 확실하게 존재한다. 고지키(古事記)·신화 등의 복고주의적인 연구는 비상하게 왕성하지만 그 해석에 서양의 철학이론을 가져오는 것은 틀린 것이다. 다시, 일본 정신을 '향자적'(向自的), '구심적'으로 탐구하는 것은 유아독존적, 쇄국주의적, 배타주의적이며 다시 나아가서는 국가주의·민족주의로까지 발전한다. 구미의 문화나 사상을 몰아내고 순수한 일본 정신을 침전시키고자 하는 것은 소극적이요, 철저한 배외론은 나라를 멸망시킨다. 어제까지는 외국 문화의 추종자가 오늘은 배외주의의 최선봉이 된다. 현재의 일본 사상, 일본 문명으로부터 서양 문명과 서양 사상을 빼내어 버리면 무엇이 남는가. 이성이 아니고 신비에 숨어 비판을 회피하는 경향의 전형이 나치다. 우리들에게 일본 정신이란 국민주의·민족주의를 대신하여 국제주의 협조주의 포용주의, 동화주의, 팽창주의의 태도를 취하는 것이라고 하는 것이 야마타의 결론이다. 이 논문은 당시로서는 이색적 일본 정신론 비판으로 주목할 만하다.

하시모토 미노루(橋本實)는 「정신사 연구의 방법론」에서 무사도론을 정리해서 비판하고 한편에서는 신앙적인 유심사관이 있고 다른 한편에서는 정신적 현상을 파괴하려는 유물론사관이 있다고 한다. 하시모토는 무사도기원설을 다음의 네 개로 나눈다. (1) 무사도는 건국 당초부터 존재한다. (2) 무사도는 무사의 출현에 의해 성립했으나 그 원류는 멀리 건국 정신에 있다. (3) 무사도는 무사의 발흥과 같이 성립했다. (4) 무사도는 메이지 이후 처음 나타났다.

유심사관에 의하면 일부의 역사가 · 윤리학자 · 신도가(神道家)는 무사도를 국체 · 국민성 혹은 신도로 본다. 그러나 과학적 연구를 외면하고 무사도를 미화하는 것은 역사의 도덕화인 것이다. 또한 야마토다마시가, 무사도라고 하는 것도 틀린 것이다. 충절의 정신은 국민성의 근본이긴 하지만 무사에게 충절의 대상은 황실이 아니라 봉건군주였다. 이와 같이 유심론자의 무사도설도 비판해야 하지만, 유물론자는 무사도 그 자체를 부정한다고 했다.

위에서 본 『일본 정신 연구』는 극단적인 국수주의뿐 아니라, 어느 정도 객관적인 국민성 연구의 면도 포함되어 있었다. 이에 대해서 확실한 이데올로기의 입장을 취한 것이, 사법보호협회 『쇼토쿠』(昭德) 편집부 편 『일본 문화의 성격』[178]이다. '간행사(辭)' 에서 사법성보호국장 모리야마 무시로(森山武市郎)가 말하듯이, 이것은 사상범 보호사업으로서, 사상범을 '충량(忠良)한 황국신민으로 돌

---

178) 司法保護協會, 『昭德』編集部 編, 『日本文化の性格』(文錄社, 1941. 7)

려보내기' 위해 간행한 잡지 『쇼토쿠』의 '황기(皇紀) 2천 6백 년' 기념호이며, 일본 정신 · 일본 문화 기타 법률 · 경제 · 종교 예술의 여러 방면에 걸쳐 전문가들 35명에게 집필시킨 논집이다.

목차 가운데 주된 것을 들면 다음과 같다.

「일본 정신의 특질」에 대하여 도쿄 고사(東京高師) 교수 유라 데쓰지(由良哲次), 「문화의 섭취와 자주적 태도」 신궁황학관(神宮皇學館) 교수 하라타 도시아키(原田敏明), 「일본적 사유와 문화 특성」 도요대학 강사 미소구치 고마나리(溝口駒造), 「외래 문화와 일본 문화」 에마 나가시(江馬修), 「일본 법제의 성격」 교토대학 교수 마키 겐지(牧健二), 「유교와 일본」 도호쿠제대 교수 다케우치 요시오(武內義雄), 「일본적 종교의 성격」 도쿄대학 조교수 미야모토 마사타카(宮本正尊), 「일본 신화의 특질」 도쿄 문리대 조교수 히고 가즈오(肥後和男), 「일본주의 사상의 전망」 히로시마 문리대 교수 기요하라 다다오(清原貞雄), 「일본의 성격」 나카가와 요이치(中河與一).

철학자 유라 데쓰지의 「일본 정신의 특질에 대해서」에서는 야마토 민족의 정신 생활은 일원적, 통일적, 연속적인 성격이 있고, 원리로서의 일본 정신에는 다음의 여섯 가지 특질이 있다고 한다. 첫째로 현실적이다. 사실적, 실천적으로 행위실현에 무게를 둔다. 둘째로 본질적이다. 일본 신도(神道)의 '신'은 현실에서 근원의 본질을 가리킨다. 셋째로 내재적이다. 일본인의 사상 · 생활에 있어서 지고의 가치는 내재화한 신이며 그것을 '다마'라고 부른다. 넷째로 종합적이다. 외래 문화를 배척하지 않고 받아들여 그것을 일본적인 것으로 만든다. 다섯째로 조화적이다. 고래로부터 '화(和)'를 가지고 귀(貴)함으로 삼는 것'이 생활의 이상이며 일체로서의 국가를 실현하는 것이 황실의 '어정신'(御精神)이다. 여섯째로 이상적이다. 노력으로써 무한한 발전을 지향한다.

아래의 여러 논의도 일본 정신을 전제로 하고 있다. 일본 문화 사상의 전체에 대해서「일본주의 사상의 전망」에서 기요하라 다다오는 일본주의를 다음과 같은 내용으로 정리하고 있다. (1) 국조를 숭배함, (2) 광명을 주지로 함, (3) 생생(生生)을 숭상함, (4) 정신의 원만함을 기함, (5) 청정결백을 기함, (6) 사회 생활을 중히 여김, (7) 국민적 단결을 중히 여김, (8) 무(武)를 숭상함, (9) 세계의 평화를 기함, (10) 인류적 정의(情誼)의 발달을 기함. 단 여기에서는 많은 일본주의자가 이미 부르짖고 있는 것과 같은 국수 보존주의와 혼동되는 일본주의가 아니라, '팔굉일우'의 정신으로 국제적으로 높은 지위에 서는 것을 지향한다고 한다.

또한 작가 나카가와 요이치의「일본의 성격」에서는 일본인의 성격 가운데 서양과 동양이 동시에 포함되어 있기 때문에 유럽 문명을 교묘하게 받아들였다고 생각한다. 일본의 풍토에는 지중해적인 요소도 있고, 그것이 일본인을 합리적으로 성장시켰다. 그러나 한편에서는 동양에 공통된 '허무'나 '초합리적' 사상도 있어, 양면을 가진 일본 정신이기 때문에 그야말로 팔굉일우의 의미도 이해된다. 또 일본인이 현실적임을 첫째로 한다는 견해에 반대하여, 오히려 영원을 위해서는 현실을 희생하는 곳도 있다고 주장했다. 나카가와의 견해는 일본인 가운데에서 동양과 서양의 두 가지 요소를 보는 점이 독특하다.

다음으로 일본인의 사상적 태도 가운데, 특히 애국심을 중심으로 다룬 것은 『이상』임시호 「애국 사상의 구명」[179]이다. 아래에 주된 논문을 들어본다.

심리학자 가쓰라 히로스케(桂廣介)의 「조국애의 심리적 구조」에 의하면, 향토에 대한 애착은 향토와 자아의 직접적인 관계로부터 생겨나는 것이 자연적인 정신적 사실이다. 그것에 대해서 국토 전체에 대한 사랑은 훨씬 윤리적 성질이 짙다. 향토애는 사회적 애정·반개인주의적 태도로서 드디어는 국토 전체에 대한 애정과 연결된다. 향토의 의식은 타향과의 대비에 의해 보다 현저히 강화되고, 자기를 향토의 성원으로 느낀다. 체험적으로는 자기와 향토 전체가 동일시되고 자기가 그 전체자 가운데 융합한다. 전체를 위해서는 내 한 몸을 희생하여 돌아보지 않는 행위가 생기는 심리적 기초가 여기에 있다. 열광하는 집단적 행동의 최고조에는 자기와 타인의 단순한 집합이 아니라 융합적인 통일체가 생겨난다. 예컨대 국가가 타국과 대립하게 된다면 국내의 각양각색의 대립이나 상극이 완화되고 해소된다. 애국의 열정이 최고로 높아지면 개아(個我)의 경계는 완전히 해소되고 자아는 완전히 국가 그 자체의 의식에 융합한다고 했다.

니시무라 신지(西村眞次)는 「애국주의와 영웅주의」에서 과거 1세기에 걸쳐서 조국을 지켜 온 주된 동인은 민족의 애국주의와 영웅주의라고 했다. 군사적으로는 비행기의 발달이 섬나라가 갖는

179) 『理想』臨時號 「愛國思想の究明」(理想社出版部, 1937. 10)

방위력을 거의 잃어버리게 했지만, 테크놀러지에 능한 일본 민족은 비행기가 막강한 무기라고 해서 겁낼 것은 없다는 낙관적인 견해를 갖고 있다.

사회학자 이와자키 보이치(岩崎卯─)의 「애국 사상과 계급」에 따르면 '조국' 혹은 '황국'이 국민적인 도의심의 대상이 된다. 혈연적 공동 사회인 가족의 자연적 확대로서 감득된 순수한 민족 국가인 일본은, 다시 지역·목적·운명의 인연에 의한 유대로 강화된 일체자로서 인식되고 이해되며 나아가 신앙의 대상이 된다. 일반 장병의 조국에 대한 태도와 전사하는 순간의 심경이 그 증거다. 예컨대 평상시 학교에서는 마르크스이론에 경도되고 조국 러시아 방위를 부르짖은 자가 전사하는 순간에는 거의 의식을 잃을 때에 '황국 만세'를 부르짖는다. 이와 같이 자본가 계급도 유산자 계급도 무산자 계급도 하나같이 국민적 도의감을 약동시킨다는 것이 이와자키의 결론이다.

작가 구라타 햐쿠조(倉田百三)는 「애국 정신과 문학」에서 군가나 관전묘사(觀戰描寫)는 강제되고 선동된 흔적과, 진리보다 앞서 타협된 정의관에 의해 방해되기 때문에, 깊은 애국심에 호소할 길이 없다고 한다. 국가 속에서 도덕·자유·진실의 공존을 보려고 하는 국가 이상주의에 설 때에, 비로소 자각적으로 애국적이 될 수 있다. 애국의 정신이란 국가의 현행 구조를 그대로 긍정하는 것이 아니라 끊임없이 나라가 나라다운 목적에 비추어 불합리를 혁신하려고 하는 열의이다. 애국 문학은 국가 혁신의 문학이요 보수적 계급에 대한 반역의 문학이기 때문에, 탄압을 각오하고 거기에 저항하여 발표 방법을 발견해 내지 않으면 안 된다. 정치를 위해서 봉사하는 것은 문학의 타락이다. 문학은 자본주의 기구의 모순에 대한 증오를 표현하지 않으면 안 된다. 자급자족의 자원이 보증되면 상업적인 제국주의 전쟁의 원인을 제거하고 인류 문화를 손상시키고 더럽힌 근본 원인인 영리주의를 없앨 수 있다. 영리는 인간성을 망치고 사람과 사람과의 공존을 저해하는 근본악(惡)이라고 논했다.

이상 살펴본 바와 같이 파시즘 일본인론은 국민성이라는 개념 대신에 국민 정신 또는 일본 정신의 이름 아래 순전히 황실 중심의 국수 사상을 선전하기 위해서 쓰이고 있다. 그러나 몇 개의 논문에서는 다소 객관적인 국민성론, 혹은 일본 정신론에 대한 비판도 나타났다. 아래에 일본 정신을 한층 강조하는 야마토다마시(大和魂)와 무사도(武士道)를 설명한 저서를 들춰내어 다루어 보겠다.

2. 야마토다마시(大和魂)와 무사도(武士道)

파시즘 일본인론 중에서 국민성론으로서 많은 논자가 공통으로 드는 것은 야마토다마시(大和魂) 또는 야마토고코로(大和心)이다. 어느것이나 고대부터 일본인의 성격 특징으로서 중국의 가라고코로(唐心)와 대조해서 강조되어 왔다. 그것은 일본인 우수설의 하나의 근거가 되기도 하고 국민성 가운데에서도 가장 긍정적인 일면으로 취급되어 왔다.

이에 대해 무사도는 중세 귀족의 몰락과 함께 나타나서 전국 시대 이후 무사 계급의 정신적인 지주가 되고, 특히 에도 시대에는 막부의 정치적 지배를 정신적으로 뒷받침해 왔다. 메이지 유신에 의해 사민평등이 되고 무사도 정신은 일단 배경으로 물러섰지만, 메이지 정부의 부국강병책으로 군사력을 증대시키기 위해서 그 정신적 측면을 강화하는 의미로 무사도의 재평가가 시도되었다. 이 경우 에도 시대에는 무사도의 충성심이 막부와 번(藩) 양쪽으로 향한 이중 구조였던 데 반해 메이지 이후에는 군대의 천황에 대한 충성심으로 일원화할 필요가 생겼다. 거기에 부응해 무사도론과 무사도 이전부터 있는 야마토다마시의 새로운 구축이 행해지게 되고 그것이 군국주의 · 일본 정신주의와 결합하게 된다. 아래에 그 갖가지 논의를 소개하려 한다.

오바 기카지(大場喜嘉治)는 『신일본주의』[180]에서 일본혼이란 건국의 정신을 체득한 충군애국의 지정(至情)에 충만한 마음이며 그것은 국운의 발전뿐만 아니라 일체 인류를 융합 · 조화 · 통일하는 정신이며 항구평화의 이상을 실현하는 혼이다. '신일본주의'는 종래의 일본주의를 확장하여 모든 인류를 이끌어 갈 원리다. 오바는 편협한 애국주의나 국가적 이기주의에 빠져 독일의 둘째 노릇을 하게 되는 것을 경고했다.

센리 아키사부로(亘理章三郎)의 『일본혼의 연구』[181]에서는 일본

---

180) 大場喜嘉治, 『新日本主義』(二松堂書店, 1932. 12)
181) 亘理章三郎, 『日本魂の研究』(中文館書店, 1943. 5)

혼 또는 야마토고코로의 정신사를 선각자의 여러 가지 논설을 상세하게 소개하는 방식으로 더듬어 갔다. 저자는 해외 문화를 포용하는 위대한 능력을 일본혼에서 나오는 큰 것 중의 하나라고 했지만 외국 문화를 배울 경우에 일어나기 쉬운 폐해로서, 존외비내(尊外卑內), 심취모방, 외화자실(外化自失)을 들었다. 헤이안(平安) 시대의 '글'(한문)재주에 대한 일본의 독특한 '야마토다마시'는 한학에서는 기를 수 없는 세상사는 재주라고 해야 할 것으로 그것이 국민성의 특질이라고 했다.

의학박사 호리에 겐지(堀江憲治)의 『일본인의 강함에 관한 연구』[182]에서는 일본 국민이란 일본 정신을 자기의 마음으로 하는 인민이며, 야마토다마시란 천황에게 일신을 바치는 백성의 마음이라고 했다. 일본인이 강한 것은 일본인이 가지는 정신력과 국가의 활력이 된 야마토다마시 때문이라고 말한다.

또한 다나카 지고헤이(田中治吾平)는 신도의 입장에서 쓴 『일본민족의 사상과 신앙』[183]에서 일본혼의 성격을 이해할 수 있는 이상적인 단어를 오이(大), 유타카(豊), 이키이키(生生), 니기시(和), 이사마시(勇)의 다섯 가지로 하고 이것들은 죽은 단어가 아니라 현재에도 국민을 이끌고 지배하는 힘을 가지고 있다고 했다.

국가주의자 국문학자 하스다 젠메이(蓮田善明)는 라디오강연집 『충성심(忠誠心)과 미야비(宮廷)』[184]에서 세계에 그 유례가 없는 일

---

182) 堀江憲治, 『日本人の强さの硏究』(山雅房, 1943. 5)
183) 田中治吾平, 『日本民族の思想と信仰』(會通社, 1943. 10)
184) 蓮田善明, 『忠誠心とみやび』(日本放送出版協會, 1944. 6)

본인의 충성심을 무사도 이전부터 존재하는 고대의 순수한 정신에 소급해서 생각한다. 외국인의 '국가를 위하여'라는 것과는 달라 모든 것이 천황으로부터 시작된다는 마음으로, 천황이 '미야코'(宮處), '미야비'(宮廷)의 본원이라고 했다.

시대는 뒤로 돌아가지만 국문학자 이가라시 지카라(五十嵐力)의 강연 필기 『우리의 삼대 국민도(三大國民道)』[185]에서는 야마토다마시를 네 개의 '국민도'로 나누고 있다.

제1의 '자연아도'(自然兒道)는 태고로부터 나라(奈良) 시대에 걸쳐서 행해진 국민도로, 타고난 천성에 따라 외래 문화를 모방한 것뿐이다. 제2의 헤이안 시대의 '공경도'(公卿道)는 감정문예(感情文藝)에 기조를 둔 미적 생활 본위의 국민도이지만 결점은 사람에 의뢰하는 문화, 사람을 사용하는 문화였으므로 영속되지 못했다. 제3의 '무사도'는 가마쿠라 시대 이후 에도 시대에 이르는 동안에 문화·도덕을 형성했는데 그것은 우선 주군을 위하여 죽는 것이며 '가시즈키(かしづき)의 도덕'이었다. 다음으로 겐로쿠(元祿) 시대로부터 '조닌도'(町人道)가 나타나고 그것과 같은 유(類)의 백성도(百姓道), 승려도(僧侶道), 다인도(茶人道), 배인도(俳人道), 협객도(俠客道), 유녀도(遊女道) 등이 출현했다. 제4는 메이지 이래 나타난 '신사도' 혹은 '공민도'이다. 신사도는 공경도와 무사도를 조화시킨 것으로 특색은 입헌적, 합리적이라고 하는 점에 있다.

무사도 정신은 스포츠와도 관련되어 논해진다. 오이시 미네오

---

185) 五十嵐力, 『我が三大國民道』(早稻田大學出版部, 1929. 12)

(大石峰雄)는 『민족체육의 일본적 건설』[186)]에서 민족적 정신을 기초로 하는 민족체육을 주장했다. 자본주의는 교육이 자유주의와 개인주의를 지향하게 하고 스포츠도 국민적·인격적이 아니라 위안적·오락적으로 유한 계급의 여가 죽이기로 발전시켰다. 일본인에게 희생적이란 용감하다는 것이며 그 희생 정신을 기르는 데는 단체경기가 좋다. 올림픽도 조국을 위해서 '불패의 혼'을 발휘하기 때문에 국민 의식을 높이는 데 필요하지만 만일 진다면 민족적인 열등감을 불러오는 일도 있다고 했다.

다음으로 무사도를 역사적으로 논한 것으로서 중국 철학자 사토 가나메(佐藤要)의 『일본 무사도의 재음미』[187)]가 있다. 사토는 일본인의 국민성으로서 우선 심신의 청결을 존중하는 성실·순진한 마음을 든다. 또한 현실성(낙천성), 동화성, 우애성(숭조경신·충군애국), 조화성을 들고 이것들 국민성이 무사도의 기초가 되었다고 말한다.

무사도론의 고전으로 저명한 것은 니토베 이나조(新渡戶稻造)의 『무사도』(BUSHIDO, The Soul of Japan, 1899)[188)]이다. 이에 의하면 무사도는 무사가 지켜야 할 도덕적 원리의 규율이며 평민은 그 도덕적 높이만큼은 도달하지 않았지만 야마토다마시는 드디어 섬나

---

186) 大石峯雄, 『民族體育の日本的 建設』(成美堂書店, 1936. 4)

187) 齋藤要, 『日本武士道の再吟味』(大東出版社, 1937. 7)

188) 新渡戶稻生, 『武士道』(矢內原忠雄 譯, 岩波書店 1938. 10, 改版 1974. 11)

라의 민족 정신을 표현하기에 이르렀다. 무사도는 무의식적인 것으로, 저항하기 어려운 힘으로 국민과 개인을 움직여 왔지만 다른 한편으로 국민의 결점, 단점에 대해서도 큰 책임이 있다. 심원한 철학의 결여는 무사도의 교육 제도가 형이상학의 훈련을 경시했기 때문이며, 감정적이며 흥분하기 쉽고 외국인으로부터 비난을 받는 자부존대(自負尊大)도 명예심의 병적 결과이다. 무사도는 독립된 윤리의 법칙으로서는 장래 사라질지도 모른다. 그러나 그 힘은 지상에서 멸하지 않을 것이라고 결론짓고 있다.

종교적인 입장에서 시부가와 게이오(澁川敬應)는 『일본적 생사관』[189]에서 일본인의 생사관의 기본적 성격으로서 (1) 선종과 무사도에 기초하는 종용성(從容性)―깨끗하고 조용하게 죽어가는 것, (2) 역용성(逆用性)―언제나 죽음에 직면하는 마음가짐으로 생에 충실하려고 하는 태도, (3) 불사성(不死性)―사후의 세계를 상정하고 살아가려는 태도를 들고 있다.

센리 아키사부로는 무사도의 개념을 확대한 『장부도사론』(丈夫道史論)[190]에서 무가 시대 이전의 도덕은 무사도가 아니라 '마스라오노미치'(丈夫道)라고 불러야 한다고 했다. 메이지 이후 구미 사상에 대한 추종이 강해지고 또한 근래 국민 정신이 왕성해지면, 고전 가운데서 단편적으로 고어나 고전설(古傳說)을 가져다가 잘못된 어림짐작으로 흉내내기식 배움을 시도하여, 그것을 일본 정신, 국민

---

189) 澁川敬應, 『日本的生死觀』(興教書院, 1942. 9)

190) 亘理章三郎, 『丈夫道史論』(金港堂書籍, 1942. 9)

218 일본인론(上)

성이라고 부르짖고 시류에 영합하는 자가 많다. 고대에는 남자를 '마스라오'라고 부르고 '장부혼'(丈夫魂)이란 우쓰시고코로(現心 : 자아의 자각), 오고코로(雄心 : 웅장한 마음), 굵은 마음(태연자약한 부동심), 총심(聰心 : 명민한 사려판단)을 가리키고 있다고 했다.

이상 국민성의 하나의 측면으로서 야마토다마시와 무사도의 정신을 중심으로 한 일본인론을 다루어 보았지만 특히 전시중에 쓰인 것은 전의(戰意) 앙양을 목적으로 천황에 대한 충성이 강조되고 군국주의적인 호소방법이 전면에 나온 경우가 많다.

3. 일본 정신과 일본 문화

위에서 보아 온 야마토다마시나 무사도의 일면적인 국민성론에 대해서 다소 넓은 시야에서 일본 정신과 일본 문화의 관계를 논한 고찰도 발표되었다. 그것은 전시(戰時)라는 상황에서 파시즘으로부터 어느 정도 심리적인 거리를 두고 국민성을 논한 것이다. 우선 처음에 일본 문화 일반을 논한 저작을 다룬다.

하세가와 뇨제칸(長谷川如是閑)은 『일본적 성격』[191]에서 당시의 일본주의 · 일본 정신의 논의에 대해서 그 객관적 근거인 '일본적 성격'의 자각 없이는 논할 수 없다고 하고 본서에서는 주로 그 장

---

191) 長谷川如是閑, 『日本的性格』(岩波書店, 1938. 12), 『續 日本的性格』(岩波書店, 1942. 12)

점을 논했다. 국민적 성격을 도덕적 태도로 볼 때는 객관적, 사실적(寫實的), 중간적, 간약(簡約), 겸억(謙抑 : 겸손하게 자기를 억제하는 것), 평범, 상식적이다. 위 특징의 성립 조건은 자연이 비교적 온화하고, 큰 경제적 격차가 없고, 정치적으로는 역사 이전의 시대에 민족적 대립이 정리되고, 가족주의적인 국가가 성립되고, 외국에게 정복되지 않았다는 사실이다. 일찍부터 중앙권력으로 씨족 사회에 의한 지방 수탈이 조절되고 무력에 의한 정치적 중심의 교체가 없었다. 다음으로 일본인의 심리적 특징으로서, 라틴적인 극단을 좋아하는 경향과 앵글로색슨적인 실제적 경향과의 양면성이 있다. 또 단점은 신중함이 부족하고, 급한 성미에 변덕이 많으며, 천재가 많은 자연 조건으로 느긋한 기질을 갖지 못하고 무게가 없으며, 외부의 자격(刺激)에 민감하게 되고, 무의식적으로 모방에 빠지기 쉽다. 그러나 반면에 역사적으로 중대한 시기에는 인내와 자제를 취하는 조화로운 심리가 작용하는 일이 많다. 일본 문화는 자제의 심리에 의해서 화려한 미보다는 잠재적인 미에 중점을 둔다. 인공적인 완전보다도 자연적인 불완전에서 미를 느낀다. 다시 일본 문명과 일본 문화에 관해서는 간소, 담백, 소쇄, 단순한 문화적 세련은 대륙 문명의 웅대, 장엄, 복잡, 번쇄한 표현보다 훨씬 인간적인 문명이라고 논했다.

위의 저서에 이어 전시중 하세카와는 『속 일본적 성격』에서 국민적 성격의 다면성을 문제로 다루었다. 우선, 일본 신화의 특징은 모든 성격의 신들이 각각의 기능을 가지고 있는 점이다. 고대에 문자가 없었기 때문에 보편적인 언어가 발달하여 전국민에 공통된 문명이 형성되고, 예컨대 단가 문학의 기조는 사회의 상층과 하층에 공통되었다. 신이나 자연에 대한 경외의 심리가 인류 관계에 연장되고 생활 윤리가 되었다. 또 서로가 정이 같고 느낌이 같은(同情同感) 심리에 기초하여 자기 억제가 강하다. 그것이 올바른 의미의 강함을 누르고 안전 제일에 머물게 할 우려가 있다. 외국 문화는 일본인의 감성에 의해서 재생산되고 눈부시게 개조된다. 메이지 이후의 자연과학에서도 경험적 무자각의 파악에 의한 실험적 응용과학 면에서 뛰어났다. 제일 끝에 나오는 '일본 민족의 우수성'이라는 장에서는 하세카와도 일본인 우수설을 주장하고 있다.

마찬가지로 일본인 우수설을 취하는 니시무라 신지(西村眞次)는 『일본인과 그 문화』[192]에서 일본인의 민족적 성격은 역사적으로 보아 적응성, 가동성(可動性), 수용성, 평화성, 도덕성, 협조성에서 성립되었다고 했다. 청년층에 대한 심리조사의 결과에서는 도덕성, 평화성, 적응성, 협조성, 수용성, 가동성의 순서였다. 일본 민족은 투쟁성이 아니라 공예성(생산성)이 풍부하고, 미술·공예·기술상에서 세계 제일의 특성을 발휘하고 있다. 일본 정신은 진취·다산·협력의 3정신으로부터 성립되고 무사도는 그 하나의 가지(分枝)다. 다시 일본주의는 위의 세 가지 특징이 나타나는 생활을 즐기는 낙관주의도 포함한다고 했다.

통계적 자료를 사용하여 언뜻 보기에는 '과학적'인 일본인 우수설은 다나카 간이치(田中寬一)의 『일본의 인적 자원』[193]이다. 다나

---

192) 西村眞次, 『日本人と其文化』(富山房, 1940. 8)
193) 田中寬一, 『日本の人的資源』(螢雪書院, 1941. 4)

카는 심리학의 입장에서 국민의 신체·지능·성격 등 여러 면에 걸쳐 고찰했다. 우선 겸허하게 타민족의 장점은 존중해야 한다고 하고 그러나 자기의 과소평가는 서양 숭배에 빠진다고 하면서, 일단 객관적인 입장을 취하지만 차츰 일본인 우수설로 기울어진다. 문화 면에서는 일본 시가(詩歌)는 형식이 간결하고 일본화(日本畵)는 여백 부분을 이용하여 거기에 의미를 부여한다. 일상 생활에서는 가족(家)과 민족에 관한 의식이 강하고, 가족 가운데 범죄자가 생기면 그것을 가족과 민족 전체의 불명예라고 생각한다. 국민의 대다수가 국가에 관한 정조(情操)를 발달시켜 협동의지 동작(協同意志動作)을 취한다. 교육심리학을 전문으로 하는 저자는, 일본은 교육이 보급되었고 두개골의 용량(頭蓋容量)과 뇌량(腦量)이 뛰어나고, 지능은 높고, 성격도 사려깊고 사회 중심적·고집센 것 등의 장점이 있다고 극단적인 일본인 우수설의 입장을 취했다.

이 밖에 같은 일본인 우수설에 데라지마 마사치카(寺島柾史)의 『일본 민족의 과학적 우수성』[194]이 있다.

무사도와 예술의 관계에 관해서는 도미노 요시쿠니(富野敬邦)가 『일본 학예의 도통(道統)—도념(道念)과 지기(志氣)』[195]에서 이렇게 기술한다. 일본은 '도의 나라'이며 고래로 신도(神道)가 행해져 왔으나 신도가 신하와 자식(臣子)의 행동에 나타나면 신도(臣道) 또는 효도가 되고 무사의 경우에는 무사도가 된다. 일본 예능의 특색

---

194) 寺島柾史, 『日本民族の科學的優秀性』(日本公論社, 1938. 3)
195) 富野敬邦, 『日本學藝の道統—道念と志氣』(第一出版協會, 1943. 5)

은 첫째로 유원(悠遠)함인데 이것은 일본인의 본질적인 인생관, 신들의 자손으로서의 자각에 기초하고 있다. 둘째로 '마코토'(誠)의 정신으로 일관되어 있으며 예술은 도덕과도 종교와도 하나가 된다. 셋째로 일본적 무(無)는 무념무상, 선(禪)에서 말하는 체관·각오·해탈·열반의 진리와 일본 정신이 동화된 것이며 그 예로서 제아미(世阿彌)의 '유현'(幽玄) 등을 들고 있다.

극작가로 전시에 문화 통제의 선봉에 섰던 기시다 구니오(岸田國士)는 『힘으로서의 문화』[196]에서 풍속을 어지럽히고, 생활을 비뚤어지게 하고, 국민의 품위를 손상시켜 결과적으로 그 실력을 저하시키는 최대의 원인으로서, 바로 '대충 적당하게 맞추어 놓'는 '적당 맞춤주의'를 지적한다. 다시 '아무것이나 상관없다. 손해보지만 않는다면'이라는 책임 회피와 '될 수만 있다면 고생을 하지 않고 단물만 빨아 마신다'는 사행심리를 비난한다. 이에 대하여 이에(家)·향토·조국에 대한 사랑을 강조하고 "일본인의 애국심은 조상 숭배의 생각(念)을 날줄(經)로 하고 근황(勤皇)의 뜻(志)을 씨줄(緯)로 하는 국토에 대한 헌신이 된다"고 말하면서 현대의 무사도를 기리고 있다.

위에 든 국민성론은 일본 문화의 다양한 측면으로부터 그 뛰어난 특징을 파악하려는 시도였다. 그러나 반드시 일본 정신·국민정신의 우수성만을 내세우는 것이 아니라 어느 정도 객관적으로

---

196) 岸田國士, 『力として文化』(河出書房, 1943. 6)

일본적인 사상이나 세계관에 관해서 고찰한 사상가·철학자의 저
작도 있다.

사이토 쇼(齋藤晌)는『일본 사상의 장래성』[197]에서 일본인의 정
신적 특징으로서 다음 것을 든다. 독립자존적 심정의 결여, 부화뇌
동, 미온적이며 안이함(easy going)으로 잠시의 안락에 취해 백년
대계를 잊어버린다. 다시 매너리즘에 빠지기 쉽고 안절부절못하는
섬나라 근성으로 새로운 방법이나 방식을 마련하는 것을 대단히
두려워한다. 그러나 그 단점이 장점을 구성하는 요소가 된다. '사
물에 대해 연민의 정을 느끼는 것', '허무함', '사비', '와비' 등과
같은 정조는 풍부하다. 고래로부터의 의리인정도 자아의 약함에서
생겨난 것으로서 모든 이해를 넘어 절대자에 대한 귀의의 감정에
따라 행동한다. 일본인의 본질은 초개인적인 것으로부터 왔고 거
기에 우수성의 수수께끼가 있다고 했다.

철학자 니시다 기타로(西田幾太郎)는『일본 문화의 문제』[198]에서
노리나가(宣長)가 "그것은 다만 물(物)로 가는 길만이 있구나"라고
말하듯이 '곧바로 물(物)의 진실로 가는' 과학적 정신에 의해 "서
양 문화를 소화하고 동양 문화의 새로운 창조자라고도 생각되는
것"은 일본 정신 때문이라고 주장했다. 니시다는 "일본 정신의 진
수는 물(物)에서나 사(事)에서나 하나(一)가 되는 것으로…그것이
모순적 자기 동일(自己同一)로서의 황실 중심이라고 하는 것일 것

---

197) 齋藤晌, 『日本思想の將來性』(高陽書院, 1939. 2)
198) 西田幾多郎, 『日本文化の問題』(岩波書店, 1940. 3)

이다"라고 말한다. 일본 정신은 또한 "모든 물(物)을 통합 통일하여 간단명료하게 쉽게 파악하려고 한다." 풍토 그 자체가 "인간과 자연이 하나가 되는 친화적인 것이었다." 또한 "일본인의 직관은 오히려 사(事)에 즉(卽)하는 것이라고 생각할 수가 있는 것이다. 주체적이고 환경적이다"라고 하여 예컨대 하이쿠(俳句)는 가장 그러한 특색을 나타내고 있으며 그것은 "세계를 찰나적인 한 시각에서 보는" 것이라고 했다.

미키 기요시(三木淸)의 논문「국민적 성격의 연성(鍊成)」[199]은 이른바 '신질서' 아래에서 '국민의 교화'를 지향한 강좌(제1강 사이구사 히로토〈三枝博音〉, 제2강 후나야마 신이치〈船山信一〉, 제3강 시미스 이쿠타로〈淸水幾太郎〉, 제4강 무로코 다케나리〈室戶建造〉, 제5강 스기무라 고조〈杉村廣藏〉, 제6강 시무라 요시오〈志村義雄〉, 제7강 사카이 사부로〈酒井三郎〉, 제8강 아오노 스에키치〈靑野季吉〉・쓰무라 히데오〈津村秀夫〉・히지카타 데이이치〈土方定一〉・가미이즈미 히데노부〈上泉秀信〉의 권말 특별강좌)이다. 여기에서 미키는 신질서의 제도가 국민성의 표현이라고 규정하고 "진실로 새로운 질서는 새로운 국민적 성격의 형성 없이는 생각할 수 없다"고 말한다. 이 전쟁은 국민적 성격을 단련하는 절호의 기회이며 자유주의 교육을 넘어선 '연성'(鍊成)이 필요하다는 것이다. 여기에서도 군사적인 것과 일상적인 것과의 통일이 요구되는데도 '총후(銃後 : 전

---

199) 三木淸, 「國民的性格の鍊成」(三枝博音 編, 『日本文化の構成と現實 大東亞基礎問題硏究第3卷』, 中央公論社, 1943. 1)

투하지 않는 국민'의 생활이 '암거래' 등으로 일그러져 있는 데에 대한 반성론이 전개되고 있다. 국민적 성격 연성의 목표는 세계적인 대국민을 만드는 데에 있지만 그러기 위해서는 세계 및 세계사를 아는 것이 긴요하다고 결론지었다.

과학 정신과 일본 정신을 결합시켜야 한다고 한 진기한 저서로서 이학자 마쓰이 모토오키(松井元興)의 『과학과 일본 정신』[200]이 있다. 마쓰이에 의하면 자연계의 모든 사상을 과학적으로 구명하는 것이 자연과학의 정신이지만, 오늘날 과학지식의 남용으로 인간의 행동은 도리어 반자연적으로 되어 버렸기 때문에 다시금 과학 정신의 수립이 요구된다. 과학 기타의 학문, 문예·예술도 미를 추구한다는 점에서는 공통되지만 그 미란 국체의 미요 국체의 미를 우러러보고 따르는 것이 일본 정신이다. 일본 정신이 길러진 것은 조상 이래의 자연을 대하는 경건한 태도, 겸허한 진심 때문이다. 근대 문명에는 두 가지의 요사스런 병이 있는데 하나는 타산적인 구두쇠 냄새나는 장사치 근성(町人根性), 또 하나는 대립적으로 사물을 생각하는 궁중 여인들과 같은(御殿女中式) 시기심이다. 일본 정신이 오늘까지 확보되어 온 것은 누가 뭐라 해도 부인의 힘이며, 몰아적으로 애정을 기울여 키우는 태도가 자녀의 마음에 스며들어 알지 못하는 사이에 나라를 세우는 큰 근본인 충효의 마음이 길러졌다. 자! 일본 정신이다, 야마토다마시다!라고 소리 높여 강제하는 것은 일반 국민에 대한 최선의 방법은 아니라고 결론짓고

---

200) 松井元興, 『科學と日本精神』(績文堂, 1944. 7)

있다.

위와 같은 과학적 정신과는 대조적으로 종교적 입장에서 직접 간접으로 일본 정신을 강조하는 논의도 나타났다. 전시의 천황은 사람으로 나타난 신(現人神)이며 이 신인동일 사상에 기하는 종교 의식이 황실 중심주의의 하나의 근거가 되었다.

종교학자 우노 엔쿠(宇野圓空)는 강연집『민족 정신의 종교적 측면』[201]에서 일본 정신론의 혼란을 비판하고 "애국심이야말로 일본인의 전매특허라는 등 자기 도취에 빠지지 말고" 타민족에게도 민족 정신이 있다는 것을 생각해야 한다고 했다. 일본 정신이 곧 국체 사상이라는 경향에 대해서, 일본 민족의 생활 원리로서 사상이나 생활에 나타나는 것을 일본 정신이라고 불러야 한다고 했다. 국수주의자는 금방 삼종(三種)의 신기(神器 : 황위의 상징인 거울, 옥, 검)와 일본 정신을 연결시키지만 고지키(古事記)·니혼쇼키(日本書記) 등은 역사적 사료로서는 뜻밖에 빈약하다. 고대로부터 존속되어 왔다는 조상 숭배도 유교나 불교의 영향이며, 일본인만이 신의 후예라고 하는 좁은 소견은 불교의 세계 의식으로 파괴되고, 인류가 균등하게 법을 믿는 불자라고 하는 국제주의적 태도까지 생겨나게 되었다고 주장한다.

선(禪)을 해외에 널리 소개한 스즈키 다이세쓰(鈴木大拙)는『선과 일본인의 기질』[202]에서 있는 그대로의 세계를 향수(享受)해 가

---

201) 宇野円空, 『民族精神の宗教面』(興教書院, 1935. 3)
202) 鈴木大拙, 『禪と日本人の氣質』(日本文化協會, 1934. 12), 『日本的 靈性』(大東出版社, 1944. 12)

는 선의 태도가 자연에 순응한 생활을 하고 있는 일본인의 기질과 일치하고 있다고 했다. 다음으로 스즈키는 『일본적 영성(靈性)』에서 영성이란 정신의 깊은 구석에 잠재하고 있는 작용으로서, 영성의 경험이 종교 의식이라고 했다. 그것은 여러 민족에 공통되는 보편성을 갖지만 영성이 눈떠서 정신 활동에 나타나는 양식은 각 민족마다 다르다. 일본의 경우 정(情)적 방면은 정토계(淨土界) 사상, 지적 방면에서는 선(禪) 사상이다. 일본의 선 생활은 일본적 영성 위에 꽃피었다. 선적 표현은 생활 가운데 침투하여 가장 일본적으로 보이는 신도(神道) 그 자체가 선화(禪化)해 갔다고 한다.

스즈키는 종교 면에서 무의식적 '영성'을 내세웠지만, 프로이트가 말하는 무의식의 문제를 일본인 연구에 들여놓은 사람은 민간의 정신분석학자 오쓰키 겐지(大槻憲二)였다. 그는 『현대 일본의 사회분석』[203]에서 이렇게 말한다. 일본인은 외국인에 대해서뿐만 아니라 일본인끼리도 증오 본능이 강하여, 대타 공격욕(對他攻擊欲)이 변하여 자기 공격욕, 즉 사(死)의 본능으로 나타난다. 죽음의 종교인 불교를 넓힌 것은 죽음의 본능이며 그것은 변해서 종교심이 되기도 하고 용맹심이 되기도 하지만, 증오 심리(특히 대 외국)로서 발현하기보다는 훨씬 의의가 있다. 그러나 죽음의 본능이 강렬하다고 하더라도 누구나 자기 보존 본능을 가지고 있는 이상, 일본인도 전시에는 다소간 전쟁신경증이 일어나는 것도 당연하며 분석치료의 방책을 세우는 편이 애국적이라고 했다. 중일전쟁으로부

---

203) 大槻憲二, 『現代日本の社會分析』(春陽堂書店, 1937. 10)

터 제2차 세계대전에 걸쳐서 약 15년 동안 일본인의 미의식에 관한 연구는 순전히 일본의 특수한 미를 연구하는 전통 예술론과, 일본인의 미의식을 전쟁과 결부시켜 일본 정신의 미적 측면으로 칭송하는 논설과의 두 갈래로 나누어진다. 아래에 예술의 여러 가지 장르에서 공통적으로 보이는 미의식의 일반론과, 국문학, 국어학, 나아가 예술의 각 방면에 반영되는 특수한 미의식론을 다루어 보겠다.

야마구치 유스케(山口諭助)는 『미의 일본적 완성』[204]에서 최고의 미의식으로서의 '사비'(寂)를 논했다. 사비란 '아집에서 선탈(禪脫)하여 일체와 연결되는 큰 고요함의 모습'을 의미하고 일본적 미에서는 정신성이 물질성보다 우월하다고 했다. 예컨대 강렬한 색조의 서양화에 비해서 일본화는 간소고담(簡素枯淡)의 표현을 최고의 미로 한다. 또한 바쇼(芭蕉)의 하이쿠에 의해 사비의 최고미가 자각되고 일반화했다.

영미 시단에서 인정받은 노구치 요네지로(野口米次郎)는 『전통에 관해서』[205]에서 황실 숭배·팔굉일우를 찬양하고 일본 예술의 전통적 독립성을 강조했다. 작은 자연의 물상(物象)에도 우주의 중심이라는 존재 이유를 갖게 하고, 천진하고 청신한 눈으로 자연과 일생을 바라본다. 일본인이 자연을 사랑하는 것은 미적 의식이 민감하기 때문이라고 했다.

문학에서 일본적 미에 관해서는 국문학자 히사마쓰 센이치(久松

---

204) 山口諭助, 『美の日本的 完成』(賓雲舍, 1942. 4)
205) 野口米次郎, 『傳統について』(牧書房, 1943. 5)

潛一)의『국문학과 민족 정신』[206]이 있다. 그는 하가 야이치의『국민성 10론』에 다소 새로운 견해를 첨가하여 다음과 같은 10가지 면을 들었다. (1) 경신(敬神), (2) 충군애국, (3) 가(家)의 존중, (4) 무사도, (5) 의리의 정신, (6) 진실과 '마코토'(誠), (7) 조화와 '사물에 대해 연민의 정을 느끼는 것', 8) 상징과 유현(幽玄), '사비', (9) 형(型)과 평담(平淡), (10) 전통의 존중. 앞의 다섯 가지는 일본 정신의 실질이라고 말해야 할 것이며 뒤의 다섯 가지는 그것에 수반해서 생기는 마음가짐이라든가 태도이다.

사나리 겐타로(佐成謙太郎)는『요쿄쿠(謠曲)와 일본 정신』[207]에서 요쿄쿠(노가쿠의 가사)는 적어도 무로마치 시대의 일본 정신을 표현하고 있으며 특히 제아미의 지도 정신이 가해져서 요쿄쿠의 취재·각색 등 모든 것이 "지순열렬(至純熱烈)한 존황애국(尊皇愛國)의 정신에서 용솟음쳐 나온" 것으로 일본 정신의 가장 현저한 특징을 표현하고 있다고 했다.

국문학자 다카기 다케시(高木武)는『일본 정신과 일본 문학』[208]에서 다음과 같은 국민성의 특징을 들고 주로 문학을 제재로 논하였다. (1) 통일성과 영원성, (2) 포용성과 동화성, (3) 순진성과 단순성, (4) 쾌활성과 명랑성, (5) 현실성과 실행성, (6) 적극성과 과감성, (7) 관용성과 온화성, (8) 경건성과 의례성(儀禮性), (9) 예민성

---

206) 久松潛一,『國文學と民族精神』(文部省思想問題小集 5, 1934. 3)

207) 佐成謙太郎,『謠曲と日本精神』(「日本精神叢書 15」, 文部省思想局, 1935. 3)

208) 高木 武,『日本精神と日本文學』(富山房, 1938. 5)

과 교치성(巧緻性), (10) 우아성과 예술성.

보다 자세하게 일본인의 미의식을 논한 것은 미학자(美學者) 오니시 요시노리(大西克禮)의 『유현(幽玄)과 자비심』[209]이다. '유현'이란 '노골적이지 않고 명백하지 않고 뭔가 내면에 숨어 있는 듯한 곳이 있는', '어두컴컴함, 몽롱함, 희읍스름함'을 의미한다. 다시 정적, 심원, 충실상(相)—무한하게 큰 것의 집약 응결—, 신비성 또는 초자연성이라는 의미도 나온다. '아와레'(불쌍히 여기는 마음)는 첫째, 특수심리적인 슬픔(哀), 둘째, 일반심리적인 감동 일반, 셋째 일반적인 미의식으로서 우(優)·려(麗)·완(婉)·염(艶) 등이다. 마찬가지로 오니시는 『풍아론』(豊雅論)에서 하이론(俳論: 하이쿠에 관한 이야기나 이론)으로 '풍아는 원래 쓸쓸한 것이다'라고 되어 있으며 '사비'는 '한적'하다고 하는 좁은 의미가 아니라 하이카이(俳諧: 유머러스한 와카)에 특유한 미적 개념이라고 했다. '사비'는 또한 만고불역의 자연의 오래됨을 파악하고 그것에 의해 물(物)의 본질이 나타나는 것이다. 다실은 한적성, 유희성, 자유성이라는 성격을 가지고 특히 그 '반상칭성'(反相稱性)은 비합리성을 좋아하는 민족적 미의식의 근본적인 특색이라고 했다.

일본 문예학을 제창한 오카자키 요시에(岡崎義惠)는 『일본 문예의 양식』[210]에서 일본 문예의 내용 실질은 사상보다도 인상, 인생

---

209) 大西克禮, 『幽玄とあはれ』(岩波書店, 1939. 6), 『風雅論』(岩波書店, 1940. 5)

210) 岡崎義惠, 『日本文藝の樣式』(岩波書店, 1939. 9), 『美の傳統』(弘文堂, 1940. 9)

보다도 생활기분, 의지보다도 정조(情調)이며 강렬·격렬·심각한 것은 결여되고, 안정·우아·청담(淸淡)이 풍부하다고 했다. 민족적으로는 연소적(年少的)·여성적이다. 예컨대 사비·시오리(바쇼의 하이쿠에서 마음속의 여정이 섬세한 구로 나타난 것)는 노경(老境)의 감촉을 갖지만 역시 여성적이다. 또한 무사도나 임협(任挾) 정신은 염치심이 강한 일본인의 남성적 일면을 나타내지만 이것도 연소적이다. 일본 문예의 특색은 "우미하고 쾌활하고 단순하고 섬교(纖巧)하고 담백하고 온화하고 조화적이며 경묘(輕妙)하여" 요컨대 "아침 햇살에 향기 뿜는 산벚꽃"과 같다. 일본인은 연소성 때문에 외계에 대해서는 민감하고 외래의 것을 섭취하여 자기를 성장시켜 왔다고 한다.

마찬가지로 오카자키는 『미의 전통』에서 다음과 같이 논하고 있다. 가론(歌論)은 그다지 발달하지 않았고 오히려 가론이 없다는 점에 특징이 있는지도 모른다. 가론은 과학적으로 순수하게 되려고 하기보다도, 작가의 실천적 방향에 따라서 입론(立論)도 예술적 표현을 취하려는 경향이 있다. 스스로의 형(形)을 정돈하기보다 남의 문화 속에 녹아들어 경계를 없애 버리려는 곳에 일본인의 성격이 나타난다.

국어학자 기쿠자와 기세이(菊澤季生)의 『국어와 국민성—일본정신의 천명(闡明)』[211]은 국어가 논리적이기보다는 감정적이며, 남성적이기보다는 여성적이며, 또한 복잡기괴하지 않고 단순명랑하

---

211) 菊澤季生, 『國語と國民性』(修文館, 1940. 9)

다고 한다. 일본인의 진지성과 예의바름은 경어가 지금도 잘 사용되고 있는 것으로도 알 수 있지만, 그 반면 논리적인 표현에는 서툴다고 지적한다.

그 밖에 예술·문화와 관련시켜 일본 정신을 논한 저작은 많다. 책 제목만 든다면 이토 주타(伊東忠太) 『신사(神社) 건축에 나타난 일본 정신』(일본문화협회, 1935. 10), 다쓰이(龍居松之助) 『정원과 일본 정신』(문부성사상국, 1936. 3), 다카키 다케시(高木武) 『전기이야기(戰記物語)와 일본 정신』(문부성교학국 편, '일본정신총서' 26, 1940. 8), 기시다 히테토(岸田日出刀) 『일본 건축의 특성』(문부성교학국 편, '일본정신총서' 50, 1941. 1), 니시보리 잇산(西堀一三) 『벽걸이 물건(掛物)과 일본 생활』(河原書店, 1941. 7), 미쓰오카 주세이(滿岡忠成) 『일본 공예사(史)』(三笠書房, 1941. 9), 니시카와(西川) 『생화(生花)의 미적 성격』(一條書房, 1943. 10), 우에다 주조(植田壽藏) 『일본의 미의 정신』(弘文堂書房, 1944. 1) 등이다.

이 절에서는 파시즘 체제하의 문화 상황에 맞추어 일본 문화의 우수성과 그 만든 사람의 뛰어난 국민성에 대해서 쓴 것을 수록했다. 그러나 그 모든 것이 파시즘과 전쟁 찬미를 강조한 것은 물론 아니다. 그 가운데는 '비상시'의 국민 행동에 관한 비판과 반성을 촉구하는 소리도 포함되어 있다. 다만 기본적으로는 '성전'(聖戰) 수행을 위해 국민의 각오를 촉구하는 경고에 그치고, 언론의 자유를 빼앗긴 진보주의자의 의견은 끝내 햇빛을 보는 일이 없었다.

점령기

Ⅵ. 점령기의 일본인론

패전으로 일본은 역사상 처음 외국에 점령당했다. 그 결과 점령
군에 의해 경제 · 정치 · 문화 · 종교 등 모든 면에 걸쳐서 저항을
용납하지 않는 점령 정책이 실시되었다. 천황을 대신하여 맥아더
원수가 사실상의 일본의 지배자가 되고, 천황은 "신성하여 범할 수
가 없다"는 아라히토가미(現人神)의 존재가 '인간선언'(1946. 1. 1)
에 의해 신성(神性)을 잃어버리게 되었다.

점령 정책의 기본적인 원칙은, 천황제를 상징 천황의 이름 아래
남기면서 그 밖의 것에 대해서는 미국적인 민주주의의 입장에 서
서 전전의 봉건적 문화를 부정하는 문화 정책을 취했다. 그 결과
생활 양식의 모든 방면에 미국 문화가 급속히 확대되었다.

이와 같은 사회 상황에 직면하여 일본인의 반성과 자기 비판이
다양한 면에서 시도되었다. 가장 철저한 반성론은 통계학자이자
사회운동가이며 뒤에 NHK 초대 회장이 된 다카노 이와사부로(高
野岩三郎)의 「공화국헌법사안(私案)」[212]으로 대표된다. 그것은 천
황제를 폐지하고 대통령을 국가의 원수로 하는 주권재민의 주장이

---

212) 高野岩三郎, 「共和國憲法私案」(「囚はれたる民衆」, 『新生』, 1946. 2)

었다. 이와 같은 자유로운 분위기 아래에서 패전의 해 12월, 야에야마(八重山)군도에 야에야마공화국이 수립되었지만 겨우 8일 만에 점령군의 군정하에 놓이고 야에야마 지청이 되고 말았다. 일본을 미국의 하나의 주로 만들어 버린다느니 일본어를 폐지하고 프랑스어를 국어로 한다는 설까지 나타났다.

미국 점령군이 전통 문화를 봉건적이라고 하여 거부와 통제의 정책을 취한 데 대해, 그 뛰어난 면을 존속시키고 다시 창조적인 발전을 지향하는 새로운 전통 문화론도 나왔다. 거기에서 전통 문화의 계승자인 일본인이란 무엇인가라는 의문형으로 자기 발견의 논의가 생겨났다. 그것은 서양 문화와 서양인에 대해 일본 문화와 일본인의 독자성을 밝히려는 입장이었다. 국민성이 독자적 특징을 가지기까지의 과정 탐구는 저절로 일본인ㆍ일본 문화의 기원과 역사를 테마로 하는 일본인론을 배출시켰다.

아래에서 우선 일본인 자신에 의한 패전의 교훈과 반성을 다룬 다음, 전후 처음으로 등장한 미국인이 쓴 일본인론『국화와 칼』(菊と刀)과 그것에 대한 반응ㆍ비판에 관해서 기술하고, 다시 일본의 전통 문화에 대한 재평가의 시도를 다루어 보려고 한다.

1. 패전의 교훈과 반성

패전이 일본인에게 가져다 준 최대의 충격은 정치적으로는 천황제의 문제였다. 따라서 천황제를 받들어 왔던 일본인의 심리를 역사적, 사회적으로 다시 고쳐 생각하는 일본인론이 패전 이듬해부터 여러 분야에서 나타났다. 거기에서는 천황론을 비롯하여 패전의 사회심리학적인 원인이나 과학기술에 대한 반성 등 일본인의 장래에 중요한 지침이 되는 문제가 제기되었다.

패전을 기회로 일찌감치 과거의 일본에 대해 엄격한 반성을 표명한 사람은 작가 사카구치 안고(坂口安吾)이다. 그는 「타락론」[213] 가운데서 이렇게 말한다. 원래 일본인은 증오심이 오래 계속되지 않는 국민으로서 '어제의 적은 오늘의 친구' 라는 낙천성이 있고, 원수이기 때문에 한층 사이 좋게 되기도 하고, 어제의 적 밑에서 일하기도 한다. 천황제는 극히 일본적인 독창적 작품으로, 사회적으로는 잊혀진 때에도 정치적으로 튀어나온다. 정치가는 일본인의 성벽(性癖) 가운데에서 천황제를 발견하고, 자기들의 영원한 번영을 약속하는 수단으로서 절대 군주의 필요를 느끼고 있었다. 천황을 숭배하는 것이 자기 자신의 위엄을 나타내고 스스로 위엄을 느끼는 수단이기도 했다. 권모술수를 일삼는 일본 국민에게는 대의명분으로도 천황이 필요했다고 한다.

「타락론」에 이어 사카구치는 「천황소론」(天皇小論)에서 이렇게 말한다. 종전(終戰)의 혼란이 천황에 의해서 구제되었다는 상식은 거짓말이며, 내심으로는 모두가 종결을 바라고 있었고 정치가도 인민도 천황을 이용했을 뿐이다. 최대의 비극은 뿌리깊은 봉건적

---

213) 坂口安吾, 「墮落論」(『新潮』, 1946. 2), 「天皇小論」(『文學時標』, 1946. 6), 「續墮落論」(『文學季刊 2號』, 1946. 12), 「天皇陛下にささぐる言葉」(『風報』, 1948. 1), 어느것이나 뒤에 『日本論』(河出書房新社, 1989. 4) 所收.

기만이 무의식적으로 지속되고 있는 것이며, 그 때문에도 '천황을 그저 보통의 인간으로 되돌리는 것'이 절대 필요하다고 단정했다.

다시 사카구치는 「속타락론」에서 이렇게 말한다. 진보적 정신은 내핍적 반동 정신의 일격을 받고 과거로 되돌려지고 말았다. "견디기 어려움을 견디고, 참기 어려운 것을 참아 짐(朕)의 명령에 복종해 주기 바란다"라는 말을 들으면 국민은 울면서 "다름 아닌 폐하의 명령이므로 참기 어렵긴 해도 참으면서 전쟁에 지자"고 말한다. 사카구치는 "거짓말 마라! 거짓말 마라! 거짓말 마라!"라고 통렬히 비판한다. 그리고 일본 및 일본인은 타락할 수밖에 없고, 천황제의 역사적 야료가 작용하는 한 일본에 인간과 인성을 올바로 꽃피우기는 바랄 수 없다고 했다.

이듬해 사카구치는 「천황폐하에 바치는 말씀」에서 테마에 즈음해 "짐(朕)은 배불리 먹고 있다. 너희들 신민(臣民)은 굶어 죽어라"라고 하는 플래카드가 나타난 사건에 관련해서 '짐이라는 괴상한 제1인칭이 존재한' 것을 지적한다. 천황을 존경할 이유는 없다. 일본의 가장 오래된 가문이라고 말하지만 누구나 계보는 없지만 같은 만큼 오래된 가문은 갖고 있다. 특별한 경어라든가 가공적인 위엄으로 보통의 인간과 다르게 보이는 데 급급한다. 큰길 옆의 환호를 "영원한 국민적 심정이라고 생각하신다면 실로 이만저만 웃기는 일이 아니다." "천황복 등의 묘해 빠진 복장이 기괴하기 짝이 없다는 것을 이슬방울만큼도 깨닫지 못하는 비문화적 원시종교의 정신"에 의해 지지되고 있음에 지나지 않는다. 천황의 인기는 광신적이며 사교의 교조와 신도와의 연결과 바로 같은 성질의 것이다.

"천황이 현재와 같은 모양으로 여행한다는 것은, 즉 전쟁에 가까워지고 있다는 것, 일본이 바보가 되어가고 있다는 것, 여우에 홀린 미친 사람이 되어가고 있어서, 그래서는 일본이 구제받을 수가 없다"라고 비판하고 있다.

전후의 반성 중에서 가장 극단적인 예로, 국어를 일본어에서 프랑스어로 바꾸자는 의견을 말한 것으로는 작가 시가 나오야(志賀直哉)의 「국어 문제」[214]이다. 시가는 "일본의 국어만큼 불완전하고 불편한 것은 없다"라고 하고, 일본어를 폐지하고 세계에서 가장 좋고 아름다운 프랑스어를 채용할 것을 제안했다. 그것은 프랑스가 문화가 진보한 나라로 소설도 시도 일본인과 통하는 데가 있다고 생각하기 때문이다.

전후 곧바로 시가가 이와 같은 과감한 국어론을 제창한 것은, 메이지 초기의 모리 아리노리(森有禮)의 영어 채용론의 시대보다도 훨씬 큰 전환기라고 보았기 때문이다. 일본어와 결별하는 것은 서운한 일임에는 틀림없으나 오십 년, 백년이 지난다면 그러한 감정에 지배되지는 않게 된다고 예측하고 "미래의 일본을 위해서 과감한 일을 해야 한다"라고 맺고 있다.

시가의 반성이 국어 문제에 머물러 있었는 데 반해 천황제 비판을 포함하는 철저한 반성론이 구 진보주의자들에 의해서 발표되었다. 전전 『나이칸』(內觀)이라는 개인 잡지가 영미파라 하여 군부로부터 비난받고 폐간의 쓴맛을 본 가야하라 렌타로(茅原廉太郎)는

---

214) 志賀直哉, 「國語問題」(『改造』 1946. 4), 뒤에 『志賀直哉全集第7卷』 (岩波書店, 1974. 1)

『일본 인민의 탄생』[215]에서 전후 일찌감치 일본인의 자기 비판을 시도했다. 자유주의 정치가로 알려진 오자키 유키오(尾崎行雄)가 서문에서 "예전의 일본에는 '인민'의 관념이 거의 없고 '국민'의 의식만이 지나치게 강조되어 무조건 항복의 굴욕을 받기에 이른 것도 그 결과라고 할 수 있다"고 하고 연호도 '신일본 원년 12월'이라고 적고 있다.

가야하라에 의하면 일본인에게는 자아의 확립이 없고 남의 힘으로 무슨 일을 이루려는 의식이 강하다. 차별관은 있으나 평등관이 없고 국가는 있어도 사회가 없다. 인간 관계는 모두 상하차별의 관계이다. 인민은 찰나적이며 눈앞의 이해만을 보고 인간 생활에서 가장 중요한 합리적 생활의 방법을 모른다. 일본의 집(家)은 예술적으로 되어 있으나 건강하게 생활한다는 이성적 요소가 들어가 있지 않다. 또 영양에 대한 의식이 없고 여성은 경제 관념이 없다. 지리상·정치상 쇄국이 계속되어 왔기 때문에 마음이 닫혀 자기 나라를 객관적으로 보지 못하기 때문에 대전의 승리를 최후까지 믿고 있었다. 공적 관계가 없고 사회 관계는 모두가 사적 관계 정실 관계다. 집의 이익은 자기의 이익이라는 의식은 있으나 사회의 이익도 자기의 이익이라는 생각은 없어 이것은 국민성의 결함이다. 일본인은 평소에도 그렇지만 전쟁이 나면 무리에 무리를 거듭하여 육체를 학대하고 경시하고 소홀히 다룬다.

가야하라는 전쟁을 저주하고 있었으므로 반전론자로 취급되었

---

215) 茅原廉太郎, 『日本人民の誕生』(岩波書店, 1946. 6)

고, 전쟁에서 지는 것이 오히려 나을지도 모른다고 말해 미국의 스파이로 여겨졌다고 한다. 국민의 생활을 본위로 한다면 황실 중심주의는 근본적으로 파괴되지 않으면 안 된다. 패전 당시 "더 이상 인민을 괴롭히는 것은 짐이 참을 수 없는 바이다"라고 말한 천황의 정신을 철저히 해야 한다. 황족이나 높은 지위의 사람들이 단체의 총재 등이었지만 모두 로봇, 인형 친황, 귀신 상여였다. 그 사람들도 스스로 물러나 인간으로서의 가치 창조에 노력해야 한다. 또 일본의 피를 청신하고 활발하게 하기 위해서는 세계의 사람들과 잡혼(雜婚)할 필요가 있다고 했다.

위와 같은 가야하라의 자기 반성보다도 한층 객관적으로 패전의 원인을 분석한 것은 과학자이며 기술자였던 도미즈카 기요시(富塚淸)의 『과학참회』[216]이다. 그에 의하면 과학기술의 텃밭에서도 안신보명(安身保命)에만 급급한 나머지 전범으로서 질시를 받기 전에 증거서류를 태워 버린다든가, 부서의 이름에 당황해서 평화적인 것으로 개칠하는 사람들이 있었다. 지금이라도 "조금만 더 노력했더라면 무엇인가 되었을 것이다"라든가 "나는 옳았는데도 그 자가 나빴다"라는 책임 회피가 보인다. 이래서는 솔직한 참회에 장애가 되므로 우선 이것을 두들겨 부수는 것이 좋을 것이다. '본토결전 우리에게 유리' 하다고 종전 바로 직전까지 떠들었지만 그 취소도 반성도 아직 발표되지 않았다. 이와 같이 패전 직후의 상황을 냉정하고 솔직하게 기술한 저서는 드물다. 특히 저자가 전쟁중

---

216) 富塚淸, 『科學ざんげ』(黎明出版社, 1947. 1)

에 기술자로서 중요한 역할을 한 것을 생각하면 이것은 귀중한 자기 비판의 서라고 말할 수 있다.

도미즈카와 마찬가지로 엄격하게 자기 반성을 표명하면서 한편으로 천황 숭배를 강조한 것은 의사 다나카 도시오(田中利雄)이다. 그는 『수필 일본인』[217]에서 다음과 같이 말한다. 일본인의 결점은 건강무관심, 일 싫어하기, 무계획성, 무책임, 생각이 얕고 근시안적인 일의 계획, 의지박약과 부화뇌동이다. 그러나 호기심은 극히 강하고 외국 문화를 무엇이든 받아들인다. 다만 생각 없이 호기심을 만족시키면 일을 솜씨와 요령있게 처리하는 기용성(器用性)의 빈곤에 빠지는 일본인은 본래 평화를 사랑하고 미를 좋아하는 국민으로 살벌한 일은 대단히 싫어하는데, 이번의 전쟁으로 히틀러의 말 엉덩이에 올라타 일본의 역사에 일대 오점을 찍은 것은 천황폐하에 대해서 죄송하다고 다나카는 반성한다.

다시 정치와 경제적인 면에서 과거의 일본인에 관해서 반성한 것은 『근대 일본의 특이성』[218]인데 여기에는, 오카 요시타케(岡義武) 「근대 일본 정치의 특이성」, 기무라 겐코(木村健康) 「일본의 사회와 자유주의」, 이이쓰카고지(飯塚浩二) 「일본의 민주화에 관한 각서」 등 3편의 논문을 수록하고 있다. 패전이라는 일본 역사가 시작된 이래의 변동에 즈음하여 이제부터 일본 사회의 근대화가 어떠한 형태로 진행되어야 하느냐 하는 점을 정치학·경제학·사회

---

217) 田中利雄, 『隨筆 日本人』(山野書店, 1947. 10)

218) 岡義武·木村健康·飯塚浩二, 『近代日本の特異性』(東洋文化講座 1, 白日書院, 1948. 1)

과학의 입장에서 논하고, 공통되게 전통주의에 대한 근대적 자유주의를 주장했다.

또한 사회학자 신메이 마사미치(新明正道)는 『국민성의 개조』[219]에서 국민성의 반성에 입각하여 민주주의로 국민성을 개조하자고 주장했다. 그에 의하면 국민성의 최대 약점은 자각적 인격에 바탕을 둔 적극적 활동의 결어이다. 국민의 인격성이 인정되지 않고 국가에 대한 소극적 인종(忍從)으로 지탱되는 기형적인 국가 중심주의 아래에서는 사적 영역을 경시하는 경향이 양성되었다. 사회도덕·공중도덕의 결여는 그 결과이다. 신시대에 대응한 국민성 개조의 방향으로서 충성심, 화(和)의 정신, 현실주의가 거론되었다. 그것은 제도의 개혁과 정신의 변혁이 되지만, 가장 중시되는 것은 교육이라고 하고 있다.

전시중에 대정익찬운동(大政翼贊運動)에 문학자로서 가장 적극적인 리더였던 기시다 구니오(岸田國士)는 『일본인이란 무엇인가』[220]에서 자기 반성에 입각하여 이렇게 말한다. 전쟁이 끝나서 서로가 일본인의 약점, 단점을 들고 그것을 민주주의와 결부시키는 것이 오늘의 풍조다. 기시다는 봉건적, 섬나라적, 형식주의적, 비과학적, 말단에서 세월 따라 승진한 사람 같은, 소아병적, 야만 등의 '반성어'(反省語)로는 표현할 수 없는 '일본인 기형설'을 주창한다. 예컨대 이성에 대해서 불건전한 차별감이 있다. 또 사람들 앞에서 무슨 말을 할 때 자기의 의견보다도 체제를 생각하고, 언제나

---

219) 新明正道, 『國民性の改造』(有恒社, 1948. 5)

220) 岸田國士, 『日本人とはなにか』(養德社, 1948. 7)

하는 상투적인 말이나 틀에 박힌 인사가 통하는 것은 가장 기형적이다. 면목이나 체면의 실체는 기형적으로 확대된 자존심이며 그 이면에는 비굴이 숨어 있다. 일본인들 가운데서는 올바른 평형 감각이 실종되었다. 평형은 균형, 적도(適度), 중정(中正), 절충 등을 의미하는데도 '중간적'을 평형이라고 하는 태도는 일종의 자기 기만이다. 평형의 유지를 감득하는 것이 '비평 정신'이다. 그것은 생활에 새로운 질서와 미를 가져다 주는 감각으로서 그 부족이 오늘날의 불행을 부르고 동시에 일본의 재기를 절망적으로 만드는 원인이라고 했다.

국민성 일반에 대한 반성뿐 아니라 농민의 성격을 비판하는 논의도 일어났다. 예컨대 가미자키 하쿠아이(神崎博愛)의 『일본 농민의 성격과 그 비판』[221]이 있다.

역사학자로서의 입장에서 쓰다 소키치(津田左右吉)는 『일본인의 사상적 태도』[222]에서 일본인에게, 경솔한 지레짐작이 많은 것, 다른 민족에게서 자기 열등감을 느끼는 것, 주장해야 할 일을 주장하지 않고 남에게 아첨하는 것 등을 들었다. 지식층에서도 확고한 지식과 식견을 갖지 않고, 유행하는 사상적 경향에 대하는 확실한 비판력이 없고, 새로운 것이 올바르고 옛 것은 좋지 않다고 한다. 세간의 평판에만 신경을 쓴 나머지 자기의 소신을 솔직하게 표명하기 싫어하는 기풍은 무가(武家) 시대의 풍습에서 벗어나지 못하였

---

221) 神崎博愛, 『日本農民の性格とその批判』(明窓書房, 1948. 8)
222) 津田左右吉, 『ニホン人の思想的態度』(中央公論社, 1948. 10)

기 때문이다. 사물을 생각할 때에 현실로부터 출발하지 않고 어떠한 고정관념을 기초로 한다고 비판했다.

유사 이래 일본인이 처음 맞은 패전과 점령의 현실에 대해서 위에서 본 것 같은 국민성의 자기 비판이 여러 가지 각도에서 이루어졌지만, 그것은 다음에 다루는 한층 철저한 일본인의 객관적인 분석으로 옮아가는 가교가 되었다.

2. 『국화(菊)와 칼(刀)』과 그 비판

전쟁 직후의 혼란기로부터 겨우 정신적인 안정을 얻게 된 시기에 우선 나타난 것이 루스 베네딕트의 『국화와 칼』이다. 이것은 역사상 처음으로 외국인이 쓴 본격적이고 종합적인 일본인론이라고 말할 수 있다. 이에 직접적 간접적으로 영향을 받아 갖가지 일본인론이 생겨났다. 『국화와 칼―일본 문화의 틀(型)』(Chrysanthemums and the Sword : Patterns of Japanese Culture, 1946)[223]은 초판 이래 오늘날까지 널리 읽히고 있다. 기본적으로는 문화인류학자로서 알려진 베네딕트가 그녀의 '문화의 틀(型)'의 이론에 바탕을 두고 쓴 것이다. 여기에서 '문화'는 미국의 문화인류학에서 말하는 '생활양식'(life style)을 가리킨다. 따라서 '일본 문화'라고 말할 때에는

---

223) ルーヌ ベネディクト, 『菊と刀―日本文化の型』(長谷川松治 譯, 社會思想社, 1948. 12, 改版 1967. 3)

일본인의 생활 행동을 의미한다. 특히 일본 문화를 '수치(羞恥)의 문화'라고 하고 서양의 '죄의 문화'와 대비시킨 점, 의리와 의무, 은(恩) 등에 관한 고찰은 그 뒤의 일본인론에 시사한 바가 크다.

이 책에서 베네딕트는 다음과 같이 기술하고 있다. 일본인의 사회 행동의 특징은 첫째, 메이지 정부에 의해서 기준이 위로부터 주어져서 '각각 그 있을 바를 얻고', '알맞은 위치'에 만족하는 것이 평균적인 행동의 룰이다. 이것은 계층성의 반영이다. 제2의 특징은 의무의 체계이며 수동적으로 받는 의무로서는 은(恩)이 있다. 예컨대 황은(皇恩), 어버이의 은(親恩), 스승의 은(師恩) 등이다. 이에 대해서 은을 되돌려 주는 반대의무가 있다. 그것은 좁은 의미의 의무와 의리로 나누어진다. 앞의 것은 되돌려도 되돌려지지 않는 무한한 의무로서, 충과 효는 그 예이다. 다시 일에 대한 임무도 그 의무에 포함된다. 의리는 받은 은에 대등한 양만큼 되돌려 주면 되고 시간적으로도 한정된 의무이다. 의리는 세간에 대한 의리, 명예에 대한 의리로 나누어진다. 앞의 것은 주군(主君) 근친 등에 대한 의리요, 뒤의 것은 보복의 의무, 실패나 무지를 인정하지 않는 의무, 예절을 지키는 의무다. 베네딕트는 미국의 풍습과 가장 다른 점으로서 황은(皇恩)의 반제(返濟)를 들고 있다.

의리와 대조적인 것은 인정으로 일본인은 육체적 쾌락을 추구하고 존중한다. 예컨대 입욕 · 수면 · 식사 등도 그 예이다.

다시 미국 등의 '죄의 문화'에서는 도덕의 절대적인 기준이 정해지고 그것에 위배되면 죄가 되지만, 동시에 죄는 참회나 속죄로 경감된다. 거기에서는 내면적인 죄의 자각에 바탕을 둔 선행(善行)이

원칙이다. 이에 대해서 일본의 '수치의 문화'에서는 잘못의 고백은 오히려 치욕을 폭로하는 것이 된다. 수치의 문화에서는 다른 사람의 비평에 신경을 써서 타인의 판단으로 자기의 방침을 정한다.

베네딕트는 일본인에게는 이중 성격이 있다고 강조한다. 어린아이 시절에 특히 사내아이에게는 특권과 편안함(氣樂)이 주어지고, 어른이 되어서 어린 시절로 되돌아가기는 것이 기분좋다는 인지상정(人情)을 시인하는 태도가 된다. 일상 생활에서는 신중하다가도 술자리에서는 마음을 풀어놓는 것이 허용된다.

위와 같이 베네딕트는 문화인류학의 방법을 적용하여 일본인 자신도 깨닫지 못하는 점을 날카롭게 분석하고 외국인의 눈으로 본 일본인론으로서 가장 뛰어난 견해를 전개했던 것이다.

그러나 몇 가지 비판받을 점도 있다. 첫째, 그녀 자신이 일본어를 모르고 일본 역사에 대해서도 정확한 지식이 결여되어 있었기 때문에, 분석에 사용한 자료를 오해한 면도 있다. 둘째로, 역사적 검토가 안 되었기 때문에 과거와 현대를 한 묶음으로 하여 일본인의 국민성 일반으로서 설명하였다. 셋째로, 베네딕트는 일반론으로부터 '평균적 일본인'을 논하고 있기 때문에 연령 계층 직업 등의 구별을 무시하였다. 베네딕트 자신이 기술하고 있듯이 이 연구는 1944년에 미국 정부로부터 위촉받고 전쟁중의 짧은 기간에 아마도 점령 정책의 참고 자료로서 제출한 것이며, 확실하지는 않지만 정치적 목적에 따른 것이다. 이 책은 간행 후 곧 일본의 연구자에 의해 다음과 같이 비판받았다.

잡지 『민족학 연구』의 특집 「루스 베네딕트 『국화와 칼』이 주는 것」[224)에는 가와시마 다케요시(川島武宜)·미나미 히로시(南博)·아리가 기자에몬(有賀喜左衛門)·와쓰지 데쓰로(和辻哲郎)·야나기다 구니오(柳田國男)의 견해가 발표되어 있다.

법학자 가와시마 다케요시는 「평가와 비판」에서 이 책이 일본인에 관해서 '구조적인 파악'을 시도한 것을 평가하면서 역사적인 고찰이 결여된 점을 지적했다. 또한 일본인 전체를 동질의 인간으로 파악하고 계층이나 직업에 의한 차이를 간과하였다고 비판했다.

미나미는 「사회심리학의 입장에서」에서 베네딕트의 방법에 관해, 자료가 메이지 중기 이후의 문헌에 한정되고, 면접한 재미(在美) 일본인도 메이지 시대에 태어나 다이쇼 초기까지의 일본 문화로 '순수배양'된 사람들이라는 것을 지적했다. 또한 베네딕트는 추상적인 유형으로서의 '총계적 일본인'을 생각했지만 그것은 관념적 비현실적인 접근 방법이라고 비판했다.

농촌사회학자 아리가 기자에몬(有賀喜左衛門)은 「일본 사회구조에서 계층제의 문제」에서 이 책이 일본 사회의 계층제를 날카롭게 비판하고 천황제를 정점으로 하는 상하 관계에 주목한 것을 평가한다. 정치적인 계층제와 병행하여 비교적 자유로운 지방 자치제라는 이원성의 존재를 일본 정치의 특징이라고 생각했다. 또 종교

---

224) 特集 「ルース　ベネディクト 『菊と刀』の與えるもの」(『民族學研究』 1950. 5)

의 경우는 국가 신도(神道)와 그 밖의 종교가 병립하는 이원성, 경제 면에서도 정부가 보호하는 대기업과 소기업의 이원성을 설파했다. 아리가에 의하면 위와 같은 베네딕트의 이원성론은 애매하고, 농촌과 도시의 사회구조에 관해서 보다 정밀한 연구가 필요하다고 했다. 최후로 아리가는 베네딕트가 일본인의 심리(mentality)는 계층제로부터 발생했다고 하는 견해를 높이 평가하고, 의리나 은(恩)을 상하 관계로부터 설명한 것을 상세하게 소개하여 계층제의 발생 조건의 탐구가 민주주의의 성장에 필요하다고 결론지었다.

와쓰지 데쓰로는 「과학적 가치에 대한 의문」에서 처음부터 이 책은 학문적인 가치가 없다고 공격했다. 예컨대 군부(軍部)의 사고 방식을 국민 전체의 사고 방식인 것처럼 오해하고 '팔굉일우'라는 표어 등을 중대한 것으로 취급하지만, 와쓰지는 "나 같은 사람도 물론 알지 못했던 사람 중의 한 사람"이라고 자기 변호와 같은 표현을 하고 있다. 또 베네딕트가 '이에'(家)에 관해서 부모나 나이 많은 사람이 절대 권력을 가지고 있었다고 기술한 데 대해, 직업이나 결혼에 관해서는 청년의 대부분은 어버이에게 거역하고 "나의 어버이 세대의 모친들은… 역으로 며느리한테서 가혹한 대우를 받은 경우가 적지 않았다"고 하면서, 사실에 반하는 것을 근거로 하여 비판하였다.

민속학자 야나기다 구니오(柳田國男)의 「보통사람(尋常人)의 인생관」에서는, 서양 문화는 '죄의 문화'라는 베네딕트의 주장에 대해서 일본인만큼 '죄'라는 말을 언제나 쓰는 민족은 적을 것이라고 반론하고 '수치의 문화'는 본래 무사 계급에 한한다는 것을 지적했다. 다시 '의리' 는 무사의 행동 전체를 가리키고, 현대에서는 사교의 관례 정도의 의미인데 이 두 가지를 동일시하여 거기에 '일관된 문화의 틀' 을 보는 등, 자료에 대해서 용의주도하지 못하다고 비판했다.

마찬가지로 비판적 입장을 표명한 학자로서 쓰다 소키치가 있다. 그는 「『국화와 칼』의 나라—외국인의 일본관에 관하여」[225]에서 베네딕트가 자료를 무비판적으로 사용하여 일본인을 오해한 점이 많다고 비판했다. 예컨대 전선(戰線)의 일본 병사의 인상으로부터 일본인은 호전적이라고 하고 천황은 계급 제도의 정점에 있다고 하는 것도, 전국민이 천황에 대하여 친근하다는 사실을 무시하였기 때문이라고 했다. 또한 '팔굉일우' 등의 말도 메이지 이전의 국학의 망상을 군부가 이용한 것뿐이다. 또 '의리' 라고 하는 에도시대의 말과, 메이지 시대에 만들어진 의무라는 말이 병존한다는 잘못도 지적했다. 결론으로 쓰다는 미국의 학자가 썼다 하면, 일본인이 알고 있는 것도 새로운 견해인 것처럼 추종하는 일본의 지식인·언론인의 태도를 반성하고 일본인 자신이 좀더 깊이 일본과 일본인을 연구하여 그것을 세계에 발표해야 할 것이라고 하였다.

이상과 같이 베네딕트에 대한 비판은 여러 가지 각도로 보아 타당하다고 생각되는 점이 많다. 그녀가 제기한 죄와 수치의 문화 유형도 그 옳고 그름은 그 뒤 오래도록 문제가 되었지만, 일본인의

---

225) 津田左右吉, 「『菊と刀』のくに—外國人の日本觀について」(『思想·文藝·日本語』, 岩波書店, 1961. 6)

죄의식, 수치 의식의 개념이 그 뒤의 일본인 연구에 중요한 길잡이가 되었다는 것은 사실이다.

3. 일본인 연구의 발전

『국화와 칼』의 간행을 전후하여 일본인의 사회 의식 · 민족 의식의 역사적 문화적인 고찰을 시도한 논자가 잇따라 나타났다.

사회 전체가 가족 제도 위에 서 있다는 종래의 가족국가설에 대해 근본적인 검토를 가한 것이, 가와시마 다케요시의 『일본 사회의 가족적 구성』[226)이다. 이에 의하면 일본 사회는 가족 생활의 원리가 가족 외의 사회 관계에도 관철되고 있다. (1) 권위에 의한 지배와 권위에의 무조건적 추종. (2) 개인적 행동 · 책임감의 결여. (3) 자주적인 비판 · 반성을 허용하지 않는 사회규범. (4) 오야붕(親分) 꼬붕(子分)적 결합의 가족적 분위기와 외부에 대한 적대적 의식과의 대립. 의식의 면에서도 효의 의무는 은(恩)을 전제로 하고 은에 의해 조건지어진다. 전시에는 '가족적 이기주의'가 열렬한 애국심과 모순되지 않고 가족 · 오야붕 꼬붕을 위해서는 태연하게 제도 위반을 했다고 분석했다.

가와시마와 마찬가지로 이이쓰카 고지(飯塚浩二)는 『일본의 정신적 풍토』[227)의 「'근대화'의 일본적 편법」에서 이렇게 논한다.

---

226) 川島武宜, 『日本社會の家族的構成』(學生書房, 1949. 3)
227) 飯塚浩二, 『日本の精神的風土』(岩波書店, 1952. 2)

'군신의 의(義)'를 제일로 한 일본의 국체가 자유 민권의 시민적 정신을 소외하면서도, 형이하학적 서양 문화의 장점을 채용할 수가 있다면, 이것이야말로 '위로부터의 혁명'으로는 안성맞춤이다. 하나의 문화를 물심양면에서 끊어 분리하여 생각하는 이율배반에 선 근대화에 의해, 일본은 '동양에서 서양'이 되는 '세계사의 기적'을 실현할 수 있었다고 한다.

또한 역사학자 우에하라 센로쿠(上原專祿)는 『민족의 역사적 자각』[228]에서 일본인의 민족 의식의 특징에 대해서 논하였다. 일본인의 민족 의식에는 긴 역사가 있다. 막말에 '개항이냐 양이(攘夷)냐'의 선택에 쫓겨 급속히 생긴 민족의 자각이 메이지 이후 국가 관념으로 바뀌었다. 많은 일본인은 바로 국가 의식을 민족 의식으로 받아들였다. 또 민족의 자각이 지금까지도 희박한 것 같고 강화조약과 미일안전보장조약의 체결이 '민족의 독립'과 혼동된 것 같다. 휴머니즘과 민주주의도 추상적인 구호에 지나지 않고 아이들에게 일본 민족의 역사적, 정치적 과제를 의식시키는 연구가 이루어지지 않았다. 강화조약의 발효를 좋은 기회로, 민족의 이름을 빌려 단순히 전쟁 이전의 정치 상태로의 복귀를 바라는 것은, 소박하다고 하기보다는 단적으로 반동이라고 부를 수밖에 없다. 1950년대의 민족 의식은 무엇보다도 인류 평화의 실현에 기여해야 할 것인데 피압박 대중으로서의 자각만을 강조하는 것도 지나치게 소박하다.

일본인의 국민성을 사회심리의 면에서 속담을 방편으로 정리한

---

228) 上原專祿, 『民族の歷史的自覺』(創文社, 1953. 1)

것이 미나미 히로시(南博)의 『일본인의 심리』(영역, *Psychology of the Japanese Peaple*, 1971)[229]다. 일본인의 심리적인 전통에 대해서 자아의식, 행복감, 불행감, 비합리주의와 합리주의, 정신주의와 육체주의, 인간 관계의 여섯 가지 면에 대해서 각각 역사적 사회적인 배경을 고려하면서 분석했다. 자아 의식에 관해서는 복종심과 반항심, 행복감에 관해서는 행복위험론과 행복공허론, 다시 불행감과 무상감, 운명주의와 과학적 합리주의, 정신력의 우월과 육체적 욕망의 중시, 의리인정과 계약주의 등과 같이, 정신 구조의 이중성으로서 나타난다고 했다.

패전 후 9년이 지난 1954(쇼와 29)년 12월에 전후 최초의 종합적인 일본인론집이 나타났다. 민속학자 야나기다 구니오(柳田國男) 편의 『일본인』(마이니치 라이브러리)[230]이다. 전체로서 민속학의 성과를 채용한 논(論)이 많고, 또한 편자의 전후 일본 사회의 민주화를 지향하는 발상이 곳곳에 살아 있다. 여기에서 야나기다는 일본인의 국민성에 관해서 이렇게 논하고 있다. 일본인의 생활 가운데는, 가장 뛰어난 자가 어디를 보고 있는가 하는 것에만 신경을 쓴 나머지, 그것에 대한 비판도 분석도 행하지 않은 채 늦어서는 안 되겠다고 초조해 하는 기분이 있었다. 이러한 대세론자(大勢論者)가 긴 기간에 걸쳐 폐해를 불러오고 있다. 일본인은 물고기나 철새와 같이 무리를 따르는 성질이 강한 국민이다. 일신의 안전을 보전하기 위해서는 외국에 종속되어도 좋다는 식민지 근성이 오늘 아

---

229) 南博, 『日本人の心理』(岩波書店, 1953. 11)
230) 柳田國男 編, 『日本人』(每日新聞社, 1954. 12)

직도 지도자들 사이에 있다. 또한 일본인은 막연한 개념을 그대로 삼키고 앞질러 짐작해 버리는 경향이 있다. 소수의 뛰어난 자가 난해한 말로 많은 사람을 인솔하는 형태가 되어서는 언제까지 기다려도 진정한 민주정치는 오지 않는다고 했다.

이 『일본인』은 아래에 나타내는 목차와 집필자를 보더라도 전후 처음의 정돈된 일본인 연구임을 알 수가 있다. 「일본인이란」 야나기다 구니오, 「전승(傳承)을 보는 법·생각하는 법」 오기와라 다쓰오(荻原龍夫), 「이에(家)의 관념」 야나기다 구니오, 「향토를 사랑하는 마음」 호리 이치로(堀一郎), 「일본인의 생활의 질서」 나오에 히로지(直江廣治), 「일본인의 공동 의식」 모가미 다카요시(最上孝敬), 「일본인의 표현력」 오후지 도키히코(大藤時彦), 「일본인의 권위관」 오카 모리타로(和歌森太郎), 「문화를 받아들이는 방법」 오기와라 다쓰오(荻原龍夫), 「불안과 희망」 호리 이치로(堀一郎), 「일본인」 좌담회.

야나기다는 최후의 좌담회에서 하가 야이치의 『국민성 10론』에 대해 언급하면서 "표면적인 현상만을 모은 것으로 별로 자료적인 뒷받침도 없고, 추상적일 뿐으로, 부정도 할 수 없는 것뿐"이라고 비판했다.

일본인의 특징을 도덕적인 면에서 종합적으로 다룬, 와쓰지 데쓰로가 감수하고 후루가와 데쓰시(古川哲史) 등이 엮은 『일본인의 도덕적 심성 현대도덕강좌 3』[231]에서는 일본인과 재일외국인에 의

---

231) 和辻哲郎 監修·古川哲史 他 編, 『日本人の道德的心性現代道德講座 3』(河出書房, 1955·12)

한 '일본적 심성'에 대한 논문을 모아 놓고 있다.

본서의 내용은 다음과 같다.

「서론」 하세가와 뇨제칸(長谷川如是閑)

'도덕적 심성의 제상(諸相)' : 「섬나라 근성」 사가라 도오루(相良亨), 「농민 근성」 후쿠다케 다다시(福武直), 「조닌(町人)근성」 미야모토 마타쓰구(宮本又次), 「재판관 히이키(역성들기)」 가즈에 교이치(數江敎一), 「인과응보」 하다노 노부마로(波多野述磨), 「의리와 인정」 아리가 기자에몬(有賀喜左衛門), 「봉건 도덕과 봉건적 심성」 사카다 요시오(坂田喜雄), 「초국가주의」 기무라 도시오(木村俊夫), 「열등감과 우월감」 후루가와 데쓰시.

'외국인이 본 일본인의 도덕적 심성' : 「도덕에 있어서의 절충주의」 뷔리 엘모, 「일본인의 죄악감」 사이덴스 데카, 「사적 생활과 공적 생활의 모순」 도널드 킹, 「살려야 할 휴머니즘의 전통」 조세프 로겐도르프, 「'일일 일제식(一題式) 분위기」 오티스 켈리, 「서양과 동양의 흥미 있는 초점」 그렌 쇼, 「일본의 도덕의 특이성」 로베르토 신팅겔, 「일본의 새로운 길」 브링클리, 「이웃나라 사람으로서의 주문」 苗劍秋.

하세가와 뇨세칸(長谷川如是閑)은 서론 「일본인의 심성에 대하여」에서 그 근본적 성격은 구체적, 현실적이라고 했다. 마음의 요구는 언제나 빌어쓰는 물건으로 때우고, 고유의 민족 종교와 외래의 국제 종교를 아울러 가지고 있다. 생활 질서는 집단 본위로서 사회성이 결핍되고, 경험 중심으로 독창적인 사상이 거의 생겨나지 않는다. 심성은 다양하여 모방 문명과는 달리 독자적 문명을 가

지고, 과거의 문화는 새로운 문화와 병립된다. 또한 일본에는 고대
로부터 일관된 '근대적 성격'도 있다. 그 시대의 세계적 종교가 들
어오면 금방 각지에 퍼진다. 헤이안(平安) 문학은 그 태도 · 경향 ·
표현 형식이 극히 근대적이다. 그 뒤의 헤이케 모노가타리(平家物
語 : 헤이케 시대의 이야기 책)이든 겐헤이성쇄기(源平盛衰記 : 겐지
시대와 헤이케 시대의 흥망사를 다룬 책)이든 간에 고전적 또는 현대
적인 문장이 모자이크 모양으로 공존하여 융통무애(融通無碍)한
일본적 심성을 보여 준다. 또한 고지키(古事記) 이래의 기지(機
智) · 골계(滑稽〈곳케이〉 : 재미있고 우스운)가 계속 살아 있는 것이
일본적 심성의 특징이라고 논했다.

일본 문화의 특징을 잡종성이라는 독특한 관점에서 논한 것은
가토 슈이치(加藤周一)의 「일본 문화의 잡종성」[232]이다. 가토는 일
본 문화가 일본적인 것과 서양화한 것이 깊은 곳에서 얽혀 있는 잡
종 문화의 전형이라고 했다. 서양의 문화가 얼마나 깊이 일본의 뿌
리를 형성하고 있는가 하는 증거는, 그 서양종을 뽑아 버리려는 일
본주의자가 예외 없이 극단적인 정신주의자인 것, 또 잡종성을 정
리하여 일본적 전통으로 되돌아가려고 하는 일본주의자의 정신이,
이미 번역의 개념으로 양성된 잡종이 되어 버린 사실에서 발견된
다. 그러나 잡종성을 개탄할 필요는 없다. 우리의 조상들은 불교를

---

232) 加藤周一, 「日本文化の雑種性」(『思想』, 1955. 6), 「雑種的日本文化の
希望」(『中央公論』, 1955. 7), 둘 다 모두 뒤에 『雑種文化—日本の小
さな希望』(講談社, 1956. 9) 所收

받아들였지만 드디어 그것을 일본 불교로 만들고 말았다.

이어서 가토는 「잡종적 일본 문화의 희망」에서 이렇게 논한다. 전후 10년 동안에 대중의 민주주의적 자각은 다소 진행되어 서양 문화를 기술적 면에서뿐 아니라 정신의 양식으로서 수용할 조건이 이루어졌다. 대중 속에서 생겨난 사물에 대한 사고 방식의 변화는 언젠가는 이데올로기의 형태로 결정(結晶)될 터이다. 그 때문에 이데올로기를 짜 맞추는 개념과 논리는 서양의 역사에서 구하지 않으면 안 된다. 거기에 일본 문화가 잡종이 되는 이유가 있다고 했다.

가토는 또 「천황제에 대하여」[233]에서 패전 후의 천황제 문제를 추구하고 있다. 사람들은 "열어젖힌 셔츠(開襟셔츠) 차림의 몸집 큰 외국인과 그 옆에 서 있는 어제까지의 '천황 사진'"에 대해서 노여움이나 반발을 느끼기보다는 그렇게 된 사태의 의미를 이해하려고 노력했다. 민중은 천황의 권위뿐 아니라 권위 일반에 대한 불신감 때문에, 민주주의에 대한 관심마저 잃어버리고 그곳으로부터 도피하게 되었다. 예컨대 과거의 권위를 부활시키고자 하는 경향은 헌법개정, 교과서의 국정화, 역(逆)코스 등으로 나타났다. 가장 깊은 일본적 의식은 신도적(神道的)인 것이 배경에 깔려 있고 천황제도 신도와 연결되어 발전했지만, 종교가 아니라 미묘한 대용품이라는 의식으로 국민에게 받아들여졌다. 천황제는 권력의 지배 기구이지만 천황은 어느 정도까지는 꼭두각시 인형이다. 인민은 신민의 역

---

233) 加藤周一, 「天皇制について」(『知性』, 1957. 2), 「『日本人とは何か』」
(『講座現代倫理第 6卷』, 筑摩書房, 1958. 6), 모두 뒤에 『日本人とは
何か』(講談社, 1976. 7) 所收

할을 훌륭히 연출하고, 천황의 인간선언을 당연한 것으로 받아들였다.

다시 가토는 일본인과 자연의 관계에 대해서 일본인이란 무엇인가에서 다음과 같이 기술한다. 일본에서는 경험주의적, 실제적인 사상이 번영하고, 정신 구조는 우선 비초월적인 원시종교를 배경으로 해서 성립되었다. 일본인과 자연 사이에는 독특한 관계가 있고, 자연과의 친근감을 널리 문화의 모든 단계에서 나타내고 있다. 자연은 감각적, 일상경험적인 세계이며, 초월적인 신과 같이 유일하며 편재(遍在)하여 그것이 인간을 인간답게 한다. 행위의 규범은 자연에 내재하는 권위에서 유래한다. 계절에 대한 민감성은 일본인의 특징이다. 급속한 자본주의화 근대화의 이유로 근면·총명·규율을 들 수가 있다. 일본인이란 무엇인가라고 되풀이해서 질문을 받는 것은 국민이 무엇을 욕망하는가가 명백하지 않기 때문이다. 사실 무엇을 욕망하는가는 패전 이래 조금도 분명해지지 않았다.

전쟁 전부터 계속해서 남아 있는 민중의 생활 의식을 사회 규범의 측면에서 들추어낸 것은 가와시마 다케요시(川島武宜)의 『일본의 사회와 생활 의식』[234]이다. 일본에서는 법률은 그다지 필요하지 않다는 생각이 지배적이다. 권리·의무의 주장보다도 조정을 좋아한다. 비합리적인 정서, 인간 정신의 지배 복종, 개성의 억압, 의리와 인정이 중시된다. 일본의 사회는 개인을 단위로 해서가 아니라

---

234) 川島武宜, 『日本の社會と生活意識』(學生社, 1955. 12)

직접적으로 대면하는 대인적인 연계로 성립된다. 입신출세도 인간 관계 속에서 잘 헤엄치면 높은 지위에 오른다. 집단 생활에서는 공동 음식을 즐기고, 와이단(음담패설)을 잘하는 것이 입신출세의 열쇠가 된다. 지위(신분)에 어울리게 '…답게' 행동하는 것이 의리가 굳은 사람이며 연령·연차의 원리가 중요하다. 또한 대인 관계는 중요 인물의 '얼굴'로 매개되고 선물을 주고받는 것도 극히 중요하다고 기술했다.

일본 문화와 국민성에 관해서, 주로 미의식의 특징에서 논한 사람은 후쿠다 쓰네아리(福田恆存)이다. 그는 『일본 및 일본인』[235]에서 이렇게 말한다. 일본인은 신경이 예민하고 타인의 마음의 변화를 잘 느끼고 수용하지만 의식적인 검토를 가한다기보다는 직감적으로 무엇인가를 느낀다. 깨끗한 것을 좋아하고 사치스러운 인종이며 미적 감각이 세련되었다. 도덕감의 근거는 더럽혀지지 않은 미적 감각이며, 가장 순수하고 아름다운 남녀 관계의 형식을 정사(情死)의 행위에서 느낀다. 일본 건축은 목조로서 불타기 쉽지만 다음 세대에 전수할 수가 없는 그 시대 특유의 완벽함이 있다. 미적 감각은 시대마다 완성되고 폐쇄되고 정지해 버리는 것을 만들어 왔다. 조상들은 이기주의를 대단히 추악한 것으로 물리치고 털어서 맑게 하며 화(和)에 달하는 태도를 취했기 때문에 도덕이나 사회의 문제는 발생하지 않았다. 인간 관계도 정신의 문제가 아니라 눈에 보이는 물(物)의 문제이며, 의식(儀式)에 의해 조정되는 형

---

235) 福田恆存, 『日本および日本人福田恆存 著作集 7』(新潮社, 1957. 10)

이 중시되고 자아 의식은 전통적으로 희박하다고 했다.

철학자 니에다 로쿠사부로(仁戶田六三郞)도『일본인 — 새로운 반론의 각도에서』[236]에서 "일본인에게는 과학적인 지성에 의한 논리가 아니라, 오히려 심정에 의한 논리가 있다"고 논하고 있다.

『국화와 칼』의 간행 이래 다양한 학문 분야에서 일본인의 정신 구조를 전체로서 파악하는 문화론적인 연구가 시도되었지만, 그와 동시에 다음에 기술하는 바와 같은 전통 문화에 대한 고찰이 이루 어졌다.

4. 전통의 재평가

패전 직후 과거에 대한 반성과 전후해서 전통에 대한 재평가도 조금씩 나타나, 객관적인 반성의 재료로 삼자는 시도가 시작되기 에 이르렀다.

예컨대 국문학자 사사키 하치로(佐々木八郞)의『예도(藝道)의 구 성』[237]은 전후 처음으로 간행되었다. 일본에 독특한 예도의 성립과 그 전승을 전통예술 전반에 걸쳐서 고찰한 것이다. 그러나 서문의 날짜는 '쇼와 17년 6월'로 되어 있고, 그 내용은 당시 한창이던 일 본 정신론 등과 같은 영합적(迎合的) 입장을 취하지 않았다는 것이

---

236) 仁戶田六三郞,『日本人 — 新しい反論の角度から』(新潮社, 1957. 10)
237) 佐々木八郞,『藝道の構成』(富山房, 1947. 6)

특색이다.

또한 전통적인 미의식을, 일본에 특유한 가치를 갖는 것으로 평가하는 경향도 나타났다. 오카자키 요시에(岡崎義惠)는『일본 예술사조 제2권 풍류의 사상』[238]에서 풍류의 일본적 미의식을 논하고, 전통 예술의 평가를 시도하여, 점령중 미국적인 사상에 대해서 일본인에 고유한 예술의 재인식을 분명히 했다.

마찬가지로 일본인의 미의식을 자연 감정이라는 면에서 다룬 오니시 요시노리(大西克禮)는『자연 감정의 유형』[239]에서, 일본인의 자연 감정은, 민족적 생활 양식의 근본인 생활과 자연의 다면적이고 긴밀한 친근 관계에 기초하고 있으며, 그와 같은 감정은 거슬러 올라가면 애니미즘, 혹은 레뷔 부류르의 '신비적 관여'와 연결된다고 했다. 또한 감상적(感傷的) 자연 감정은 직접적 '공감'이 주가 되고, 예컨대 무상을 느끼는 마음에는 '날리는 꽃과 떨어지는 잎'과 같은 자연 현상도 다같이 무상이라고 느낀다. 그것은 자연으로 객관화된 '사물에 대한 연민'이라는 민족적인 미의식이 된다고 했다.

일본 문화의 특수성과 국민성에 관해서 특히 중국 문화의 영향을 논한 것은, 경제사가·문명사가 미우라 신시치(三浦新七)의 논문「서양 문화와 일본 정신」[240]이다. 그는 거기에서 다음과 같이 기

---

238) 岡崎義惠,『日本藝術思潮第二卷 風流の思想』(岩波書店, 1947. 11~48. 6)

239) 大西克禮,『自然感情の類型』(要書房, 1948. 7)

240) 三浦新七,『西洋文化と日本精神』(一橋論叢書 3卷 1號, 1929. 1), 뒤에『東西文明史論考—國民性の研究』(岩波書店, 1959. 5) 所收

술한다. 일본에서는 나라(奈良) 시대에 당 문화, 가마쿠라 시대에는 송 문화, 도쿠가와 시대에는 명·청 문화가 수입되었기 때문에, 일본 문화의 발전이라고 보이는 것이, 실은 중국 문화가 계속 발전된 것이며, 따라서 일본 문화는 언제나 중국 문화와 평행으로 연구되어야 한다. 그렇다고 하더라도 일본인이 외국 문화를 소화하는 능력이 강한 것은 깜짝 놀랄 정도로, 예컨대 한문을 완전히 일본어로 번역해서 읽었다. 또한 일본 문화의 특색의 하나는 전체를 하나의 개체로 상징하는 것이다. 예컨대 일본의 이에(家)나 국민이라는 단체를 가장·군주로 구체화한다. 이와 같이 가족의 전인격과 그 사이의 관계 전부, 즉 '일'(事)을 가장과 같은 '물'(物)로 구체화한 단체 의식의 발전은, 역사적으로 본다면 중국 문화의 수입과 관계가 있고 그것은 여러 차례에 걸쳐 일어났다. 맨 처음은 아스카(飛鳥)·나라 시대에 불교를 받아들여, 조상 숭배로부터 발전시킨 중앙집권적 단체 의식이 완성된 시기이다. 그러나 한동안 이 단체 의식은 잠재 세력이 되었다. 다음으로는 가마쿠라 시대 이후로, 선종(禪宗)·송학(宋學)이 수입되어 신하는 전인격을 바쳐 군주에게 몰입한다는 봉건 단체 의식이 되고, 봉건 군신간에 실현되었다. 그리하여 국학의 부흥, 송학의 융성과 더불어 중앙집권적 단체 의식에 새삼 눈뜨게 하고, 메이지의 왕정복고를 실현했다. 청일·러일전쟁, 중국사변과 같은 국란이 일어날 때마다 이 본래의 단체 의식이 명백하게 나타나기 시작한다.

미우라의 단체 의식과 대조적으로, 민족 의식의 특수성을 문화사의 입장에서 다룬 것은, 역사학자 하야시야 다쓰사부로(林屋辰三

郎)의 논문「민족 의식의 맹아적 형태」[241]이다. 여기에서 하야시야는 이렇게 기술한다. 일본의 근대 사회는 고대 유제(古代遺制)가 바탕에 깔려 있기 때문에 사회의 이르는 곳마다 봉건 유제가 남아 있다. 그 때문에 민족 의식이 정상적인 형태로 전개되지 못했다. 이와 같이 건전한 민족 의식이 없는 곳에서는 열렬한 애국심을 구하기란 대단히 어렵다. 그러나 이렇게 미숙한 민족 의식의 원류를 찾으면 그 맹아가 보이는 곳은 중세이다. 이 시대 가나(假名)문자의 발견으로 다수의 민중을 연대시키는 지반이 만들어지고 비로소 민족 의식을 싹트게 하는 지반이 배양되었다. 또한 민중은 향토의 독립과 번영을 위한 싸움 속에서 단결이나 토민성원(土民成願) 등에 표현되는 향토애로부터 공동 의식을 만들어 갔다. 이러한 향토적 단결 의식은 민족 의식으로 발전하는 내구력이 되고 움트는 맹아가 되었다. 그 뒤 이 민족 의식이 많은 백성 항쟁의 기초가 되고 자본제 생산 양식의 맹아와 함께 막말 대내란의 원동력이 되었다.

민족 의식이 현대 사회에 남아 있다는 것을 전통적인 농촌 생활의 실체로부터 구명(究明)하려는 시도도 나타났다. 예컨대 작가 기다 미노루(본명 山田吉彦 : 야마타 요시히코)는 프랑스에서 사회학을 공부하고 귀국 후 독특한 일본인론을 발표했다.

---

241) 林屋辰三郞,「民族意識の萌芽的形態」(『思想』, 1953. 2), 뒤에『中世文化の基調』(東京大學出版會, 1955. 2) 所收

그는『일본 문화의 근저에 잠재해 있는 것』[242]에서 '새로운 법률이나 사상'에의 대응은 생활 전통에 일치하는지, 부락의 생활을 풍부하게 하는지 여부에 따라 결정된다고 기술했다. 부락의 사람은 우선 첫째로 부락민이며 다음으로는 국민이다. 마을 사람들은 "이득도 없는데 공연히 태도를 분명히 하여 사람의 눈을 끌어 미움을 받아서는 손해다"라고 말한다. 이러한 이니셔티브의 결여, 보신술 등은 거기에서 생겨난다. 부락에서의 결의가 모두 한결같이 되기 쉬운 것은, 순전히 전통적인 집단성 사유(集團性思惟)가 개인적 사유의 개입을 허용하지 않기 때문이다. 도회의 쓰(通 : 화류계의 사정에 정통한 것), 스이(粹 : 세상일, 인정, 화류계, 연예계 등에 능통한 것), 와비(검소한 취향, 한적), 사비(오래 되어서 아취가 있는 것, 한적함, 심심함, 쓸쓸함) 등의 특유 문화는 지적이긴 하지만 쌀밥과 채식으로 체력이 쇠약해졌기 때문에 애욕의 대도(大道)로 나아가는 대신에 옆길로 도피한 결과이다. 일본인이 여성적으로 세밀하고 신경질적인 것은 벼슬아치의 꾸짖는 호령 소리와 유교 사이에 눌리고 끼여 성질이 삐뚤어져 자라났기 때문이다. "부락은 인간이 살아가기 위한 최초의 자연 집단이다. 지배도 복종도 이곳 이상으로 직접적이고 투명한 사회는 달리 없다." 살아가는 것 그것만이 목적인 집단이다. 부락의 불사(不死)는 자연의 초도덕(amoral)에 가장 가깝기 때문일 것이라고 생각했다.

일본 문화가 서양 문화와 교류하여 어떻게 성장 · 발전 · 변질되

---

242) きだみのる,『日本文化の根底に潜むもの』(講談社, 1956. 12)

었는가를 논한 것은, 사이구사 히로토(三枝博音)의 『서구화 일본의 연구』[243]이다. 그에 따르면 일본인은 하루 동안에도 '기'(氣)라는 말을 몇 번이나 쓰지 않고는 못 배기는 민족이다. 그것은 '마음' (心)이나 '정신'이라는 말로는 대치될 수가 없다. '사람은 곧 그릇' 이라고 말하듯이 일본인이 손재주 · 솜씨 · 요령이 있는 것은 인간 이 기물(器物) · 도구로 보이는 데서 오는 것이다. 또한 공허 · 투명 이 있는 곳 '허'(虛)의 이용 방법이 뛰어난 것도 일본인 특유의 재 능이다. 공(空) · 무(無) · 허(虛) 등은 불교나 노장(老莊)의 세계관이 다. 일본인은 그와 같은 철학을 직접 받아들이지 않고 생활의 방법 으로 이(離)나 공(空)이나 허(虛)를 체득했다.

이에모토(家元 : 예도 등에서 정통을 전하고 있는 그 유파의 본가) 제도에 종속됨으로써 사회적, 심리적으로 안정감을 얻는 것을 일 본인의 한 특징으로 논한 것은 니시야마 마쓰노스케(西山松之助)의 「일본인의 권위궤배 의식(權威跪拜意識)」[244]이다. 니시야마는 그것 이 고대 국가의 권위가 근대까지 연속한 큰 이유라고 했다. 이에모 토는 천황과 마찬가지로 신성한 무력자(無力者)다. 그 좋은 예는 에도 중기 이후 공경(公卿)의 사조가(四條家)가 사조가 자체와는 무 관계한 전수에 의한 '사조류포정도'(四條流包丁道 : 사조류의 요리, 부엌칼 기예)의 이에모토가 되었던 것이다. 이에모토는 전통적 가 예(家藝)를 전수한다는 '정통 의식'을 강조했다. 이것은 일본인이

---

243) 三枝博音, 『西歐化日本の硏究』(中央公論社, 1958. 11)

244) 西山松之助, 「日本人の權威跪拜意識」(『家元の硏究』, 校倉書房, 1959. 10)

가문의 정통성을 존중한 것과 결부되어 있다. 특히 신분 제도가 엄격한 에도 시대에는 정통이 권위로서 존중되고 다시 선대와 같은 씨명과 가업·가예를 계승하는 습명 제도(襲名制度)가 있었다고 했다.

　패전은 일본인에게 역사상 최초이며 최대의 물질적, 정신적인 타격이었다. 일본에서는 패전 후에 점령군에 대한 저항은 볼 수가 없었다. 오히려 메이지 이래의 서양 숭배가 미국 숭배로 연결되고, 또한 천황제도 존속되었기 때문에 패전은 일본인의 국민성을 본질적으로 바꾸지는 않았다고 말할 수 있다. 그러나 그 뒤의 미국에 의한 민주주의 정책은 서서히 국민성에 영향을 끼쳐 나갔다. 그것이 동시에 전전의 전통 문화를 새로운 눈으로 다시 보는 재평가를 낳고, 패전의 쓰라림으로부터 정신적으로 다시 일어나는 유력한 길잡이가 되었다.

역자의 말

　미나미 히로시(南博) 박사의 『일본인론』을 번역해 보겠느냐고 처음 부탁받았을 때는 책 내용이 마음에 들어 그렇게 하겠다고 선뜻 대답했는데, 정작 해 나가다가 보니 물론 대단한 책이었지만 너무 복잡하고 어려워 역자 정도의 실력으로는 감당하기 어려웠다. 그래서 시간도 많이 걸리고 말았다. 일본인이 자기들 일본인의 국민성을 논하는 것이어서, 우리에게 난해한 역사·풍속·고유어도 많고, 발음이 복잡한 일본 인명에 너무 많이 봉착하는 등등이 그 이유였다. 역자는 평소부터 일본 사람이 우리나라 사람보다 타국에 대해서 호기심과 연구심이 강하다는 것은 익히 알고 있었지만, 자기 자신이 누구인가에 대해서 이토록 깊이 파고든 지가 백년도 넘었다는 사실에 첫째 놀랐고, 두번째로는 그 연구서나 논문 등의 수량에 질려 버릴 정도였다. 아무튼 서문에서도 말하고 있지만 일본인만큼 자기들의 국민성에 관심이 많은 국민은 없을 것이다.

　우리 한국인이 자기의 국민성을 논한 책을 한두 권밖에 보지 못한 역자로서는 그저 신기하고 놀라울 따름이다. 오랫동안 섬에 갇혀 천혜(자기들은 그렇게 자랑한다)의 자연 속에서 아름다운 성품을 유지하면서 자기들이 제일인 줄 알고 생을 구가하던 일본인은, 메이지 개화로 외국을 본격적으로 접하고부터는 부쩍 자기 자신이 열등하고 왜소해 보인 모양이다. 그러다가 자기 나라의 기후풍토와 예민한 감성, 의리인정 등 장점을 자꾸 다시 생각하면서 일본인 우수설을 쏟아 내놓는다. 정치·경제·문화·교육·자연·사회… 등등 미치지 않는 구석이 없이, 각계의 학자·전문가들의 정치(情致)를 극(極)한 글과 글로 구성된 이 일본인론을 일부러 정독할 틈이 없어 열심히 번역만 하였으나, 머리에 인상지어진 것을 한 마디로 말하라고 한다면 다음과 같다.

거울을 너무 자주 보는 것은, 잘생긴 아이가 자기의 잘난 모습을 자꾸 보고 싶어서 그런 경우도 있겠지만, 대개는 키가 너무 작거나, 인물이 못났거나, 어디엔가 무슨 까닭이 있어서 그럴 것이다. 일본인은 마치 잘난 이웃 아이를 보고는 집으로 쫓아 들어가, 거울로 자기 얼굴을 보고 절망하는 아이와 같다. 그러나 곧 다시 본다. 그리고는 "이만 하면 괜찮은데" 하다가 다시 또 보고는 "아니 내가 이래도 인격이나 재주나 마음은 저들보다 더 나은데 뭐" 그러다가 "아니야 역시 나는 못난이야" 하면서 혼자 무척이나 골똘히 생각하는 사내아이나 계집아이와 같다.

그러니까 자연히 외국 사람이 일본인을 어떻게 평가하는가에 대해서는 엄청난 신경을 쓴다. 몇 권이 채 되지 않는 외국인의 일본 평가, 예컨대 루스 베네딕트의 『국화와 칼』에 대해서 일본인은 야단법석을 떠는데, 그것이 그 예의 하나이다. 오래 전 역자가 일본에 있을 때 이어령 교수의 『축소 지향의 일본인』 신문 기사를 들고 무슨 신기한 대사건이나 난 듯이 나에게 뛰어와서 보여 주던 일본인 교수가 생각난다.

일본인들은 자기 자신이 겉다르고 속다르다는 것을 의미하는

"다테마에와 혼네" 이야기를 자꾸만 하면서 그야말로 간바루(頑張る : 힘껏 분발)하고 있다. "나는 누구냐? 우리는 누구냐? 남보다 못한 것인가, 아니면 훨씬 뛰어난 것인가?" 묻고 묻고 또 묻는다. "남들이나 자기들이나 다 같은 사람이지 다르긴 무엇이 달라" 이런 생각은 하지 않는다. 아니, 할 줄을 모른다. 그러나 역자가 보기에는, 이렇게 자기들의 국민성을 알려고 파고드는 일본인의 국민성이 일본을 발전시키고 있는 것 같다. 경제 위기를 비롯하여 여러 가지 어려운 문제가 계속 터지는 요즈음, 우리들도 자꾸 나라가 잘 안되어 간다고 걱정하고 흥분만 하고 있을 게 아니라, 왜 이런 모양이 되어가고 있는지, 우리의 본질을 좀 연구하기 시작하여야 할 것 같다. 시작이 반이며 어차피 필요한 작업일 것 같다. 일본인들의 이런 노력은 벌써 백년이 넘었다.

무조건 일본을 싫어해서는 안 된다. 그럴 필요도 실익도 없다. 우리는 자신도 모르고 남도 모르지 않는가. 자기를 알고 저편을 알면 백 번 싸워도 패하지 않는 법이다. 세계가 하나인 지금 꼭 백전백승할 필요야 없지만 말이다.

1998년 12월

이관기

저자 : 미나미 히로시(南博, 1914~2001)

1914년 도쿄 출생

1940년 교토대학 졸업

1943년 코넬대학 대학원 졸업

히토쓰바시대학 명예교수, 일본심리센터소장 역임

저서 : 『일본인의 심리』, 『일본인의 심리와 생활』, 『일본인의 예술과 문화』, 『일본인론의 계보』, 『일본적 자아』, 『가족내 성애(性愛)』, 『체계사회심리학』, 『행동이론사』, 『인간행동학』 등

편저서 : 『근대서민생활지(誌)』(전20권)

역자 : 이관기(李寬基)

1935년 경북 안동 출생

서울대 법대 졸업, 서울대 신문대학원 졸업

일본 조치(上智)대 대학원 박사전기과정 수학

한양대학교 문학박사

동아일보 재직, 한양대 언론문화연구소 상임연구원, 한국신문윤리위원회 심사위원 역임

저서 : 『정보화시대의 신문기사정보은행』, 『알 권리와 프라이버시』, 『신문제국의 흥망(역서)』

한림신서 일본학총서 발간에 즈음하여

1995년은 제2차 세계대전이 끝나고 우리나라가 일본 식민지에서 해방된 지 50년이 되는 해이며, 한·일간에 국교정상화가 이루어진 지 30년을 헤아리는 해이다. 한일 양국은 이러한 역사를 되돌아보면서 앞으로 크게 변화될 세계사 속에서 동북아시아의 평화와 번영을 추구해야 하리라고 생각한다.

한림대학교 한림과학원 일본학연구소는 이러한 역사의 앞날을 전망하면서 1994년 3월에 출범하였다. 무엇보다도 일본을 바르게 알고 한국과 일본을 비교하면서 학문적, 문화적인 교류를 모색할 생각이다.

본 연구소는 일본학에 관한 자료를 수집하고 제반 과제를 한·일간에 공동으로 조사 연구하며 그 결과가 실제로 한·일관계 발전에 이바지할 수 있도록 노력하고자 한다. 그러한 사업의 일환으로 여기에 일본에 관한 기본적인 도서를 엄선하여 번역 출판하기로 했다. 아직 우리나라에는 일본에 관한 양서가 충분히 소개되지 못했다고 느껴지기 때문이다.

본 연구소는 조사와 연구, 기타 사업이 한국 전체를 위해야 한다고 생각하며 한·일 양국만이 아니라 다른 여러 나라의 연구자나 연구기관과 유대를 가지고 세계적인 시야에서 일을 추진해 나갈 것이다. 그러므로 누구나 열린 마음으로 본 연구소가 뜻하는 일에 참여해 주기를 바란다.

한림신서 일본학총서가 우리 문화에 기여하고 21세기를 향한 동북아시아의 상호 이해를 더하며 평화와 번영을 증진시키는 데 보탬이 되기를 바란다. 많은 분들의 성원을 기대해 마지않는다.

1995년 5월
한림대학교 한림과학원 일본학연구소